工商管理类专业
课程思政教学

模型、结构与设计

主　编　周文杰
副主编　尚宏利　李承晋　史煜娟

图书在版编目（CIP）数据

工商管理类专业课程思政教学：模型、结构与设计/周文杰主编. —北京：北京大学出版社，2023.9
ISBN 978-7-301-32715-9

Ⅰ.①工… Ⅱ.①周… Ⅲ.①工商行政管理 –教学研究 –高等学校②高等学校 –思想政治教育 –教学研究 –中国 Ⅳ.①F203.9 ②G641

中国国家版本馆 CIP 数据核字(2023)第 207237 号

书　　名	工商管理类专业课程思政教学：模型、结构与设计 GONGSHANG GUANLILEI ZHUANYE KECHENG SIZHENG JIAOXUE：MOXING、JIEGOU YU SHEJI
著作责任者	周文杰　主编
策划编辑	李　娟
责任编辑	刘冬寒　闫格格
标准书号	ISBN 978-7-301-32715-9
出版发行	北京大学出版社
地　　址	北京市海淀区成府路 205 号　100871
网　　址	http://www.pup.cn
微信公众号	北京大学经管书苑(pupembook)
电子邮箱	编辑部 em@pup.cn　总编室 zpup@pup.cn
电　　话	邮购部 010-62752015　发行部 010-62750672　编辑部 010-62752926
印　刷　者	天津中印联印务有限公司
经　销　者	新华书店
	787 毫米×1092 毫米　16 开本　15 印张　309 千字 2023 年 9 月第 1 版　2023 年 9 月第 1 次印刷
定　　价	48.00 元

未经许可，不得以任何方式复制或抄袭本书之部分或全部内容。
版权所有，侵权必究
举报电话:010-62752024　电子邮箱:fd@pup.cn
图书如有印装质量问题，请与出版部联系，电话:010-62756370

序

为深入贯彻落实习近平总书记关于教育的重要论述和全国教育大会精神，贯彻落实中共中央办公厅、国务院办公厅《关于深化新时代学校思想政治理论课改革创新的若干意见》，教育部于2020年5月28日印发了《高等学校课程思政建设指导纲要》（下文简称《纲要》）。本书是西北师范大学商学院团队在遵循《纲要》指导意见的基础上，结合所承担的相关教改课题所产出的具体成果。

课程思政建设内容要紧紧围绕坚定学生理想信念，以爱党、爱国、爱社会主义、爱人民、爱集体为主线，围绕政治认同、家国情怀、文化素养、法治意识、道德修养等重点优化课程思政内容供给，系统进行中国特色社会主义和中国梦教育、社会主义核心价值观教育、法治教育、劳动教育、心理健康教育、中华优秀传统文化教育。正是遵循这样的理念，本书编者在深入理解思政教育相关的理论和政策基础上，基于课题组所拥有的大量一手调研资料，尝试对工商管理类各专业、各门课程实施课程思政教学的目标、重点、方法进行全面、系统的介绍。

本书将工商管理类各专业的知识体系归纳为一个有四个组团、十二个模块的"自行车模型"。虽然这种对工商管理类专业知识体系进行系统划分的方法尚有一定商榷和完善的空间，但作为一个旨在对课程思政进行体系化分析与设计的项目，这种知识体系的分类方法还是有一定可取之处的。正是有了这样一个工商管理类专业知识体系的系统化分类工具，本书对于课程思政教学目标、重点、方法的分析就可以直达具体课程，甚至具体知识点。因此，本书所涉及的内容虽谈不上尽善尽美，但兼顾了工商管理类专业知识体系的系统化与思政教学要点针对性的有机融合。

在工商管理类各专业开展课程思政教学，重点在于找到专业知识与思政融合的要点。本书将课程思政的元素归结为政治认同与理想信念、家国情怀与公民意识、职业精神与文化素养、法治意识与公共参与四个方面，进而寻找工商管理类知识体系的"自行车模型"所涵盖的各门课程、各个知识点与这四方面思政元素的融合点。这种逻辑对于系统化地展开课程思政的教学实践无疑是有所裨益的。

在工商管理类各专业的教学实践中实现课程思政的预期目标，离不开教育理论的指导和科学的教学方法的支撑。为此，本书立足于知识与技能、过程与方法、情感—态度—价值观构成的教学三维目标，通过将教学三维目标与工商管理类专业知识体系和思政元素逐次匹配，构造了一个完整的工商管理类专业各门课程实施课程思政教学的"立体化"解决方案。

课堂是高校知识传授的关键平台，将思政元素融入课堂，是实现思政教育目标的主要渠道。本书基于系统化视角，尝试将学科知识体系、思政教育目标与教育教学理论方法相融会，力图为工商管理类专业广大教师开展课程思政教学提供参考。希望本书的出版对各高校广泛开展课程思政教学产生积极的影响。

王永贵

2023年4月20日

目 录

导 论 ··· 1

第1章 教学目标 ··· 5
1.1 组团层次的课程思政教学目标 ·· 5
1.2 模块层次的课程思政教学目标 ·· 11

第2章 教学重点 ··· 50
2.1 组团层次的课程思政教学重点 ·· 50
2.2 模块层次的课程思政教学重点 ·· 55

第3章 教学方法 ··· 115
3.1 讲授法 ·· 115
3.2 讨论法 ·· 116
3.3 直观演示法 ·· 117
3.4 练习法 ·· 117
3.5 读书指导法 ·· 118
3.6 任务驱动法 ·· 118
3.7 参观教学法 ·· 119

第4章 教学评价 ··· 123
4.1 评价定位 ··· 123
4.2 评价机制 ··· 124
4.3 评价方式 ··· 125
4.4 评价指标体系 ··· 126
4.5 不同层面的具体教学评价方式 ·· 134

第5章 代表性课程思政教学设计 ·· 138
5.1 经济学模块代表性课程思政教学设计 ·· 138
5.2 管理学模块代表性课程思政教学设计 ·· 149

5.3　法学模块代表性课程思政教学设计 ·············· 155
　　5.4　组织与领导模块代表性课程思政教学设计 ·········· 164
　　5.5　战略管理模块代表性课程思政教学设计 ············ 173
　　5.6　顾客与市场模块代表性课程思政教学设计 ·········· 179
　　5.7　资源管理模块代表性课程思政教学设计 ············ 185
　　5.8　过程管理模块代表性课程思政教学设计 ············ 193
　　5.9　运营管理模块代表性课程思政教学设计 ············ 199
　　5.10　绩效评估模块代表性课程思政教学设计 ··········· 207
　　5.11　创新创业模块代表性课程思政教学设计 ··········· 216
　　5.12　文化管理模块代表性课程思政教学设计 ··········· 222

第 6 章　教师课程思政教学能力要求 ···················· **226**
　　6.1　资料检索阅读能力 ···························· 226
　　6.2　理解融合能力 ································ 233
　　6.3　教学设计与案例开发能力 ······················ 233
　　6.4　实操应用能力 ································ 234

后　记 ·· **235**

导 论

为深入贯彻落实《高等学校课程思政建设指导纲要》，推进高校工商管理类课程思政建设，2021年10月，教育部高等学校工商管理类专业教学指导委员会发布了教改课题，邀请各高校工商管理类专业负责人和教师参与《工商管理类专业课程思政教学：模型、结构与设计》研制工作。2021年11月，经过评审，由西北师范大学商学院周文杰教授领衔的团队获准立项，开启了《工商管理类专业课程思政教学：模型、结构与设计》的编制工作。本书正是这一教改课题的具体成果。

针对工商管理类专业开展课程思政教育的研究与案例的开发，不仅需要深入了解相关的理论、政策，而且需要广泛搜集大量鲜活的现场教学资料。为此，在本项目的实施过程中，课题组在认真学习相关政策文件和党的二十大精神的基础上，通过网络调研等多种方式，对全国各高校围绕工商管理类专业课程开展课程思政教学的情况进行了全面的考察了解，掌握了大量的一手资料。进而，课题组立足于坚实的文献、资料、数据，展开了工商管理类专业课程思政整体框架的解析。

通过对全国105所高校开设工商管理类专业的情况进行梳理，并在分析了33份培养方案和152门工商管理类专业课程相关教材的基础上，本书最终将工商管理类专业课程思政教学的开展实施分解为基础理论与基本原理，决策、战略与市场，资源、过程与运营管理，绩效、创新创业与文化管理四个组团，以及经济学、管理学、法学、组织与领导、战略管理、顾客与市场、资源管理、过程管理、运营管理、绩效评估、创新创业和文化管理十二个模块，构建了工商管理类专业课程核心知识体系的"自行车模型"。这一整体框架的设计，使工商管理类课程思政教学方案的设计既能照顾学科知识的全局，又能分门别类地深入每门课程的具体知识点，兼顾工商管理类专业实施课程思政教学的系统性与针对性。本书关于工商管理类课程思政教学的设计就是在图0-1所示的四个组团、十二个模块的基础上展开的。

通过认真学习习近平总书记关于思政教育的重要讲话和党的二十大报告，中共中央办公厅、国务院办公厅印发的《关于深化新时代学校思想政治理论课改革创新的若干意见》，教育部印发的《高等学校课程思政建设指导纲要》等相关政策文件，结合课题组对

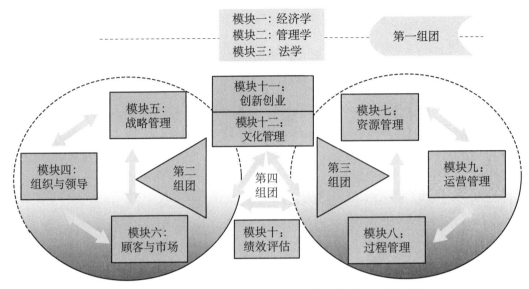

图 0-1 工商管理类专业课程核心知识体系的"自行车模型"

于课程思政相关理论的学习,本书将课程思政教学的培养目标分解为如下四个方面:

一是政治认同与理想信念。在课程思政的实施过程中,大力推进习近平新时代中国特色社会主义思想进教材、进课堂、进头脑。坚持不懈用习近平新时代中国特色社会主义思想铸魂育人,引导学生了解世情、国情、党情、民情,增强学生对党的创新理论的政治认同、思想认同、情感认同,坚定中国特色社会主义道路自信、理论自信、制度自信、文化自信。

二是家国情怀与公民意识。在课程思政的实施过程中,着力培育学生社会主义核心价值观。教育引导学生把国家、社会、公民的价值要求融为一体,提高个人的爱国、敬业、诚信、友善修养,自觉把"小我"融入"大我",不断追求国家的富强、民主、文明、和谐和社会的自由、平等、公正、法治,将社会主义核心价值观内化为精神追求、外化为自觉行动。

三是职业精神与文化素养。在课程思政的实施过程中,重点加强学生民族精神、科学精神、职业道德和文化素养的培养。大学阶段是学生掌握专业知识、形成职业意识的关键时期,专业知识中所凝聚的科学精神本身就是丰富的课程思政教学资源。在专业知识的教学过程中,要深化职业理想和职业道德教育。引导学生深刻理解并自觉践行各行业的职业精神和职业规范,增强职业责任感,培养学生遵纪守法、爱岗敬业、无私奉献、诚实守信、公道办事、开拓创新的职业品格和行为习惯。同时,还要加强中华优秀传统文化教育。利用各种课程资源,大力弘扬以爱国主义为核心的民族精神和以改革创新为核心的时代精神,引导学生深刻理解中华优秀传统文化中讲仁爱、重民本、守诚信、崇正义、尚和合、求大同的思想精华和时代价值,引导学生传承中华文脉,富有中国心、饱含中国情、充满中国味。

四是法治意识与公共参与。在课程思政的教学过程中，深入开展法治教育。引导学生学、思、践、悟习近平全面依法治国新理念、新思想、新战略，牢固树立法治观念，坚定走中国特色社会主义法治道路的理想和信念，深化对法治理念、法治原则、重要法律概念的认知，提高运用法治思维和法治方式维护自身权利、参与社会公共事务、化解矛盾纠纷的意识和能力。

根据相关教育理论及教学设计的理念，知识与技能、过程与方法、情感—态度—价值观构成了教学三维目标。对于工商管理类课程思政教学而言，知识与技能主要指与企业组织管理相关的专业知识和技能，此部分在本书中具体体现为四个组团、十二个模块及各门课程中的各个具体知识点。工商管理课程思政教学的过程与方法具体体现为上述学生思政教育素养的四个方面。情感—态度—价值观是工商管理类课程思政教学目标的第三个维度。情感指学习兴趣、学习责任。态度就是对人和事物的看法，包括求实的科学态度、宽容的人生态度。情感没有对错之分，但态度却有对错之分，正确的态度可以把人们引向成功，错误的态度可以把人们引向失败。价值观不仅强调个人的价值，更强调个人价值与社会价值的统一；不仅强调科学的价值，更强调科学价值与人文价值的统一；不仅强调人类价值，更强调人类价值与自然价值的统一，从而使学生树立对真善美的价值追求以及人与自然可持续发展的理念。

通过上述三个维度的组合，本书对工商管理类各专业课程思政教学目标的设计形成了如图 0-2 所示的模型。

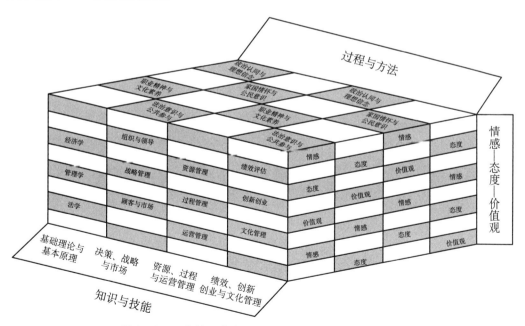

图 0-2　工商管理类专业课程思政教学目标的三维模型

本书共分为 6 章。第 1 章从组团和模块层次解析了工商管理类各专业、各门课程开展思政教学的教学目标。第 2 章从组团和模块层次介绍了工商管理教学中开展课程思政教学的重点。在前两章的基础上，第3章介绍了工商管理各门课程开展思政教学的具体方法。第4章立足于课程思政的教学评价，全面介绍了工商管理类各专业、各门课程在实施课程思政教学中的评价问题。第5章融汇了前面章节所涉及的工商管理类课程思政设计内容，分别针对十二个模块提供了一个具有代表性的课程思政教学设计范例。第6章则全面介绍了教师开展课程思政教学的能力要求。

第1章 教学目标

1.1 组团层次的课程思政教学目标

此部分是整体性、宏观性的工商管理类课程思政教学目标设计。本书中，根据课题组对全国各高校工商管理类专业所开设课程及知识体系的调研、整理，将课程体系与知识体系从整体上划分为四个组团。第一组团涵盖基础理论与基本原理，主要包括经济学、管理学及法学等工商管理学科的基础理论与基本原理；第二组团涵盖企业组织层面的管理知识，主要包括组织与领导、战略管理、顾客与市场等方面的工商管理专业知识；第三组团涵盖工商企业与组织管理中的人力、财务、知识等资源的调配、整合，以及过程管理和运营管理等方面的专业知识；第四组团主要包括绩效评估、创新创业、文化管理。

组团层次的课程思政教学目标的设定旨在为后续各模块、课程和知识点层次的课程思政教学目标的设计与实施提供支撑。此部分一方面从宏观上描述了各组团的整体教学目标，为后续思政教学细分目标的设计与实施提供了有机关联的基本线索，另一方面也为各模块进一步分解教学任务提供了基础。

基于导论中图0-2所示工商管理类专业课程思政教学目标的三维模型，本书在组团层次的教学目标具体设计如下：

1.1.1 基础理论与基本原理组团课程思政教学目标

本部分将分别从三个层次的思政教学目标入手，围绕工商管理基础理论和基本原理等方面的专业知识设计相应的教学目标。

(1) 情感层次的思政教学目标

在本组团中，情感因素具体指向工商管理基础理论、基本原理产生和应用等方面的具体课程和知识点。主要教学目标包括：

通过讲授宏观经济学、微观经济学、管理学原理、基础会计、管理思想史等方面的专业知识，充分挖掘其中的思政元素，激发学生强烈的学习动机，并通过比较中西方文化差异，使学生产生积极向上的职业情感。同时，这也将激发学生探求工商管理学科背后逻辑的欲望。

在专业知识的学习过程中，要将我国社会主义制度的优越性和中华优秀传统文化融入教学过程的始终，使学生由内而外产生对我国社会主义制度优越性的自豪感，从多维度展开对我国社会主义市场经济特征、管理学基本原理相关因素的分析，将中西方文化差异和融合点结合起来，进一步激发学生学习由文化差异产生的管理差异和管理共性的热情。

通过将社会主义核心价值观内涵融入专业知识点教学，使学生产生对公平竞争、荣辱观的共性情感。通过相关专业知识点的教学，并结合我国管理实践，激发学生爱国主义情感。同时，通过对管理统计学、运筹学、计量经济学等管理工具的教学，激发学生探究科学的兴趣，使其对科学、规范、严谨的管理工作有一个明确的认识。

（2）态度层次的思政教学目标

在将思政元素情感特征引入工商管理各门课程的基础上，进一步让学生做出判断，就基础理论与基本原理在应用时的相关问题、现象、事例形成鲜明的态度。主要教学目标包括：

结合西方经济学知识在我国社会主义市场经济中的应用，以及对我国特色社会主义市场经济制度发展历程的学习，增强学生对我国社会主义市场经济制度的认同感。通过对我国管理思想史和我国管理思想与西方管理思想的融合，结合中国优秀传统文化，增强学生的文化自信。

在本组团的教学过程中，要切实把理论自信和制度自信融入专业知识的教学过程中，使学生形成良好的职业意识。要把社会主义核心价值观的内涵融入其中，特别是将中国在发展过程中结合我国国情建立的社会主义市场经济制度融入其中，帮助学生深刻理解我国经济制度的内涵，增进学生对中国共产党为人民谋幸福的情感认同。

通过对管理统计学等科学管理方法的学习，将求真务实的科学态度融入教学过程中，培养学生良好的科学决策素养。

（3）价值观层次的思政教学目标

围绕工商管理原理和基础理论知识点，挖掘其中的思政元素，使学生形成正确的价值观。主要教学目标包括：

通过将思政元素有效融入管理原理和管理理论的教学过程，使学生实现个人价值与社会价值的统一、个人价值与集体价值的统一、科学价值与人文价值的统一、人类价值与自然价值的统一，并将社会主义核心价值观内化于心、外化于行。通过讲授相关理论、原理产生的背景和机理，使学生形成健康、积极向上、甘于奉献和勇于创新的人生态度。

在本组团的教学过程中,要切实把核心价值观的内涵、理论自信、制度自信的思想融入专业知识的教学过程中,使学生通过学习形成良好的职业意识。结合我国国情和经济制度,促进学生对中国共产党为人民谋幸福这一使命的深刻理解,增进理论自信和制度自信。

本组团中的诸多专业知识点都可以与社会主义核心价值观相衔接。从国家层面来说,要建设一个"富强、民主、文明、和谐"的国家,绩效管理的目标也是如此。从社会层面来说,人和人之间的关系中要体现"自由、平等、公正、法治"。通过本组团课程的学习,要让学生将社会主义核心价值观内化于心、外化于行。

1.1.2 决策、战略与市场组团课程思政教学目标

本部分将分别从三个层次的思政教学目标入手,围绕组织决策、战略和市场等方面的专业知识设计相应的教学目标。

(1) 情感层次的思政教学目标

在本组团中,情感因素具体指向组织行为、领导科学、客户关系和市场营销等方面的具体课程和知识点。主要教学目标包括:

通过讲授组织行为学、消费者行为学、企业文化、领导科学、管理沟通、战略管理、财务管理、风险管理、员工关系管理、社会保障、市场营销等方面的专业知识,充分挖掘其中的思政元素,激发学生强烈的学习动机,并通过融合中国管理实践中的案例,使学生产生积极向上的职业情感,同时激发学生成为优秀管理者的欲望和为中国经济发展贡献智慧的信心。

在专业知识的学习过程中,要将科学、严谨的职业精神和中国特色社会主义市场经济制度等知识点融入教学过程的始终,使学生由内而外形成对我国社会主义制度优越性的自豪感;从多维度展开科学严谨的职业精神和文化素养的分析,将中西方文化差异和融合点结合起来,进一步激发学生深入学习我国新发展理念、构建新发展格局的兴趣。

通过将社会主义核心价值观内涵融入专业知识点教学,使学生产生对公平竞争、社会主义荣辱观和企业社会责任的共性情感。通过相关专业知识点的教学,并结合我国管理实践,激发学生爱国主义情感。同时,通过对商务谈判、市场调查等技能、方法课程的学习,激发学生探究科学的兴趣,使其对科学、规范、严谨的管理工作有一个明确的认识。

(2) 态度层次的思政教学目标

在将思政元素情感特征引入工商管理各门课程的基础上,进一步让学生做出判断,就决策、战略和市场等方面的相关问题、现象、事例形成鲜明的态度。主要教学目标

包括：

结合中西方文化差异和中国传统文化，从个体、群体、组织层面分析消费者行为和组织行为，进而更好地进行市场营销教学，促使学生对中国特色社会主义市场经济制度有更深刻的认识，增强制度自信。通过对个体发展要紧跟国家战略、贯彻新发展理念等方面的阐述，使学生深刻理解国家新发展理念和新发展格局。

在本组团的教学过程中，要切实把制度自信和社会主义核心价值观融入专业知识的教学过程中，使学生通过学习形成良好的职业意识。特别是与在中国共产党带领下走过百年的奋斗历程相结合，通过对中国一代代领导人特质的分析，增进学生将才干和能力发挥在中国大地上的热情和激情。

通过对商务谈判、市场调查等技能、方法课程的讲授，将求真务实的科学态度融入教学过程中，使学生具备良好的科学决策素养。

（3）价值观层次的思政教学目标

围绕决策、战略和市场等知识点，挖掘其中的思政元素，使学生形成正确的价值观。主要教学目标包括：

通过将思政元素有效融入组织行为、领导行为、战略管理、市场营销等专业知识的教学过程，使学生实现个人价值与社会价值的统一、个人价值与集体价值的统一、科学价值与人文价值的统一、人类价值与自然价值的统一，并将社会主义核心价值观内化于心、外化于行。通过对相关理论、原理产生的背景和机理的介绍，使学生形成健康、积极向上、甘于奉献和勇于创新的人生态度。

在本组团的教学过程中，要切实把核心价值观的内涵、制度自信的思想融入专业知识的教学过程中，使学生通过学习形成良好的职业意识。特别是在面临人生选择和决策时，要将个人利益和集体利益相统一，将"小我"融入"大我"之中。同时培养学生的战略思维，通过对我国三年疫情防控的案例分析，使学生树立"算政治账""算长远账"的意识。结合我国百年未有之大变局的形势分析，使学生更深入地理解以习近平同志为核心的党中央在面对纷繁复杂的环境和不确定性的影响时，如何保持战略定力，带领中国人民实现全面脱贫这一彪炳史册的伟大壮举。

本组团中的诸多专业知识点都可以与社会主义核心价值观相衔接。在国家层面，要建设一个"富强、民主、文明、和谐"的国家；在社会层面，人和人之间的关系要体现"自由、平等、公正、法治"，要让学生将社会主义核心价值观内化于心、外化于行。

1.1.3 资源、过程与运营管理组团课程思政教学目标

本部分将分别从三个层次的思政教学目标入手，围绕企业组织在资源、过程与运营管理等方面的专业知识设计相应的教学目标。

(1) 情感层次的思政教学目标

在本组团中，情感因素具体指向企业组织在资源调配与管理、过程管理与运营管理等方面的具体课程和知识点。主要教学目标包括：

通过讲授人力资源、财务资源、文化资源、信息资源等方面的专业知识，充分挖掘其中的思政元素，激发学生强烈的学习动机，并通过介绍模范人物事迹等形式，让学生产生积极向上的职业情感，同时增强学生"为国理财"的学习动机和求知欲望。

在讲授知识的过程中，要将"我国是人民当家作主的国家、劳动者是国家的真正主人"这个知识点融入教学过程的始终，使学生形成尊重劳动、尊重人才、尊重劳动者的强烈情感。从多维度展开质量管理相关因素的分析，将质量管理与学生的学习、生活实践结合起来，激发学生学习的热情和动机，使学生产生求知欲望。

通过将勤俭节约意识融入专业知识点教学，使学生产生节约光荣、浪费可耻的强烈情感。通过对相关专业知识点的教学，并结合我国的供给侧结构性改革，激发学生的爱国主义情感。同时，对管理会计中如何通过会计信息分析来支持决策加以介绍，激发学生探究科学的兴趣，使学生对科学、规范、严谨的管理工作有一个明确的认识。

(2) 态度层次的思政教学目标

在将思政元素情感特征引入工商管理各门课程的基础上，进一步让学生做出判断，就企业在资源管理过程管理与运营管理等方面的专业知识点中相关问题、现象、事例形成鲜明的态度。主要教学目标包括：

结合人力、财务、知识等方面资源管理的案例，逐步锤炼学生在职业生涯与管理实践中宽容、坚韧、奉献等品质。通过对我国国有企业成功进行资源调配与管理的案例分析，激发学生强烈的爱国主义情感。

在本模块的教学过程中，要切实把"工匠精神"融入专业知识的教学过程之中，使学生通过学习，形成良好的职业意识。中华民族历来有"敬业乐群""忠于职守"的传统，敬业是中国人的传统美德，也是当今社会主义核心价值观的基本要求之一。因此，要将社会主义核心价值观中的"敬业"教育融入其中。

通过对运营过程中成本管理与控制等专业知识点的讲授，使学生形成宽容、忍耐、奉献等品质。将求真务实的科学态度融入教学过程之中，使学生具备良好的科学决策素养。

(3) 价值观层次的思政教学目标

围绕企业组织在资源管理、过程管理与运营管理等知识点，挖掘其中的思政元素，使学生形成正确的价值观。主要教学目标包括：

通过将思政元素有效融入资源管理的教学过程，使学生实现个人价值与社会价值的统一、个人价值与集体价值的统一、科学价值与人文价值的统一、人类价值与自然价值的统一，实现将社会主义核心价值观内化于心、外化于行。在各类资源的管理中，通过相关专业知识点的讲授，使学生形成乐于助人的人生态度，将资源调配与乐善好施的人生态度有机统一起来。

运营管理中的诸多专业知识点都可以与社会主义核心价值观相衔接。通过本模块课程的学习，学生可以将社会主义核心价值观内化于心、外化于行。通过对"生命周期"等相关理论的学习，学生可以更好理解个人的"生命周期"，进而树立敬畏生命、珍惜生命的价值观。通过对资源分配相关理论的学习，学生可以理解资源的稀缺性和资源对社会与国家的重要性，进而理解我国相关战略意图，树立节约意识。

1.1.4 绩效、创新创业与文化管理组团课程思政教学目标

本部分将围绕绩效、创新创业与文化管理等方面的专业知识展开思政教学，主要教学目标如下：

（1）情感层次的思政教学目标

通过绩效管理相关专业知识点的教学，激发学生强烈的学习动机，使学生拥有高昂的学习热情和学习动力。同时，在教学过程中，也要将一些创造了极高成就的英雄人物引入进来，激发学生对英雄人物的敬佩之情，学生进一步汲取这些人物身上的正能量。

通过介绍"两弹一星"等科学技术创新的事例，激发学生的爱国主义情感，树立"技术报国""知识报国"的崇高理想。通过创新管理课程中创新的价值、创新的内涵与类型、创新的过程与模式、创新的有效管理、变革时代的创新与创新管理、创新战略、自主创新、开放式创新、创新能力等知识点的教学，使学生产生勇于创新的强烈愿望，激发学生的爱国主义情感。

将从建党精神、井冈山精神、长征精神、延安精神、西柏坡精神，到雷锋精神、大庆精神、"两弹一星"精神，再到航天精神、北京奥运精神、抗震救灾精神等富有时代特征、民族特色的经典文化元素融入课程教学之中，使学生对我国文化政策有一个比较全面的理解，并结合我国的国家性质和我党的执政理念，激发学生的爱国主义情感，产生强烈的学习动机，激发学生内生动力。

（2）态度层次的思政教学目标

通过教学，培养学生树立对待金钱的正确态度。同时，在本模块课程的教学中，要有意识地引导学生培养甘于奉献等良好品质，并形成团队协作、共创绩效的人生态度。

通过教学，培养学生勇于创新的态度，使学生养成良好的学习和思维习惯。同时，也要使学生领悟到，创新不是异想天开，创新需要艰苦地积累和求真务实的科学态度。通过讲授创业管理的有关知识，使学生逐步形成宽容、忍耐、奉献等品质。同时，通过介绍成功的案例，帮助学生形成乐观向上的生活态度。

通过教学，使学生认识到我们有优秀传统文化的底蕴，也有在中国革命、建设、改革的伟大实践过程中孕育的革命文化和先进的社会主义文化。结合我国的国家性质和我党的执政理念，激发学生的爱国主义情感，使学生产生强烈的学习动机。

(3) 价值观层次的思政教学目标

在本模块课程的教学中，一方面要旗帜鲜明地强调绩效是个人能力和价值的具体体现，每个员工都应竭尽所能，创造最大绩效；另一方面要引导学生避免陷入"个人英雄主义""精致的利己主义者"的泥潭，将个人价值自觉地与社会价值、集体价值关联起来。另外，在绩效管理的教学中，要帮助学生深入理解社会主义核心价值观，使他们深刻理解"敬业"的内涵。

通过本模块课程的教学，使学生树立勇于创新的价值取向，实现自己的报国志向。在教学过程中，要使学生自觉将个人的创业行为与集体利益、社会需求结合起来，提升思想素质，树立正确的价值观。

通过本模块课程的教学，使学生形成文化自信和价值观自信，对我国的文化政策有深刻的理解，将社会主义核心价值观内化于心、外化于行。具体而言，从国家层面来说，理解文化政策如何支撑我国建设成一个"富强、民主、文明、和谐"的国家；从社会层面来说，理解如何在人和人之间的关系中体现"自由、平等、公正、法治"。

1.2 模块层次的课程思政教学目标

在上述组团层次的课程思政教学目标的基础上，本部分将进一步从模块和课程层面进行思政教学目标的设计。目前，课题组已根据上述四个组团，通过调研全国高校工商管理类专业课程的设置情况，对知识体系按照相近、相似、相邻、相衔接四个原则进行了分解与组合，从而形成了十二个工商管理类专业的知识模块。例如，经济学、管理学和法学为工商管理类专业提供了理论、原理与方法的支撑，这三方面的知识相互邻近、互相衔接，因此将"基础理论与基本原理"组团分解为经济学、管理学和法学三个模块，进而对组团教学目标加以分解，形成本部分各模块课程思政教学目标的设计。

1.2.1 经济学模块课程思政教学目标

本模块主要包括微观经济学、宏观经济学、计量经济学、劳动经济学、国际贸易、金融学、国际金融七门专业课程。各门课程的思政教学目标如下：

(1) 微观经济学

① 情感层次的思政教学目标

通过对需求—供给平衡、效用论、消费者选择、成本、竞争市场（完全竞争市场、不完全竞争市场）、生产要素价格的决定、一般均衡和福利经济学、市场失灵与微观经济学政策、弹性、价格、价值等知识点的讲解，激发学生对市场运作机制、价值、价格规律的学习兴趣和积极探索的热情。

② 态度层次的思政教学目标

通过对竞争市场（完全竞争市场、不完全竞争市场）、生产要素价格的决定、一般均衡和福利经济学、市场失灵与微观经济学政策、弹性、价格、价值等经济规律背后原理和知识的分析与讲解，使学生对市场经济做出一定的判断并获得理性的认识。

③ 价值观层次的思政教学目标

通过本门课程的教学，使学生进一步理解我国在发展过程中对市场经济制度和规律的认识，进而深入理解中国特色社会主义市场经济的内涵，增强制度认同感；同时树立在双循环理念的指导下，中国市场经济仍将释放巨大潜力的信心，将个人发展融入市场经济发展的浪涛中。

（2）宏观经济学

① 情感层次的思政教学目标

通过对国内生产总值（GDP）、收入—支出模型、总需求—总供给（AD-AS）模型、失业与通货膨胀、宏观经济政策、经济增长、劳动力市场、资本积累、中国市场经济等知识点的讲解，激发学生对全球和我国经济规律、经济制度了解与学习的兴趣。

② 态度层次的思政教学目标

通过对收入—支出模型、AD-AS 模型、失业与通货膨胀、宏观经济政策、经济增长等经济规律背后原理和知识的分析与讲解，使学生对中国发展形成的中国特色社会主义经济制度做出一定的判断和理性认识，同时对我国在不同时期的经济政策有更深入的理解。

③ 价值观层次的思政教学目标

通过本门课程的教学，使学生进一步增强对我国在不同发展阶段的经济规律的认识和把握，进而深入理解中国特色社会主义经济制度内涵，增强政治认同；同时将个人发展与国家发展相统一，在新时代"赶考"路上贡献自己的力量和智慧。

（3）计量经济学

① 情感层次的思政教学目标

通过对线性回归、自相关、分布滞后模型、自回归模型、设定误差与测量误差、时间序列模型、联立方程组模型等知识点的讲解，激发学生对科学预测、探求规律学习的兴趣。

② 态度层次的思政教学目标

通过应用线性回归、自相关、自回归模型、设定误差与测量误差、时间序列模型、联立方程组模型等方法对经济规律和管理科学进行探索,使学生认识到经济规律探寻方法的科学性,进而加深唯物主义辩证法在数理逻辑中的认识。

③ 价值观层次的思政教学目标

通过本门课程的教学,使学生进一步理解经济规律探寻方法的科学性和严谨性,树立严谨、务实的科学态度,进而形成对"用事实说话""没有调研就没有发言权"的认同感,树立用数据来辅助决策的科学管理价值观。

(4) 劳动经济学

① 情感层次的思政教学目标

通过对劳动力市场均衡、补偿性工资差异、人力资本、劳动力流动、劳动力市场歧视、工会、薪酬激励、生命周期、劳动力市场的工资决定、劳动保障等知识点的讲解,激发学生对劳动市场规律探寻、学习的兴趣。

② 态度层次的思政教学目标

通过对人力资本、劳动力流动、劳动力市场歧视、工会、薪酬激励、生命周期、劳动力市场的工资决定等原理和逻辑的分析与讲解,使学生形成对劳动力市场的基本认识、对我国社会保障制度的认可。

③ 价值观层次的思政教学目标

通过本门课程的教学,使学生深入理解劳动力市场的规律,增进对我国人力资本的认识和职业认同感,树立正确的职业观;同时树立正确的义利观,将个人利益与集体利益、国家利益相统一。

(5) 国际贸易

① 情感层次的思政教学目标

通过对国际贸易理论、贸易集团和贸易禁运、贸易与环境、我国对外贸易制度、国际结算、汇付与托收、信用证、保险、交易的磋商与合同、进出口等知识点的讲解,激发学生对国际贸易规则、我国对外贸易制度了解和学习的兴趣。

② 态度层次的思政教学目标

通过对国际贸易理论、我国对外贸易、国际结算、汇付与托收、信用证、保险、交易的磋商与合同、进出口等国际贸易原理和知识的分析与讲解,使学生更加清晰地认识国际贸易规则,并结合我国国情了解中国对外贸易现状。

③ 价值观层次的思政教学目标

通过本门课程的教学,使学生深入理解国际贸易知识和规律,增进对我国对外国际贸易的理解和认同,加深对改革开放的认识,树立为中国贸易事业贡献力量的决心和信心。

(6) 金融学

① 情感层次的思政教学目标

通过对利率的决定及作用、货币需求与供给、现代货币的创造机制、通货膨胀与通货紧缩、货币政策与财政政策、利率的风险结构与期限结构、金融监管等知识点的讲解，激发学生对金融知识、我国金融市场运行机制了解和学习的兴趣。

② 态度层次的思政教学目标

通过对利率的决定及作用、货币需求与供给、现代货币的创造机制、通货膨胀与通货紧缩、货币政策与财政政策、利率的风险结构与期限结构等金融原理和知识的分析与讲解，使学生更加清晰地认识金融市场规则，养成遵守金融市场规则的良好习惯。同时通过介绍宏观政策工具，使学生科学评判和正确理解我国在不同时期采取的相关政策。

③ 价值观层次的思政教学目标

通过本门课程的教学，使学生深入理解金融市场知识和规律，增进对我国金融市场制度的理解和认同，增强法治意识，树立正确的金钱观、理财观。

（7）国际金融

① 情感层次的思政教学目标

通过对国际收支、外汇与汇率、外汇交易、国际储备、国际资本流动、国际金融市场、国际货币体系等知识点的讲解，激发学生对国际金融知识、规则了解和学习的兴趣。

② 态度层次的思政教学目标

通过将专业知识点与思政相融合，使学生更加清晰地认识国际金融市场规则，养成遵守金融市场规则的良好习惯，进而在熟悉国际金融规则的情况下，立志成为具有国际视野的商科人才，为国家繁荣富强贡献自己的力量和智慧。

③ 价值观层次的思政教学目标

通过本门课程的教学，使学生深入理解金融市场的知识和规律，进一步深刻认识中国在国际金融市场中的作用，增强政治认同，并将社会主义核心价值观内化于心、外化于行，立志投身于国际金融市场，贡献自己的才能。

1.2.2 管理学模块课程思政教学目标

本模块主要包括管理学原理、管理思想史、管理统计学、管理心理学、会计学、运筹学六门专业课程。各门课程的思政教学目标如下：

（1）管理学原理

① 情感层次的思政教学目标

通过讲授管理原理（系统、人本、责任、效益）、管理理论的历史演变、传统管理思想、管理道德等专业知识，使学生对管理科学的发展、中国传统文化有更加感性的认识；通过决策、组织设计、人员配备、组织文化、领导、激励、沟通、控制、组织创新等知识点的教学，激发学生对成为优秀管理者的追求；通过对优秀管理大师、中国管理故事的介绍,激发学生探索管理世界奥秘的兴趣。

② 态度层次的思政教学目标

通过讲授决策、环境分析与理性决策、组织设计、人员配备、组织文化、领导、激励、沟通、控制、组织创新等知识点,使学生科学认识管理原理,养成科学管理的思维习惯。同时,结合管理学中的案例,逐步锤炼学生在职业生涯与管理实践中的宽容、坚韧、奉献等品质。尤其在决策、领导、激励、沟通等专业知识点的讲授中,通过将中国本土的管理案例纳入学习过程,使学生形成对中国管理思想的认可。在激励理论等教学模块上,应着力培养学生求真务实的科学态度和乐观向上的生活态度。

③ 价值观层次的思政教学目标

充分理解理论自信、道路自信是管理学原理课程思政教学的核心。在管理原理(系统、人本、责任、效益)、管理理论的历史演变、传统管理思想、管理道德等知识点的教学过程中,要将中西方管理思想进行对比,结合中国国情分析中国管理思想,增强学生对中国管理思想的理论自信;在决策、环境分析与理性决策、组织设计、人员配备、组织文化、领导、激励、沟通、控制、组织创新等知识点的教学中,要结合中国管理案例,分析我国在管理中积累的宝贵经验,走中国特色社会主义道路的正确性,同时要教育学生树立团队意识。团队意识表现为企业全体成员的向心力、凝聚力,"心往一处想,劲往一处使",团队发展离不开个人,个人的发展更离不开团队,只有将个人追求与团队追求紧密结合,树立与团队风雨同舟的信念,才能实现个人更大的发展。通过将上述思政元素有效融入教学过程,使学生实现个人价值与社会价值的统一、个人价值与集体价值的统一、科学价值与人文价值的统一、人类价值与自然价值的统一,实现将社会主义核心价值观内化于心、外化于行。

(2) 管理思想史

① 情感层次的思政教学目标

通过讲授中西方管理思想历史演变、中西方管理思想融合、科学管理等专业知识,使学生了解中西方管理思想史的差异和融合;将中西方文化背景的差异与管理思想史的差异联系起来,激发学生对博大精深、包罗万象的中国文化的学习兴趣;通过对比中西方经典管理思想,激发学生探寻中国管理思想发展历程的兴趣。

② 态度层次的思政教学目标

通过讲授中西方管理思想历史演变、中西方管理思想融合等知识点,使学生正确认识中西方管理思想的差异和出发点;同时,结合科学管理等专业知识,逐步锤炼学生在实践中探寻真理的辩证思维。尤其在中西方管理思想融合知识点的讲授中,通过将中国管理思想和西方管理思想融合,展现中国文化的魅力,使学生形成自觉学习中国传统文化的良好习惯。

③ 价值观层次的思政教学目标

充分理解理论自信、文化自信是管理思想史课程思政教学的核心。在讲授中西方管理思想历史演变、中西方管理思想融合、科学管理等知识点的过程中，要将中西方管理思想进行对比，结合中国国情分析中国管理思想，增强学生对中国管理思想的理论自信，在中西方管理融合、科学管理等知识点的教学中，要结合中华优秀传统文化和中国历史中的典型管理事件，分析我国管理者在应用传统管理思想方面发挥的作用，使学生建立对中华优秀传统文化的自信。同时，通过案例分析展现管理中的团队精神，团队发展离不开个人，个人的发展更离不开团队，只有将个人追求与团队追求紧密结合，树立与团队风雨同舟的信念，才能实现个人更大的发展。通过将上述思政元素有效融入教学过程，使学生树立对中国文化的自信和中国管理理论的自信。

（3）管理统计学

① 情感层次的思政教学目标

通过讲授数据收集、回归分析、参数估计、假设检验等专业知识，激发学生探索科学规律的热情；通过应用实际数据分析解决问题，以及对未来进行一定的预估和解释，提高学生应用所学工具解决实际问题的能力，激发学生对中国现实问题深入了解和探索的兴趣，进而使学生科学认识和分析管理中的实际问题。

② 态度层次的思政教学目标

通过使用回归、参数估计等方法对经济规律和管理科学进行科学探索，使学生认识到探寻经济规律、管理科学的科学性；同时，通过讲授假设检验的方法，使学生形成严谨务实的科学态度，加深唯物主义辩证法在数理逻辑中的认识。

③ 价值观层次的思政教学目标

充分理解科学精神是管理统计学课程思政教学的核心。在应用国外方法、工具解决中国实际问题时，要结合中国国情分析，增强学生对中国管理科学性的认识；同时通过严谨的数据分析和严密的程序设计，锻炼学生严谨、认真、务实、求真的科学态度和职业精神。

（4）管理心理学

① 情感层次的思政教学目标

通过讲授人性论、博弈论、动机管理、认知管理、情绪管理、行为管理，加深学生对"管理就是管人"这句话的理解，加强对人类心理的研究有助于加深对管理知识科学性的认识；通过讲授组织管理、心智与决策等专业知识，激发学生对管理知识科学性的认识，以及对国家管理组织体系的认识；通过实际案例的分析，激发学生对管理更深层次问题探讨和学习的热情。

② 态度层次的思政教学目标

通过对管理中人的行为、心理的研究，使学生进一步理解管理的深层逻辑，增强对管理知识科学性、严谨性的理解；同时通过对组织管理、心智与决策等知识的讲授，使学生明白作为一个优秀管理者，应该如何进行管理情绪、优化心智模式。

③ 价值观层次的思政教学目标

充分理解树立坚定的理想信念是管理心理学课程思政教学的核心。在对人的行为、心理问题进行讲解时，需要启发学生作为优秀管理者，不仅自身要进行很好的自我管理，更应该把握和认识别人的心理；同时在组织管理、决策等知识点的讲授过程中，要更好地从人性的角度出发，以人为本，做到顾全大局，照顾集体利益与个人利益。

（5）会计学

① 情感层次的思政教学目标

通过讲授会计要素和会计等式、会计法规体系和会计工作组织、会计凭证、金融资产、长期股权投资、固定资产、无形资产、负债、所有者权益、收入、费用和利润等知识点，激发学生对会计职业神圣感和会计学严谨、认真、专业等特征的认知。通过介绍会计职业在组织中发挥的作用，增强学生未来成为一名会计职业者的荣誉感和使命感。同时，通过专业知识点的讲授，使学生认识到成为一名优秀管理者，必须懂得会计知识，进而激发学生对会计知识的学习兴趣。

② 态度层次的思政教学目标

通过对专业知识点的讲授，使学生进一步认识到会计职业的神圣性和重要性，理解会计学的本质。通过对财务报表数据的分析，培养学生真实辨别公司财务状况、为经营决策提供更多支持的能力，形成对优秀管理者或优秀会计从业者的敬畏和认同。

③ 价值观层次的思政教学目标

充分理解职业精神是会计学课程思政教学的核心。在对会计基本范式进行教学时，培养学生科学、严谨的职业态度；在对资产、收益、成本利润等会计报表知识进行教学时，培养会计职业在学生心中的神圣感和使命感，加深学生对会计职业精神内涵的理解，同时使学生树立法治思维和意识，严格遵守实事求是的底线思维。

（6）运筹学

① 情感层次的思政教学目标

通过讲授规划论、对偶单纯形法、决策分析与博弈、排队论、对策论等知识点，激发学生对管理运筹学科学方法的探索兴趣。通过介绍利用运筹学方法和工具解决实际问题的案例，激发学生对科学管理的认识和学习兴趣，以及对中国传统文化"中庸之道"的学习热情。

② 态度层次的思政教学目标

通过对规划论（线性、整数等）、对偶单纯形法知识的讲解，使学生进一步认识结构化问题解决方法的严谨性、科学性。通过讲解决策分析与博弈、排队论、对策论分析，并融合中国传统文化和管理案例，增进学生对"运筹帷幄，决胜千里之外"的理解。

③ 价值观层次的思政教学目标

充分理解传统文化中"中庸之道""运筹帷幄，决胜千里之外"是管理运筹学思政教学的核心。在对运筹学基本方法进行讲解时，学生形成严谨的科学管理态度；在对决策分析与博弈、排队论、对策论进行讲解时，融合中国传统文化和中国管理案例，增强学生对传统文化和中国管理理论的自信。

1.2.3 法学模块课程思政教学目标

本模块主要包括知识产权、经济法、税法、国际税法、国际商法、文化艺术法律法规、电子商务法律法规、国际结算、法务会计、合同法十门专业课程。各门课程的思政教学目标如下：

（1）知识产权

① 情感层次的思政教学目标

通过本门课程的教学，使学生掌握法学类专业的思维方法和研究方法，具备良好的文化素养和科学素养；使学生养成良好的道德品格、健全的职业人格、强烈的法律职业认同感，具有建设社会主义法治国家的责任感和使命感。

② 态度层次的思政教学目标

课堂中，培养学生崇尚知识、崇尚创新的知识产权意识；课堂外，设置课程自选项目、暑期问卷调查项目，鼓励学生亲身参与，认识国情、省情和乡情，通过社会实践增强社会责任感，培养家国情怀。

③ 价值观层次的思政教学目标

通过专业知识点与相关案例的讲解，使学生树立热爱社会主义、拥护中国共产党的领导、掌握中国特色社会主义理论体系的世界观、人生观、价值观。

（2）经济法

① 情感层次的思政教学目标

通过对物权与债权、个人独资企业法、合伙企业法、公司法、外商投资法、企业破产法、市场竞争法律制度、房地产法律制度、证券法、仲裁法、民事诉讼法、产品质量法、消费者权益保护法、反不正当竞争法、反垄断法、知识产权法律制度、金融法律制度、税收法律制度、对外贸易法等知识点的讲解，激发学生的学习热情；通过系统的专业知识教学，激发学生对经济法探索学习的欲望。

② 态度层次的思政教学目标

中国共产党第十八次全国代表大会以来，习近平总书记多次强调要坚持和完善中国特色社会主义法治体系，明确全面推进依法治国总目标是建设中国特色社会主义法治体系、建设社会主义法治国家。经济法是我国法律体系中不可或缺的重要组成部分。通过本门课程的教学，使学生形成求真务实的科学态度，做到在经济生活中懂法、守法。

③ 价值观层次的思政教学目标

通过将思政元素与个人独资企业法、合伙企业法、公司法、破产法、市场竞争法律制度、民事诉讼法、产品质量法、消费者权益保护法、反不正当竞争法、知识产权法律制度、金融法律制度、税收法律制度等专业知识点的融合，使学生树立正确的公平观、平等观，即坚持社会主义市场经济改革方向，建立公平、开放、透明的市场规则，政府保障公平竞争，加强市场监管，维护市场秩序。

（3）税法

① 情感层次的思政教学目标

及时、足额纳税既是法定的责任，也是热爱国家的具体体现。通过本课程的教学，激发学生的爱国主义情感。通过对纳税先进人物、企业案例的介绍，使学生对这些人物或企业感到敬佩，并以它们为榜样，自觉纳税，形成为社会、国家和人民做贡献的强烈情感。

② 态度层次的思政教学目标

纳税态度与纳税行为之间存在很高的相关性。通过本课程的教学，使学生形成正确的纳税态度、表现出合法的纳税行为，培育形成强烈的纳税意识，对纳税表现出积极认可的态度。

③ 价值观层次的思政教学目标

税务核心价值观是在税务领域存于人脑并在实践中发挥积极作用的主要看法和观点。税务核心价值观具有认知性、指导性、评判性和长效性的特点，在实践中产生告示、教育、引领和评价效应。在税务核心价值观的支配下，政府发挥税收的职能作用，实现税收的工作目标。通过本课程的教学，使学生树立正确的税务核心价值观，既要立足现实，关注税务系统的现实需求，又要超越现实，从现实中凝练出具有普遍性和引领作用的精神实质，从而形成税务系统最核心的意识形态和价值认同。

（4）国际税法

① 情感层次的思政教学目标

通过对国家的税收管辖权、税收协定等知识点的讲解，激发学生强烈的爱国主义情感，使学生自觉维护国家利益，在国际经济交往中秉持正确的理想和信念。

② 态度层次的思政教学目标

通过讲授本课程相关专业知识点，使学生端正态度，养成依法纳税、自觉纳税的好习惯。同时，在税收相关法律、协定的讲授过程中，促使学生形成求真务实的科学态度。

③ 价值观层次的思政教学目标

依法纳税体现了将个人价值与社会价值、集体价值相统一的原则。在本课程的教学过程中，培养学生树立正确的利益观、价值观，自觉维护集体利益和国家利益，将社会主义核心价值观内化于心、外化于行，自觉做到"爱国、敬业、诚信"。

(5) 国际商法

① 情感层次的思政教学目标

国际商法是维护我国国家利益的重要工具。通过讲解在国际商事领域维护国家利益的典型案例，激发起学生强烈的爱国主义情感，使其学习动机得以强化，产生积极了解国际商法的动力和求知欲望。

② 态度层次的思政教学目标

通过讲授国家环境法、争议解决、货物贸易、服务贸易与劳工保护、知识产权、国际货物买卖法、商事组织法、国际商事代理法、国际货物运输法、国际货物运输保险法、国际服务贸易法、国际技术贸易法、国际支付结算法、国际税法、国际贸易管制法、国际商事仲裁、保险法、产品责任法、代理法、票据法等专业知识点，引导学生端正态度，养成自觉维护国家利益的习惯，形成求真务实的科学态度。

③ 价值观层次的思政教学目标

国际商法体现了国家利益在国际商业交往中的调整。在本课程的教学中，要将社会主义核心价值观中关于建设一个"富强、民主、文明、和谐"的国家的观念融入其中，使学生树立自觉维护国家利益的正确价值观。

(6) 文化艺术法律法规

① 情感层次的思政教学目标

通过对文化艺术相关法律法规的讲解，使学生了解"文艺为人民群众服务"的方针，激发起学生的爱国主义情感。同时，积极向上的文化艺术能够给予人们无穷的精神力量，在教学过程中，要将文化艺术中美的元素传递给学生，使学生产生良好的审美体验和情感。

② 态度层次的思政教学目标

通过讲解文化艺术相关法律法规，逐步培养学生宽容、坚韧、奉献等品质。通过讲解文艺作品及其法律问题，使学生形成求真务实的科学态度和乐观向上的生活态度。

③ 价值观层次的思政教学目标

通过讲解文化艺术相关的法律法规，将积极向上的价值观念传授给学生，帮助学生实现个人价值与集体价值的统一、科学价值与人文价值的统一、人类价值与自然价值的统一，树立起对真、善、美的追求。

(7) 电子商务法律法规

① 情感层次的思政教学目标

电子商务作为一种新兴的商务形式，潜藏着巨大的商机。在本课程的教学过程中，要通过挖掘专业知识点中的思政元素，激发起学生的学习动机和求知欲望。

② 态度层次的思政教学目标

通过对电子商务主体及其认定、数据电文法律法规、电子签名法律法规、电子认证法律法规、电子支付法律法规、电子合同法律法规、电子商务中的消费者权益保护、电子商务中的个人信息保护、电子商务平台的义务和责任等知识点的讲解，使学生端正态度，养成好的习惯，养成宽容、坚韧、奉献等品质。

③ 价值观层次的思政教学目标

通过教学，使学生树立正确的网络道德观，自发、自觉地采取行动，规范自身在现实生活与网络虚拟空间中的言行。在本课程的教学环节中，教师给学生提供关于网络道德观方面的书籍、课件等材料，同时教师的言传身教更是生动的思政素材，有助于学生树立正确的网络道德观。只有学生从内心认可在网络虚拟空间遵守符合社会期待的道德观念，才能实现树立正确网络道德观的目的。

（8）国际结算

① 情感层次的思政教学目标

通过讲授国际结算相关的专业知识，坚定学生的爱国主义情感，使学生对我国在国际经济发展中起到越来越重要的作用感到自豪和骄傲，进而产生积极向上的学习动机。

② 态度层次的思政教学目标

通过将职业道德规范融入本门课程的教学过程之中，培育学生良好的职业精神和文化素养。职业道德规范包括爱岗敬业、诚实守信、办事公道、服务群众、奉献社会。在本门课程的教学中，要有所侧重地将这些道德规范与专业教学知识点相融合。

③ 价值观层次的思政教学目标

在本门课程的教学过程中，挖掘思政元素，帮助学生树立核心价值观，尤其是诚信观念。诚信是人与人相处的最基本的行为准则，也是一个社会能够正常运行的最低要求。在社会主义市场经济蓬勃发展和社会结构转型的浪潮中，诚信既是行为，又是"资本"，受到经济秩序和社会秩序的双重制约。

（9）法务会计

① 情感层次的思政教学目标

通过讲解相关专业知识，使学生理解会计从业者应该掌握和遵守的法规，并坚定严守法律底线、规范操作的信念。

② 态度层次的思政教学目标

通过专业知识点的教学，教会学生维护企事业单位的自身权益。企事业单位在做出重大决策时，有相关法务会计人员参与，法务会计人员就会了解哪些行为合法、哪些行为违法，以避免风险，最大限度地维护企事业单位利益。

③ 价值观层次的思政教学目标

在对会计报表的阅读与分析等知识点的讲解中，将职业道德元素融入教学过程之中。引导学生理解国家利益、社会利益和个人利益的辩证统一，树立国家利益、社会利益高于个人利益的利益观。

(10) 合同法

① 情感层次的思政教学目标

通过讲解相关专业知识，结合相关法律条文，使学生形成国家利益至上的情感意识，切实维护国家利益和集体利益。

② 态度层次的思政教学目标

将平等、自愿、公平、守信的职业精神融入专业知识点的教学过程之中。首先，合同当事人的法律地位平等，一方不得将自己的意志强加给另一方；其次，当事人依法享有自愿订立合同的权利，任何单位和个人不得非法干预；再次，当事人应当遵循公平原则确定各方的权利和义务；最后，当事人行使权利、履行义务应当遵循诚实守信的原则。

③ 价值观层次的思政教学目标

充分理解诚信品质的重要性是合同法课程思政教学的核心。诚信是人与人相处的最基本的行为准则，也是一个社会能够正常运行的最低要求。在社会主义市场经济蓬勃发展和社会结构转型的浪潮中，诚信既是行为，又是"资本"，受到经济秩序和社会秩序的双重制约。

1.2.4 组织与领导模块课程思政教学目标

本模块主要包括组织行为学、消费者行为学、企业文化、领导科学、商务谈判、管理沟通、公司治理、跨国公司管理八门专业课程。各门课程的思政教学目标如下：

(1) 组织行为学

① 情感层次的思政教学目标

通过讲解个体行为与心理、激励、群体、沟通、冲突、领导等相关理论和知识点，并结合相关法律条文，使学生对个人行为在组织中的表现有更深刻的理解。同时，通过对领导、激励等相关理论的深入讲解，激发学生对管理科学的认识，使学生将自我和组织、国家很好地融合，形成国家利益至上的情感，自觉维护国家利益和集体利益。

② 态度层次的思政教学目标

通过将平等、自愿、公平、守信的职业精神融入专业知识点的教学过程之中，结合优秀企业家行为案例分析，使学生在理解专业知识的同时，更好地理解个体风格和组织之间的关系，树立大局意识。通过对新冠疫情防控过程中在化解群众矛盾等解决组织或个人冲突方面的案例分析，使学生形成正确的冲突观，正确面对、处理、化解冲突。

③ 价值观层次的思政教学目标

通过对个体行为和组织行为之间关系的讲解，使学生形成大局观，更好地理解和接受组织、国家制定的政策，更好地顾全大局，树立看齐意识、核心意识、大局意识。通过对激励、沟通等理论的讲授，使学生理解激励的真正目的，进而站在组织层面理解政策，学会换位思考。通过对群体、冲突等知识点的讲解，培养学生的团队意识，使学生形成正确的冲突观。

（2）消费者行为学

① 情感层次的思政教学目标

通过对影响消费者消费行为的内在因素的介绍，使学生认识个体（消费者）在市场中的作用，并结合华为手机、江小白等案例，分析消费者在市场中的重要作用，使学生更好地理解国家鼓励扩大消费的理念。通过对影响消费者消费行为的外在因素的讲解，使学生认识个体与群体、品牌、价格等概念，进而增强对国家大力发展强国品牌的认识和理解。通过对影响消费者消费行为的情景因素的讲解，使学生理解文化因素、整合营销和消费体验等新的营销模式对市场和用户的引导作用，进而更好地激发学生对专业知识学习的兴趣。

② 态度层次的思政教学目标

将"以人为本"的理念融入专业知识的教学中，通过讲授相关营销理论和知识点，使学生认识到消费者是营销活动的中心，以及如何在更好地体现价值的同时，更好地服务消费者；同时将中国优秀传统文化融入专业知识教学中，使学生秉持勤俭节约的优良传统，养成良好的消费习惯，处理好个人和团体消费的关系，不攀比，不盲目追求品牌。

③ 价值观层次的思政教学目标

通过对专业知识的讲解，使学生形成正确的消费观，树立正确的义利观；同时，通过对市场营销规律等知识的讲解，使学生更好地理解我国社会主义市场规律，加强对我国建设强国品牌的认同，争做国家品牌建设的贡献者。

（3）企业文化

① 情感层次的思政教学目标

通过讲解企业文化的演进、企业文化结构与功能、企业文化的内涵、企业文化测评、企业文化的冲突与整合、企业文化变革与创新、企业文化建设与传播等知识点，激发学生探索企业文化这样的"软实力"在企业发展中的重要作用；同时，通过讲解企业文化冲突与整合等知识点，使学生理解企业文化形成的过程，理解文化发展的一般规律，进而更加深入地理解文化自信的内涵，强化文化自信的行动自觉。

② 态度层次的思政教学目标

将我国传统优秀文化融入企业文化知识点的教学过程，通过对我国典型企业文化案例的阐述,使学生形成对企业文化在企业中发挥作用的认同,进而启发学生未来作为企业员工,要将自己的行动和企业文化结合起来,形成文化共同体;使学生理解企业文化的演变规律,随着环境、企业的发展,企业文化也在不断地发生变化,要做到与时俱进,紧跟时代发展的脉络。

③ 价值观层次的思政教学目标

通过对企业文化专业知识的讲解,使学生进一步认识中华优秀传统文化滋养着中华民族在新的历史条件下的新创造、新发展,给我们的文化自信打下最深厚的历史根基,激发学生继承和发扬我国优秀传统文化的信心,树立文化自信。通过对企业文化的讲解,使学生认识到文化对一个企业的重要性,加深对习近平总书记关于文化论述的深刻理解,以及对"文化自信更基础、更广泛、更深厚的自信,是一个国家、一个民族发展中最基本、最深沉、最持久的力量""向上向善的文化是一个国家、一个民族休戚与共、血脉相连的重要纽带"内涵的深刻把握。

(4) 领导科学

① 情感层次的思政教学目标

通过讲解领导学的理论基础、个体差异与特质、领导团队、领导变革、领导力开发以及领导风格等知识点,使学生通过科学的方式理解和认识领导;通过对领导科学相关理论的深入讲解,激发学生探索、学习领导科学理论的热情。

② 态度层次的思政教学目标

通过将平等、自愿、公平、守信的职业精神融入专业知识点的教学过程之中,使学生在学习领导科学相关知识点时,学会应用科学的方式理解和看待领导;对领导风格进行讲述时,可以将国内外知名的正能量领导者作为案例,使学生进一步感受领导风格对一个领导者、一个组织的影响;在讲述追随者关系等知识点时,要引导学生从自身出发,理解如何做好一个追随者。

③ 价值观层次的思政教学目标

将职业精神融入课程的教学中,使学生形成良好的职业操守,树立正确的职业观;通过对《习近平谈治国理政》等内容摘要的介绍,使学生深刻体悟习近平总书记作为大党大国领袖治国理政的远见卓识、夙夜在公的精神风范、勇于担当的政治魄力和丹心为民的家国情怀,深刻体悟习近平新时代中国特色社会主义思想蕴含的真理力量和实践伟力。

(5) 商务谈判

① 情感层次的思政教学目标

通过对商务谈判性质、原则,谈判原理、方法、技巧,谈判策划、组织、过程管理和谈判者素质等知识点的讲解,使学生深刻理解商务谈判的规则、礼仪,掌握谈判的技巧,进而激发学生立志成为一名优秀商务谈判者的追求和激情。

② 态度层次的思政教学目标

将平等、自愿、公平、守信的职业精神融入专业知识点的教学过程之中。通过专业知识的讲解，培养学生谈判技巧和方式，践行"实践出真知"的思想理念，以及遵守谈判规则、尊重对手的良好职业精神；通过对杨洁篪与美国政要的谈判视频、《外交风云》等案例的分析，使学生树立文化自信，进一步激发学生对我国外交谈判深入学习的兴趣和立志成为一名优秀谈判者的职业追求。商务谈判并非纯理性的过程，仅仅依靠理论是不行的。谈判的真谛和决定谈判结果的细节要在实践中感悟、总结、提炼。

③ 价值观层次的思政教学目标

构建理论联系实际的思维方法，提高学生对专业学习的兴趣，形成正确的学习态度；引导学生把生活中的事情看成一种谈判，并将其与谈判理论相关联；引导学生在社会生活实践中，尝试运用谈判的原理、方法、技巧提高学习获得感；培养学生独立思考和创新的意识，以及团队意识和协作精神。商务谈判是一种特殊的沟通，沟通交流要传递正能量，符合主流价值观，努力达到"三善境界"——善解人意、善于表达、善于合作，使谈判达到理想的效果，培养学生的综合性思维能力和处理信息、解决问题的能力。

(6) 管理沟通

① 情感层次的思政教学目标

通过对沟通的内涵、影响沟通有效性的因素、管理沟通策略与模式、内部沟通与团队沟通等知识点的讲解，培养学生全局意识、正面思考的能力。通过案例教学和情景模拟，让学生学会正确认识和面对自身不足，完善自我并调节本我与超我之间的冲突，成为一个不惑、不忧、不惧的人。

② 态度层次的思政教学目标

将学生感兴趣的故事融入课堂教学，剖析故事背后的沟通之道，帮助学生淬炼"求真、向善、尚美"的内在素养。在沟通主体分析、沟通客体分析、冲突沟通、绩效沟通、面试模拟等课程内容中，引导学生凝练出"我与自己、他人、组织、社会和未来"的关系，并相应地强化理想与信念教育、法治与道德教育、集体主义教育、爱国主义教育和优秀传统文化教育。

③ 价值观层次的思政教学目标

通过案例教学和优秀传统文化的融入，引导学生树立远大的人生理想、正确的权力观和积极的工作价值观，并具备道德评判力和公民责任感。比如在学习"简历制作""面试模拟"时，可引入"扁鹊见蔡桓公新解"的历史故事，阐释反求诸己的价值内核与时代精神，引导学生以史为鉴，从中国传统文化中汲取力量，在不断"内省"中锤炼自己，鼓励自己在面试中呈现自身文化底蕴，充分展现专业自信。通过教学，逐步深化学生对惑、忧、惧的认知，使学生在学业、事业和人生等方面树立正确的理想与奋斗目标，最大限度地建构自我，从而如盐化水般地完成对学生的情感和德行教育。

(7) 公司治理

① 情感层次的思政教学目标

通过对公司治理的主体、原则、要素，公司治理的演变与形成，公司治理结构，股东及股东大会等知识点和理论的讲解，结合我国新冠战"疫"的典型案例，将公司治理与国家治理、个人治理有机结合起来，将理论和实践相结合，激发学生应用理论分析和解决现实问题的兴趣；使学生进一步理解"治理并非易事，心中应有章程"，对于国家治理、公司治理和个人治理的思考永不止步。

② 态度层次的思政教学目标

将制度自信、社会主义制度的优越性、大国担当及人类命运共同体等融入专业知识的教学过程，应用开放式、互动式的教学方法，将公司治理之道融入国家治理之中，探究我国制度的优越性，以及"取义存仁，敢于担当""严于律己，宽以待人""不急不躁，坚持对话"的大国担当。

③ 价值观层次的思政教学目标

将中国优秀传统文化、马克思主义哲学思想、习近平新时代中国特色社会主义思想等引入课程的教学中，通过典型案例分析，让学生深刻领悟人类命运共同体的内涵，不仅要深入学习公司治理之道，更要学习做人之道，进而树立正确的价值观、人生观。

(8) 跨国公司管理

① 情感层次的思政教学目标

通过讲解国际贸易理论、国际直接投资理论、国际经营理论，跨国公司经营环境、战略管理、组织管理、营销管理、研发管理、人力资源管理、财务管理、供应链管理、跨文化管理、企业伦理与社会责任等知识点，使学生不仅掌握跨国公司管理的基础理论，更能从组织、文化、社会责任等方面全方位了解跨国公司的管理方式，激发学生对跨国公司经营管理知识探寻的兴趣，加深学生对我国对外开放和利用外资战略的理解。

② 态度层次的思政教学目标

将马克思主义辩证法和社会主义核心价值观等思政内容融入教学过程中，引导学生正确认识世界和中国发展趋势、我国跨国公司的经营特色以及时代责任和历史使命，增强学生的担当意识，培养其强烈的责任感、使命感和勇于负责、敢于担当、善于开拓的品格。通过播放描述中国经济发展和中国有代表性的跨国公司发展的影音片段，增强学生认同祖国、热爱祖国的情怀。

③ 价值观层次的思政教学目标

利用马克思主义辩证法和社会主义核心价值观分析和思考课程的主要内容及拓展，从跨国公司市场营销的理念——"以顾客为中心"出发，融合社会主义核心价值观中的"诚信""公正""法治""平等",培育并践行"诚信经营""公平交易""顾客至上"等积极正确的企业价值观;引导学生培养良好的职业道德,包括技能素质与心理素质,比如爱岗敬业、吃苦耐劳、良好的沟通能力、冷静的应变能力和持久的耐力等。结合我国优秀传统文化,突出中国特色和中国风格,启迪学生思考,培养学生企业家思维,开阔国际经营视野,培养学生树立正确的企业管理的世界观、全局观、竞争观和服务观。

1.2.5 战略管理模块课程思政教学目标

本模块主要包括企业社会责任、战略管理、战略品牌管理、财务管理(中级、高级)、风险管理五门专业课程。各门课程的思政教学目标如下:

(1) 企业社会责任

① 情感层次的思政教学目标

通过讲解企业社会责任的内容、企业承担社会责任的途径、企业社会责任战略、企业社会责任评价、企业环境责任与可持续发展等知识点,使学生理解企业为什么要履行企业社会责任,进而对企业如何更好地履行社会责任进行深入的探讨学习,培养其勇于担当和敢于承担责任的精神。

② 态度层次的思政教学目标

将家国情怀和公民意识融入专业知识的教学过程中,通过国内外企业履行企业社会责任的正反典型案例,阐述企业履行社会责任的意义,并结合我国国情分析企业履行社会责任给企业带来的好处,培养学生的担当精神和企业家思维,使其能够顾大局、虑长远。将个人融入大我,顾全大局,能够为企业和社会长远发展谋福利,真正理解"绿水青山就是金山银山"的理念。

③ 价值观层次的思政教学目标

引入中国当代优秀企业案例,增强学生"四个自信",培养学生的道德感、责任感、自豪感、民族感;培养学生用理性、发展的眼光看待问题,以及团队合作和自我管理的意识;结合我国企业及企业家在新冠疫情期间体现的社会责任感和使命感,激励学生做一个有素质、有担当、有责任的有为青年。

(2) 战略管理

① 情感层次的思政教学目标

通过对战略、战略管理、战略分析、战略选择、战略实施和控制等知识点和相关理论的讲解,使学生更加深入地了解我国国情,培养学生用理性、发展的眼光看待事物的变化和发展,激发学生对实现"现代化强国"这一目标更加深入的认识和理解。

② 态度层次的思政教学目标

将"四个自信"、优秀传统文化等融入专业知识的教学中,以全球化为背景,介绍企业外部环境的分析方法，加深学生对我国社会主义市场经济特点的了解，增强学生的道路自信、制度自信；通过对不同公司、不同战略模式的介绍，引导学生思考我国产业结构的转型，加深学生对我国社会主义制度优越性的深刻理解，培养学生的竞争意识和创新精神。

③ 价值观层次的思政教学目标

企业发展同时受到国际、国内环境的影响，因此企业发展是在一个动态、复杂的环境中进行的。现代企业的管理者必须了解国际局势、国内国情，具有大局意识、前瞻意识，才能更好地做出科学决策。同时，企业的发展受到内外部因素的影响，而这些因素又是互相联系的，要用联系的角度看待问题。通过典型案例的分享，增强学生的"四个自信"，引导学生树立正确的世界观、价值观。

(3) 战略品牌管理

① 情感层次的思政教学目标

通过讲授品牌战略、品牌营销活动、评估和诠释品牌绩效、提升和维系品牌资产等理论和专业知识点，并融入我国民族品牌的案例，使学生了解中国民族品牌的发展历程，树立民族自豪感，坚定"四个自信"和实现品牌强国的理想信念。

② 态度层次的思政教学目标

将中国品牌文化和中国品牌精神、工匠精神融入专业知识的教学过程中，通过对我国民族品牌建设发展历程的深刻阐述，使学生深刻领会以社会主义核心价值观为基础的中国品牌文化和中国品牌精神，培养学生的大局意识和诚实守信、勤勉敬业的工匠精神。突出中华老字号的文化底蕴和匠心精神，坚定实施品牌强国战略的理想信念。在新时代下，如何进一步挖掘中华老字号传统技艺和品牌内涵，弘扬老字号创新实践及工匠精神，扩大中国品牌影响力，满足人民群众对美好生活的向往，不只是中华老字号保持品牌活性的目标，更是中华老字号如何进一步坚守深厚文化底蕴与匠心精神的主题。只有兼容并包、与时俱进，以创新擦亮招牌，才能振兴老字号，为实施品牌强国战略添砖加瓦。

③ 价值观层次的思政教学目标

培养振兴民族品牌的使命感和责任感，树立正确的品牌观，在以改革创新为核心的时代精神和以爱国主义为核心的民族精神指引下，引导学生将理论知识和实践经验运用到我国自主品牌的创建和管理上，培养学生的家国情怀和国际视野。

(4) 财务管理（中级、高级）

① 情感层次的思政教学目标

通过对财务管理体制、环境、货币时间价值、收益与风险、预算管理、筹资管理、投资管理、营运资金管理、成本管理、收入与分配管理、财务分析与评价等知识点的讲解，使学生了解经济组织在生产经营管理活动中的筹资、投资、运营、分配行为只有符合现代经济制度，才能实现更高效的发展，从而达到货币、资本的最优配置。然而这些结果都离不开财务管理人员坚持合规合法、恪尽职守、诚实守信的原则，秉持团队合作、敢于创新的精神，承担社会责任和道德义务。

② 态度层次的思政教学目标

将爱国主义、法治观念、职业道德、社交礼仪等融入专业知识的讲授中，通过讲解财务管理的概念及特征，使学生明白大局意识是财务管理工作者必须具备的职业素养，从而将大局观念嵌入学生思想意识中，培养学生集体主义精神和沟通协调能力。作为理性的经济人，要有节约意识，养成储蓄习惯，科学理财，充分利用资金的时间价值，使资金在有限的时间和空间范围内实现最大的增值。

③ 价值观层次的思政教学目标

财务管理工作离不开目标，人生也离不开目标。课堂中，可以介绍几个以追求利润最大化为经营目标的企业最终破产的案例，以警示学生"唯利是图的人生是黑暗的，没有目标的人生是混沌的"，从而激发学生树立远大理想，制定人生各阶段的奋斗目标，为理想目标不断努力奋斗。筹集债务资金要有足够的偿还能力，还要重合同、守信用。作为青年学生，一定要诚信守法，筹资时要慎重选择筹资方式，比较资金成本的高低与风险的大小，切忌选择非法网贷。结合企业利润分配案例，引导学生成为一个正直的人，对经济事项的处理要公平合理。

(5) 风险管理

① 情感层次的思政教学目标

通过讲解流动资产风险管理，筹资、投资、生产、市场营销风险管理，新产品开发风险、并购风险管理，利率、汇率风险管理等知识点，培养学生的风险意识、风险管理技能，为走上相关工作岗位做好前期准备。

② 态度层次的思政教学目标

将社会主义核心价值观和中国优秀传统文化融入专业知识的教学中，将爱国爱民的情怀贯穿始终，培养学生的社会责任感。面对内外风险日趋严峻的形势，通过引入中国化解各类风险的实例，使学生感受到在以习近平同志为核心的党中央领导下中国特色社会主义的制度优势和制度自信。面对人类在发展中面临的各种各样无法摆脱的风险冲击，引导学生优化组合风险管理技术，将风险降到最低。

③ 价值观层次的思政教学目标

企业或个人在风险管理过程中必须保持最大限度的诚意，恪守信用。在本课程的讲授过程中，要培养学生诚信立身、诚信做人、诚信创业的道德修养。同时，通过对个人风险管理等理论的讲解，培养学生"友善""团结""互助"的品格和严谨的法治思维。

1.2.6 顾客与市场模块课程思政教学目标

本模块将围绕员工与市场营销展开，包括员工关系管理、社会保障学、现代推销学、销售管理、商品学、国际营销学、品牌管理、网络营销八门课程，各门课程的具体思政教学目标如下：

（1）员工关系管理

① 情感层次的思政教学目标

通过讲授劳动关系管理、员工人际关系管理、沟通管理、纪律管理、企业文化建设、员工冲突管理及员工关系诊断与改进等相关专业知识，使学生了解并灵活运用国家人力资源管理的相关法律法规，帮助企业完善用人管理制度；使学生掌握在劳动关系建立、维护过程中以及用工管理过程中权益保障、纪律管理、裁员与离职、劳动争议预防与处理、规避潜在的用工风险等相关职业技能，并让学生养成坚守职业道德、工作敬业、踏实细致、吃苦耐劳、待人诚恳热心、善于沟通与协作的个人素质。

② 态度层次的思政教学目标

将平等、自愿、守信的职业精神融入专业知识点的教学过程之中。引导学生深入学习劳动法，使学生在未来的工作沟通、绩效管理、薪酬管理等方面体现人文关怀。

③ 价值观层次的思政教学目标

培养学生的逻辑思维能力、分析与自我学习能力、责任心和社会责任感，使学生成为符合社会需要的复合型人才；培养学生诚信、刻苦、善于沟通和团队合作的职业素养，使其具有科学的世界观、人生观和价值观。

（2）社会保障学

① 情感层次的思政教学目标

通过讲授社会保障的概念与性质、社会保障法、社会救助法律制度、社会保险法律制度、社会福利和社会优抚法律制度等相关专业知识，激发学生对我国社会保障体系进行深入了解的兴趣。通过对我国社会保障相关法律制度出台背景等的介绍，使学生深刻理解我国国情、中国特色社会主义制度，体悟中国共产党"以人民为中心"的执政理念，坚定投身于"提高人民福祉"的浪潮中的决心和信心。

② 态度层次的思政教学目标

将法治思维和社会主义核心价值观融入专业知识的教学中，使学生感受到我国建立社会保障体系的初衷，以及我国作为发展中国家，在人口基数巨大的实际情况下，如何做好社会保障，兜住民生底线，使学生感受到国家的强大，增强其民族自豪感和"四个自信"。

③ 价值观层次的思政教学目标

通过本门课程的教学，使学生养成用法律维护自己合法权益的意识，做到懂法、守法。作为企业管理者，应该给予员工必要的保障和关照，将"友善"这样的核心价值观内化于心、外化于行，发扬助人为乐的优良传统，树立正确的利益观、人生观。

（3）现代推销学

① 情感层次的思政教学目标

通过讲解推销礼仪、推销方格理论、推销公式理论、顾客需求分析、消费者个性心理特征分析、购买者行为分析、推销技巧与策略、销售管理等相关专业知识，激发学生探索推销理论背后的人的心理活动的兴趣。通过对推销礼仪、推销技巧等的介绍，使学生感受不同文化之下待人接物的不同方式，体悟中国文化的博大精深。

② 态度层次的思政教学目标

将平等、自愿、公平、守信的职业精神融入专业知识点的教学过程之中。通过相关成功推销案例的分析，使学生体悟推销过程的细节，以及在推销过程中体现的平等、自愿、公平、守信，理解推销最终体现的是信任与诚信，而达成交易只是目的；培养学生善于沟通、敢于吃苦、勇于创新的精神。

③ 价值观层次的思政教学目标

诚信是人与人相处的最基本的行为准则，也是一个社会能够正常运行的最低要求。在社会主义市场经济蓬勃发展和社会结构转型的浪潮中，信用既是行为，又是"资本"，受到了经济秩序和社会秩序的双重制约。

（4）销售管理

① 情感层次的思政教学目标

通过讲授战略和销售规划、销售机会管理、客户关系管理、销售队伍组织模式、销售人员的招聘和甄选、销售培训、销售管理中的伦理问题、销售人员激励、销售人员薪酬、业绩评估等相关专业知识，加深学生对销售的深刻理解，让学生明白"销售管理"不仅仅是简单的"推销商品"，而是一项专业技能，从而激发学生探寻销售管理更多知识的兴趣。

② 态度层次的思政教学目标

销售管理为学生练习使用市场营销的经典理论4P策略组合提供了实践平台。4P策略由产品（product）、价格（price）、渠道（place）、促销（promotion）四个要素构成，让学生重点学会这一组合的使用要领，在销售产品时树立品牌意识，提升民族自豪感；在对待产品价格时，让学生知道为人为商，取财有道。

③ 价值观层次的思政教学目标

引导学生从自我做起，购买物品时要确保物有所值，树立正确的消费观念；面对渠道开发，鼓励学生与时俱进，运用互联网思维，拓宽产品销售渠道；教会学生在适当场合运用促销手段进行自我推销。

(5) 商品学

① 情感层次的思政教学目标

通过讲授商品分类与编码、商品品种和质量、商品标准与标准化、商品质量管理与质量监督、商品质量认证、商品检验、商品包装、商品储运与养护、商品与环境等相关专业知识，使学生理解并掌握商品所具有的普遍共性及商品学基本知识；培养学生的团队合作精神与表达、沟通能力，以及客观评价商品的能力。

② 态度层次的思政教学目标

通过对相关专业知识的讲授，将社会主义核心价值观和"五大发展理念"融入专业知识，使学生理解通过商品交易，市场会更加有活力，进而能够实现国家富强、人民幸福。同时，要使商品在市场上具有更强的竞争力，质量是决定性因素之一，以此引导学生树立"质量为王"的理念。作为参与商品流通环节的企业，需要承担社会责任，将绿色、环保的理念融入商品的生产、流通中，积极践行"五大发展理念"。

③ 价值观层次的思政教学目标

通过对专业知识的讲解和对典型案例的探讨，引导学生理性看待商品，尤其是服务产品和高科技产品，同时在商品不断迭代中形成正确的商品观、消费观。

(6) 国际营销学

① 情感层次的思政教学目标

通过讲授国际营销环境、国际营销战略、国际营销组合策略、国际营销的组织和控制、国际营销的未来等相关专业知识，激发学生探寻国际营销环境的热情，鼓励学生为建设中国国际营销环境贡献自己的智慧。

② 态度层次的思政教学目标

通过比较中西方营销文化、环境的差异，使学生感受文化对一个民族的重要性，进而增进其文化自信。同时通过对中心营销理念的融合，使学生感受科学的魅力，进而坚定做中国国际营销的践行者、推动者。

③ 价值观层次的思政教学目标

将中华优秀传统文化等思政元素融入专业知识的教学，扩宽学生视野，使学生在对理论和案例的学习中，对国际营销有更加深刻的理解，进而培养学生家国情怀和团队合作精神。

(7) 品牌管理

① 情感层次的思政教学目标

通过讲授品牌发展历史、品牌本质、品牌特征及内涵、品牌管理、品牌战略、品牌定位、品牌设计、品牌传播、品牌形象、品牌个性、品牌文化、品牌资产、品牌保护、品牌升级、品牌扩展、品牌国际化等相关专业知识，并融入我国民族品牌的案例，使学生了解中国民族品牌发展历程，树立民族自豪感，坚定"四个自信"和实现品牌强国的理想信念。

② 态度层次的思政教学目标

将中国品牌文化和中国品牌精神、工匠精神融入专业知识的教学过程中，通过对我国民族品牌建设发展历程的深刻阐述，使学生深刻领会以社会主义核心价值观为基础的中国品牌文化和中国品牌精神，培养其大局意识和诚实守信、勤勉敬业的工匠精神。

③ 价值观层次的思政教学目标

培养学生振兴民族品牌的使命感和责任感，在以改革创新为核心的时代精神和以爱国主义为核心的民族精神指引下，引导学生将理论知识和实践经验运用到我国自主品牌的创建和管理上，使学生具有家国情怀和国际视野。

（8）网络营销

① 情感层次的思政教学目标

通过讲授网络营销演进、网络营销环境、网络营销策划、网络营销战略、网络营销组合、网络消费者行为、平台模式、网络生态系统、网络营销推广、网络营销服务、网络用户体验等相关专业知识，培养学生鉴别网络信息的能力、正确的网络营销价值观、从事网络营销专业领域工作的素质和能力、良好的职业操守和敬业精神等。

② 态度层次的思政教学目标

通过专业知识的讲解，培养学生辨别网络营销中信息真伪的能力，更好地保护自己的利益，同时做到诚信、公平，遵守法律法规，共同打造网络净土，拒绝网络暴力等；培养学生应用网络营销策略，学会如何讲好中国故事，做有情怀的新时代中国青年。

③ 价值观层次的思政教学目标

让学生形成正确的网络观，区分网络信息真伪，保护自己的合法权益；让学生形成正确的义利观、消费观，能够应用马克思主义辩证法看待问题，理解我国社会主义市场运行的规律，进而增强制度自信，提升民族自豪感。

1.2.7 资源管理模块课程思政教学目标

本模块主要包括人力资源管理、投资学、文化资源学、信息资源管理、组织与工作设计、工作分析与岗位评价、成本会计、资产评估、企业价值评估九门专业课程。各门课程的具体思政教学目标如下：

（1）人力资源管理

① 情感层次的思政教学目标

通过讲授人力资源规划、人力资源相关法律法规、岗位分析、招聘与甄选、绩效管理、薪酬管理、职业生涯管理、人力资源培训、跨文化人力资源管理、激励管理、沟通管理、团队管理、员工关系管理等相关专业知识，使学生了解地方、全国及全球经济发展的新形势、新战略和新任务，以及人力资源管理的现状和未来的创新发展趋势，强化思想的引领性和时代性；通过讲述人力资源管理相关理论，培养学生服从战略的全局观念和服务企业经营的创新意识。

② 态度层次的思政教学目标

通过专业知识的教学，将人力资源管理经典理论和方法融入中华优秀传统文化、优秀企业的典型案例中，培养学生人力资源管理工作必需的沟通能力、合作能力、人际能力及领导能力，强化责任意识、公平意识和竞争意识。通过融入我国人力资源管理制度、《党政领导干部选拔任用工作条例》等内容，使学生深入理解我国人才战略和将"德才兼备，以德为先，五湖四海，任人唯贤"作为党政领导干部选拔的重要原则。

③ 价值观层次的思政教学目标

通过本课程的教学，培养学生从专业角度理解和认识人力资源管理工作，成为专业的人力资源管理从业者，进而培育学生健全人格和健康体魄、社会责任感和职业道德、创新精神和终身学习的意识，树立正确的工作价值观。

（2）投资学

① 情感层次的思政教学目标

通过讲授投资与经济发展、投资体制、投资结构、项目融资、证券融资、项目投资、项目投资的风险管理、投资组合、现代投资银行、国际投资等相关专业知识，使学生正确认识投资，进而激发学生探索投资学背后知识和原理的热情，为做一个有担当、有情怀的投资者或投资管理者努力奋斗。

② 态度层次的思政教学目标

通过专业知识的教学，培养学生高度的社会责任感和良好的职业素养。通过一些投资人员利用内部信息或制造不实信息获利，一些股票分析人员为赚取私利恶意为上市企业提供过于乐观的研究报告等反面案例，引导学生正确认识投资，培养学生树立良好的法治意识、高度的社会责任感。而良好的法治意识、高度的社会责任感是一名合格金融从业者的必备素养。

③ 价值观层次的思政教学目标

通过案例和专业知识的教学，使学生认识到国家利益、企业发展与个人成长之间的密切关系；帮助学生树立坚定的理想信念，培养学生家国情怀、使命担当及良好的政治素质；同时，通过专业知识和相关技能的讲解，引导学生树立正确的投资观，不盲目追求盈利目标。

（3）文化资源学

① 情感层次的思政教学目标

通过讲述文化资源的定义及特性、文化资源分类、文化资源调查与价值评估、文化资源管理、文化资源保护、文化资源的产业化开发等相关专业知识，使学生进一步认识我国文化产业的生态体系，进而更加坚定做我国文化产业保护者、传承者的理想信念。

② 态度层次的思政教学目标

通过对我国繁荣的文化产业的分析，使学生产生自豪感，提升文化自信；通过对我国长城文化、长征文化、艺术文化等不同文化形式的介绍，培养学生为我国文化事业贡献智慧的决心；通过对我国繁荣的文化产业中蕴含精神的体悟，培养学生敢于担当、乐于奉献、为国家利益贡献终身的勇气和决心。

③ 价值观层次的思政教学目标

通过对我国不同形式文化产业的讲述，培养学生正确的文化观，以及为我国文化事业贡献智慧的决心；通过对我国文化产业的发展历程的讲解，使学生产生使命感，进而做文化产业的保护者和传承者，将我国文化产业保护好、发展好，造福子孙，使中华优秀文化源远流长。

（4）信息资源管理

① 情感层次的思政教学目标

通过讲授信息资源、国内外信息资源管理、信息资源过程管理、信息资源管理法规、网络信息与大数据资源、信息资源管理的技术等相关专业知识，深化学生对信息这一重要资源要素的认识，激发学生探寻信息世界的奥秘和规律的兴趣，以更好地完成学业。

② 态度层次的思政教学目标

信息在我们的生活中无处不在，如何辨别有用信息成为人们关注的焦点。通过专业知识的教学，使学生养成良好的信息辨别习惯和敏锐的观察理解能力，能够迅速分辨自己想要的信息，进而使信息更好地为自己服务；同时，要养成良好的网络信息传播习惯，不造谣、不传谣，更好地净化网络空间。

③ 价值观层次的思政教学目标

通过本课程的教学，培养学生良好的信息习惯，形成正确的世界观、信息观；培养学生将个人利益和国家利益相联系，为国家繁荣富强贡献自己的力量；通过讲述信息对企业和国家的重要性，使学生学会保护个人隐私与知识产权。

（5）组织与工作设计

① 情感层次的思政教学目标

通过讲授组织与组织理论、组织变革、岗位调查、岗位分析、岗位设计、岗位评价、岗位分类等相关专业知识，使学生理解组织和岗位的关系，对我国权力机构的设置有更加深入的理解，激发学生对相关组织岗位设置、分析等方面的兴趣，使学生能够对我国中国共产党领导的多党合作和政治协商制度有更加深刻的理解，进而增进政治认同。

② 态度层次的思政教学目标

企业在实际运作中，组织与工作设计关乎企业的方方面面，影响重大，需要从业者公平公正、严谨科学地客观对待，还需要从业者有较强的思想素质和业务能力。因此，在本课程中需要培养学生诚实守信、遵纪守法、创新务实的良好品质。

③ 价值观层次的思政教学目标

将与专业知识相关的视频、案例、时事热点、传统文化等引入专业知识的教学中，通过对不同岗位的分析，使学生形成正确的职业观，理解职业、岗位没有高低贵贱之分，只是分工不同，进而更好地尊重、善待他人。通过本课程的教学，培养学生的爱国情怀和责任担当意识，以及尊重各行各业工作者的思想品质。

（6）工作分析与岗位评价

① 情感层次的思政教学目标

通过讲授工作分析准备、工作岗位调查、工作分析方法、工作分析成果、岗位评价、岗位评价方法及应用等相关专业知识，使学生更加科学地认识工作分析，更加客观理性地进行岗位评价，激发学生对人力资源管理专业更深的认识。

② 态度层次的思政教学目标

通过对工作分析与岗位评价的深入讲解，培养学生良好的职业道德和职业精神，并懂得如何维护自身合法权益，做到学有所用。工作分析与岗位评价需要相关从业者具备科学、严谨、公平公正的态度，因此在本课程的教学中，要重点培养学生遵纪守法、诚实守信的品格。

③ 价值观层次的思政教学目标

通过对不同职业和岗位的分析，使学生形成正确的职业观、人生观。通过本课程的教学，培养学生的担当意识，并能够尊重各类岗位的从业者。

（7）成本会计

① 情感层次的思政教学目标

通过讲授成本的定义、成本的作用、成本核算的要求和一般程序、费用在各种产品之间的归集和分配、产品成本计算方法、成本报表与成本分析等相关专业知识，使学生形成降低成本、创造价值的理念，以及遵纪守法、客观公正、认真严谨的职业精神。

② 态度层次的思政教学目标

通过对成本内定义的讲解，激发学生的时代责任感，引导学生思考如何为社会发展贡献自己的力量，养成勤俭节约的良好习惯。通过对成本核算原则的讲解，培养学生遵纪守法、按章办事、公平客观、法治廉洁、诚实守信、不夸大其词、不弄虚作假、踏实做人的职业精神和做人原则。

③ 价值观层次的思政教学目标

通过成本核算等专业知识的讲述，培养学生敬业、严谨、公平、公正的职业精神和做人原则，进而树立正确的人生观。通过将传统文化与成本核算相融合，培养学生勤俭节约的良好习惯，树立学生的民族责任感，使学生具有社会责任感和家国情怀。

（8）资产评估

① 情感层次的思政教学目标

通过讲授资产评估的含义、资产评估的基本方法、机器设备评估、房地产评估、无形资产评估、流动资产评估、长期投资及其他资产评估、企业价值评估等相关专业知识，激发学生思考资产评估在组织社会发展中发挥的作用，进而导引学生对资产评估进行深入学习和实际应用。

② 态度层次的思政教学目标

资产评估过程真实反映了权利束的价值，维护了权利人的根本利益，与社会主义核心价值观之一"民主"的内涵相吻合，资产评估原则中的独立性原则和客观公正原则体现社会主义核心价值观之一"公正"，即不偏不倚、客观公正。通过对资产评估职业道德准则的讲解，增强学生严守职业道德、提高职业素质、维护职业形象的意识。

③ 价值观层次的思政教学目标

通过讲授资产评估发展史，增强学生对于中外资产评估行业发展史的认识，继续发扬传承中国资产评估从业者的工匠精神。通过介绍资产评估行业对我国经济建设的作用和其国际地位，增进学生对于改革开放和"一带一路"倡议的认识，增强学生的民族自豪感和爱国情怀。通过对机器设备评估的国产人工智能设备的讲述，引起学生对于"中国力量"的情感共鸣，进一步坚定自信、增强自觉、实现自强。

（9）企业价值评估

① 情感层次的思政教学目标

通过讲授企业价值评估的发展历程、企业价值评估的内涵与目标、企业价值评估程序、企业价值评估方法、国有企业改制中的企业价值评估、特殊情形下的企业价值评估、企业价值管理等相关专业知识，使学生认识企业价值的构成和内涵，进而对企业在发展过程中扮演的角色和在社会主义市场经济发展中的作用有更深刻的认识，激发学生学习理论和实践技能的热情。

② 态度层次的思政教学目标

通过对相关专业知识和专业技能的讲解，培养学生科学严谨、求真务实、客观公正的职业精神和遵守法律法规、脚踏实地的做人原则；培养学生对我国企业发展深入钻研的科学态度，使学生能够正确看待企业在发展过程中的表现；培养学生勇于担当、敢于创新的精神和勇气。

③ 价值观层次的思政教学目标

通过将优秀传统文化、社会主义核心价值观等思政元素融入专业知识的教学中，培养学生正确的职业观和人生观，激发学生对我国社会主义市场经济学习的热情，树立民族自豪感，增强制度自信、理论自信。

1.2.8 过程管理模块课程思政教学目标

本模块主要包括招聘与录用、质量管理、电子商务、管理信息系统、文化产业经营与管理五门专业课程。各门课程的具体思政教学目标如下：

（1）招聘与录用

① 情感层次的思政教学目标

通过讲授人力资源规划、管理能力测试、诚信测试、诊断性面试、录用决策、新员工录用面谈与培训等相关专业知识，激发学生对人岗匹配原理深入学习的兴趣，进而更好地理解和掌握无领导小组讨论、公文筐测试、面试、演讲等管理能力测试的方法；培养学生敬业、公平、客观的职业精神。

② 态度层次的思政教学目标

通过对人岗匹配、管理能力测试等方法的讲解，使学生建立科学、严谨、务实、公平、公正的用人观，同时能够利用测试方法对自己进行更为深入和科学的了解，帮助自己更好地进行职业规划。通过对诚信测试、录用决策等知识的讲授，培养学生诚实守信、按章办事的原则，同时将我国公务员考试、事业单位考试以及国有企业招聘等相关案例引入专业知识的讲解，使学生在形成正确就业观的同时，能够更好地理解和客观地看待我国人才选拔制度的特殊性和公平性等特征，激发学生到祖国最需要的地方建功立业的决心和信心。

③ 价值观层次的思政教学目标

通过对专业知识的讲授，培养学生正确的用人观、就业观和职业观；通过对我国人才选拔制度、考评制度等的分析，增强学生的制度自信和民族自豪感；通过对我国古代人才选拔制度的介绍，增强学生的文化自信。

（2）质量管理

① 情感层次的思政教学目标

通过讲授质量波动理论、过程能力分析、统计质量控制、全面质量管理与六西格玛管理、设计质量管理、质量检验及抽样技术、ISO 9000 质量体系与卓越绩效模式、质量经济性分析、服务质量管理等相关专业知识，使学生认识到在全球化的竞争性市场上，质量成为决定成败的关键因素。在我国，质量问题已成为经济社会实现科学发展的战略问题，企业只有推行全面质量管理，追求精益求精，才能实现中国制造到中国"质"造的转变。通过系统教学，使学生理解现代质量管理的先进理念，建立系统的质量思维结构，掌握统计质量控制理论、质量管理常用工具、设计质量管理、抽样检验、质量管理体系以及可靠性工程基础等知识，具备从系统角度分析解决生产和管理实践中出现的各种质量问题的能力。

② 态度层次的思政教学目标

将科技助力、质量强国作为课程思政总目标,通过播放纪录片《大国质量》,培养学生质量意识、责任担当和质量强国理念。通过介绍质量相关概念及质量管理发展历程,激发学生追求真理、勇于创新、精益求精的精神,树立科技报国、科技强国的志向。

③ 价值观层次的思政教学目标

通过讲述中国制造以及企业家故事,并将工匠精神、责任意识以及爱国主义精神融入其中,帮助学生理解质量概念以及产品质量的影响因素等,引导学生关注产品质量,体会新时代大国工匠精神的内涵,从而激发学生的使命感和责任感,使学生树立正确的人生观、价值观和世界观,厚植爱国主义情怀,做一名合格的社会主义接班人。

(3) 电子商务

① 情感层次的思政教学目标

通过讲授电子商务技术、网络零售、新零售、B2B电子商务、跨境电子商务、网络营销、电子商务安全、电子支付与互联网金融、电子商务物流及供应链管理、客户关系管理、移动电商等相关专业知识,展示电子商务与人工智能的融合,引导学生理解数字技术和互联网环境下的机械化、信息化和智能化融合发展对经济和民生的影响。科技的发展离不开创新,学生需要不断提高自己的数字知识素养和专业实践能力,在新经济时代做出有创意、高效率的服务工具。通过将课堂教学与案例实践相结合,讲述中国故事,加深学生对新时代中国国情的了解,深化学生对中华优秀传统文化中思想精髓和时代价值的理解,弘扬以爱国主义为核心的民族精神,进一步坚定当代大学生的政治信仰。

② 态度层次的思政教学目标

通过回顾我国人工智能技术的发展史,展示近年来在关键技术领域刻苦钻研的中国研究者们在人工智能技术领域取得的突破性成果,帮助学生认识到坚持不懈与吃苦耐劳对于学习生活与未来职业发展的重要性,鼓励学生发扬"钉钉子"精神,勇于攻坚克难、一干到底,在磨砺中不断成长。通过课程的设计,教导学生认识世界的客观规律,锻炼科学思维,培养思辨能力,从而更好地拓展对世界的认识,提升改造世界的能力。

③ 价值观层次的思政教学目标

通过本课程教学,提升学生运用相关专业知识的能力,进而提升其综合文化素养;通过小组合作、讨论和教师讲授等方法,使学生具备较强的创新、协作和沟通能力;通过课程思政案例,使学生深入理解以人为本、奉献精神、创新意识的深刻内涵,引领学生形成正确的世界观、价值观和人生观。

(4) 管理信息系统

① 情感层次的思政教学目标

通过讲授信息系统的概念、应用系统、系统规划、系统分析、系统设计、系统持续交付等相关专业知识，使学生认识到信息化时代的管理工作越来越复杂，管理业务已非手工系统所能应付，信息系统已成为各企业、组织的重要先进管理工具，但是也存在系统管理、应用效果不佳等现象。因此，本课程的教学可以激发学生对信息技术的探索热情。

② 态度层次的思政教学目标

通过对管理信息等概念的讲述，使学生认识到管理信息系统是特殊形式的生产力。作为新时代中国特色社会主义的"四梁八柱"之一，管理信息系统在推动社会发展、实现共产主义方面发挥着重大作用；通过讲授系统开发流程，使学生认识到系统的开发并非只需要技术就可以完成，更需要开发人员系统思考、全局把握，进而培养学生的系统思维。

③ 价值观层次的思政教学目标

通过对专业知识的讲解和对管理信息系统在各行业中应用的介绍，培养学生的系统观和全局观。通过对专业知识的讲解，培养学生的远大理想和正确信念，以及不断进取、勇于奉献、顾全大局和团结协作的精神修养。

(5) 文化产业经营与管理

① 情感层次的思政教学目标

通过讲授文化产业的概念和特征、文化产业管理的路径和模式、文化产业的战略管理、文化产业的投资管理、文化产业的品牌管理、文化产业的人力资源管理、文化产业的项目管理、文化产业的知识产权管理、新闻传媒业管理、图书出版业管理、网络业管理、表演艺术业管理、广告业管理、设计业管理、景区旅游业管理等相关专业知识，激发学生对我国文化产业深入学习和探索的兴趣，为我国文化产业的发展贡献自己的才能和智慧。

② 态度层次的思政教学目标

通过将我国优秀传统文化引入专业知识的教学中，增强学生的文化自信，培养学生的家国情怀和担当精神，提升学生为我国文化事业的发展贡献力量的决心。

③ 价值观层次的思政教学目标

通过对专业知识的讲解，培养学生的工匠精神和人文精神。工匠精神是职业道德、职业能力、职业品质的体现，饱含着精益、敬业、专注、创新等方面的内容。人文精神是以人为对象、以人为中心的精神，其核心内容是对人类生存意义和价值的关怀。

1.2.9 运营管理模块课程思政教学目标

本模块主要包括成本管理、财务报表分析、运营管理、供应链管理、员工培训管理、人才测评、审计学、内部控制学八门专业课程，各门课程的具体思政教学目标如下：

（1）成本管理

① 情感层次的思政教学目标

通过讲授价值链分析与战略成本管理、功能成本管理、质量成本管理、时间成本管理、成本控制、长期成本与投资决策、短期成本与经营决策、成本计算原理、作业成本计算与管理等相关专业知识，培养学生掌握财务管理、运营、财务报表分析的基本技能，以及长期计划与财务预测的能力，培养学生进行筹资决策、资金管理和价值评估的能力，为学生后续的专业课程学习奠定基础，并增进其对现实经济活动与政府相关政策的理解。

② 态度层次的思政教学目标

结合目前的财务管理目标和理论，引导学生客观认识我国企业在发展中存在的差距，并肯定已取得的成就；激励学生努力创新、奋发向上、艰苦朴素，使学生具有高度的社会责任感；根据学生掌握的资金预测知识，引导学生今后不管在哪个岗位，都要具有高度的社会责任感和勤俭节约的意识；根据学生掌握的有价证券知识结构，培养学生的投资意识和风险意识。

③ 价值观层次的思政教学目标

通过课程内容与德育、诚信相关内容的融合设计，使学生在具备专业能力的基础上，树立正确的人生观和价值观，坚定积极健康的理想信念，不忘初心，遵守商业伦理和职业道德，为祖国经济繁荣而努力学习；培养学生敬业、守业的职业精神，使学生了解并遵守所学专业的伦理和职业道德；培养学生良好的社会职业道德、客观分析问题的能力，使学生能够在企业财务管理实践中，结合社会、健康、安全、法律、文化及环境等因素，给出合理的设计方案。

（2）财务报表分析

① 情感层次的思政教学目标

通过讲授财务报表分析的信息来源、财务报表分析技术、企业财务能力（偿债能力、营运能力、盈利能力）分析、财务报表分析的外部应用、财务报表分析的内部应用等相关专业知识，使学生掌握上市公司财务报表信息的搜寻方法，合理认识企业财务信息披露，具备系统评价企业财务状况和独立撰写财务分析报告的能力，引导学生通过财务状况了解企业战略、分析企业未来发展能力。

② 态度层次的思政教学目标

通过相关案例的分析，帮助学生了解财经类行业的法律法规，引导学生遵守财经类行业的职业道德和职业规范，培养学生诚实守信、客观公正、德法兼修的职业精神。

③ 价值观层次的思政教学目标

引导学生关注和客观理解企业经营管理中的现实问题，塑造其未来成为一名财经类行业从业者的使命感和社会责任感，树立民族自信和积极的社会主义核心价值观；

培养和提升学生的创新能力、管理沟通能力和自主学习能力。

(3) 运营管理

① 情感层次的思政教学目标

通过讲授运营战略、产品开发与设计、运营能力规划、设施选址、设施布置、工作系统研究、库存管理、质量管理、运营计划、作业排序、网络计划技术、先进制造技术等相关专业知识，引导学生阅读相关材料，并结合中国经济的发展历程，分析运营管理的特点和决定性因素，进一步提升学生的各项能力。通过预习和课堂讨论，在师生互动中提升学生的自学能力、表达能力、创新能力，增强学生的团队合作意识。通过对中外运营管理实践的分析，提高学生提出问题、分析问题和解决问题的能力。

② 态度层次的思政教学目标

通过本课程的教学，使学生对国家经济建设和发展过程中积淀的运营管理财富有深入认识；让学生深刻理解"双碳战略""中国制造2025""质量强国"的内涵，提升学生的社会责任感和时代责任感；通过热点话题剖析，解读我国经济发展战略，增强学生的道路自信、理论自信、制度自信和文化自信；通过对运营系统设计与改善、计划管理与控制、现场管理和质量管理等内容的讲解，塑造学生的职业素养，鼓励学生追求真理、勇于探究与实践。

③ 价值观层次的思政教学目标

以国家发展战略、热点话题和企业案例为基点，将社会主义核心价值观、科学精神、人文道德等思政元素和"双碳战略""质量强国""工匠精神"等内容有机融入课程教学中，引导和鼓励学生积极参与"质量强国"的社会实践，增强学生的使命担当，提高学生运用运营管理的基本理论解决问题的能力。关注学生自我管理能力的培养，切实提升学生的综合能力和职业素养。引导学生了解国家宏观经济发展现状和未来发展趋势，深刻理解高质量发展与"双碳战略"的内在关系。

(4) 供应链管理

① 情感层次的思政教学目标

通过讲授如何构建分析供应链的战略框架、设计供应链网络、计划和协调供应链供需、计划和管理供应链库存、设计和规划运输网络、管理供应链跨职能驱动因素等相关专业知识，使学生理解优秀的供应链管理不仅是现代企业稳定发展的推进器，更是国家落实新发展理念的重要举措、供给侧结构性改革的重要抓手，同时认识到在逆全球化与贸易摩擦频发的国际环境中，供应链对国计民生的影响更加凸显，进而激发学生成为优秀供应链管理者的内生动力。

② 态度层次的思政教学目标

供应链管理关乎国计民生，是国家竞争战略的关键一环，供应链安全成为各国关注的新焦点。基于课程中的知识点，结合时事热点的供应链案例分析，帮助学生了解国家战略、国际局势，激发学生的爱国热情，认识到中国特色社会主义制度的优越性。

③ 价值观层次的思政教学目标

供应链涉及多个环节、多个公司（如二级供应商、一级供应商、制造商、分销商、零售商），其中有着多种职业角色和错综复杂的关系。供应链中的成员往往为了一己私利铤而走险，最终导致整条供应链的利益受损。这样的案例比比皆是，如"肯德基辣椒粉苏丹红事件"就是由其上级供应商因过度追求商业利益而引发的。在教学中以此类事件作为反面案例，使学生拥有优良的道德品质与职业素养。现代供应链管理越来越重视"绿色""可持续""闭环"等理念，这与我国的"碳中和"承诺与目标不谋而合。通过对企业社会责任与供应链可持续性等内容的讲解，让学生深刻认识到在个人、企业、国家等层面实现可持续发展的重要性与科学性。

（5）员工培训管理

① 情感层次的思政教学目标

通过讲授员工培训的内涵、培训需求分析、培训计划制定、组织实施培训、培训成果转化、培训效果评估、互联网培训管理等相关专业知识，使学生不仅掌握培训开发的原则、培训开发的程序和方法、培训开发的内容，还拥有长远的战略眼光、终身学习的理念。

② 态度层次的思政教学目标

通过本课程的教学，使学生熟知组织的价值取向及组织文化，了解最新的培训方法和手段，认识到大数据、人工智能等技术发展为学习者提供丰富便利的学习资源的同时，也会取代部分岗位，甚至导致某些职业消失。

③ 价值观层次的思政教学目标

现在是知识大爆炸的时代，知识更新速度加快，终身学习的思想得到社会的普遍认同。要引导学生积极思考科技进步给人力资源管理带来的挑战，帮助学生结合企业未来发展选择学习方向，勇于面对挑战，认同终身学习的理念。

（6）人才测评

① 情感层次的思政教学目标

通过讲授人才测评的原理、人才测评的基础、心理测评、面试、无领导小组讨论、公文筐测验、评价中心技术与其他测评方法等相关专业知识，培养学生对人才甄选技术和方法科学性的认识，激发学生的竞争意识；同时，使学生更科学地了解自己，进而做好职业规划。

② 态度层次的思政教学目标

通过对相关测评理论、方法的讲解，培养学生客观公正、严谨认真、实事求是的职业精神和职业操守，使学生理解企业在选拔人才方面对"德""才"的考量。通过对相关人才选拔制度的讲解，使学生理解我国人才选拔制度和选拔方式，增进学生的"制度自信""理论自信""文化自信"。

③ 价值观层次的思政教学目标

通过将"平等""公正""法治""爱国""敬业""诚信""友善"的社会主义核心价值观融入教学中，培养学生的职业精神，使学生树立正确的职业观、就业观和用人观。通过对相关企业人才测评典型案例的分析，培养学生的竞争意识和科学素养，使学生更好地完成职业生涯规划。

（7）审计学

① 情感层次的思政教学目标

通过讲授职业道德与审计准则、审计程序与审计证据、重要性与审计风险、内部控制与审计抽样、销售与收款循环审计、生产与存货循环审计、采购与付款循环审计、投资与筹资循环审计、货币资金审计等相关专业知识，结合相关法律条文，使学生形成国家利益至上的情感，自觉维护国家利益和集体利益。

② 态度层次的思政教学目标

通过将平等、自愿、公平、守信的职业精神融入专业知识点的教学过程之中，培养学生具有遵守法律法规、爱岗敬业、乐于奉献、适应社会的职业素养和良好的职业道德，树立团队合作意识和风险意识；同时，使学生认识审计的重要性，确保学生未来在审计工作中做到公平、公正、合法合规。

③ 价值观层次的思政教学目标

通过本课程的教学，引导学生遵守职业道德，具备严谨的职业精神和良好思想品德，在审计过程中不受外来因素的干扰，客观公正地出具审计意见，及时发现问题并给出自己的判断及建议，从而培养"经济警察"的意识和正确的人生观、价值观。

（8）内部控制学

① 情感层次的思政教学目标

通过讲授内部控制的基本理论、内部环境、风险评估、控制活动、信息与沟通、内部监督等相关专业知识，使学生树立风险意识，激发学生对企业内部控制基本规范等内容学习的热情。

② 态度层次的思政教学目标

通过对典型案例的分析，使学生认识内部控制对一个组织发展的重要性和价值所在，进而激发学生对相关专业知识学习的兴趣，并树立通过专业知识的学习，提高内部控制的效率、降低风险、为企业及其他组织健康发展贡献智慧的决心。

③ 价值观层次的思政教学目标

通过对典型案例的分析和专业知识的讲解，培养学生应用专业知识解决问题的能力，引导学生正确看待失败和成功，树立风险意识、大局意识。通过中西方内部控制差异的比较，使学生进一步了解我国社会主义制度下内部控制的特色，进一步加强学生的制度自信和理论自信。

1.2.10 绩效评估模块课程思政教学目标

本模块主要包括绩效管理、薪酬设计与管理两门专业课程。这两门课程的思政教学目标具体如下：

（1）绩效管理

① 情感层次的思政教学目标

通过讲授目标管理、标杆管理、关键绩效指标、平衡计分卡、绩效计划、绩效监控、绩效评价、绩效反馈、绩效薪酬等相关专业知识，使学生认识绩效管理对企业和组织发展的重要作用，激发学生对绩效管理相关理论和专业知识学习的热情。

② 态度层次的思政教学目标

通过对绩效管理工具的讲解，激发学生探索绩效管理工具背后的理论和逻辑，并应用于实践的热情。通过对绩效管理过程的分析，使学生认识到科学合理的绩效管理需要系统设计、长远谋划，从而培养学生严谨、认真、负责的工作态度。

③ 价值观层次的思政教学目标

将中国优秀传统文化融入绩效管理专业知识的教学中，培养学生勤俭节约的良好品德；引导学生在生活、学习和工作中树立绩效思维；培养学生严谨求实的科学精神和勇于担当的时代精神。

（2）薪酬设计与管理

① 情感层次的思政教学目标

通过讲授薪酬体系、岗位分析、薪酬调查、绩效管理、薪酬激励、薪酬沟通等相关专业知识，培养学生对薪酬体系相关理论学习的热情，认识到薪酬体系对一个组织的重要性，进而更好地利用所学解决实际问题。

② 态度层次的思政教学目标

将平等、自愿、公平、守信的职业精神融入专业知识点的教学过程之中。薪酬设计和管理涉及的工作十分敏感，因此需要培养学生良好的职业道德和职业操守。薪酬设计和管理需要不断创新和改进，因此需要培养学生的创新意识和创业精神，以便设计和实施符合时代所需的薪酬体系，提高员工的工作积极性和参与感。

③ 价值观层次的思政教学目标

薪酬设计和管理需要从业人员具备公正、诚信和正直的品质，因此需要培养学生公正、诚信和正直的价值观，以便设计和实施合理、公正的薪酬体系。薪酬设计和管理需要从业人员进行价值判断和道德决策，因此需要培养学生的价值判断和道德观念，以便识别问题、分析原因并提出解决方案。薪酬设计和管理不仅是一项职业责任，也是一项社会责任，因此需要培养学生的个人责任感和社会责任感，以便承担薪酬管理的责任和义务。薪酬设计和管理需要考虑不同文化、背景和价值观的员工的需求，因此需要培养学生包容并兼的价值观，以便设计和实施适合不同员工的薪酬体系。

1.2.11 创新创业模块课程思政教学目标

本模块主要包括技术经济与管理、创新管理、技术创新管理、创业管理四门专业课程。各门课程的具体思政教学目标如下：

（1）技术经济与管理

① 情感层次的思政教学目标

通过讲授企业管理、生产与运作管理、创新与创业、信息技术等相关专业知识，以授课、社会实践等方式，培养学生的责任感和使命感，让学生明白自己作为技术经济与管理人才的责任和使命；注重培养学生的实践能力，例如通过案例研究、项目设计和实习等方式，使学生将所学的理论知识应用到实际问题中，从而更好地掌握和应用所学的知识。

② 态度层次的思政教学目标

技术经济与管理领域的从业人员需要具备良好的团队合作能力，因此需要培养学生的团队合作精神，让学生懂得如何在团队中发挥自己的特长、如何与他人协作完成任务。同时，技术经济与管理领域需要具备创新意识、创业精神、国际化视野和文化素养的人才，因此应该通过实践项目和科研活动等方式，培养学生的创新思维和创业意识。通过国际化课程设计、境外实习、交换项目等方式，培养学生开放、包容的国际化视野和跨文化交流能力。

③ 价值观层次的思政教学目标

通过将思政知识点融入课程教学，培养学生的责任感、使命感、质量意识和国际视野，使学生了解自己所学专业知识对社会的影响，并具备承担相应责任的能力；了解质量对企业和社会的重要性，并在工作中始终坚持质量至上的原则；了解全球化的趋势和挑战，并具备跨文化交流和合作的能力。

（2）创新管理

① 情感层次的思政教学目标

通过讲授创新战略、创新组织和文化、创新投资与融资、创新伦理和社会责任、创新与可持续发展、知识产权等相关专业知识，结合相关法律条文，鼓励学生对未知事物持有好奇心和求知欲望，培养学生的探索精神，激发他们的创造力。

② 态度层次的思政教学目标

中国共产党第二十次全国代表大会报告指出"实践没有止境，理论创新也没有止境。""必须坚持守正创新。我们从事的是前无古人的伟大事业，守正才能不迷失方向、不犯颠覆性错误，创新才能把握时代、引领时代。"通过本课程的教学，引导学生了解创新对于企业和社会的重要性，并培养他们的创新意识和创新思维，以应对日新月异的市场竞争；培养学生具有团队合作的意识和能力，使他们了解团队合作的重要性，并通过团队合作来获取创新成果；培养学生创新创业的精神，包括勇于尝试、敢于冒险、积极进取、快速学习和适应变化等素质。

③ 价值观层次的思政教学目标

中国共产党第二十次全国代表大会报告指出"必须坚持科技是第一生产力、人才是第一资源、创新是第一动力，深入实施科教兴国战略、人才强国战略、创新驱动发展战略，开辟发展新领域新赛道，不断塑造发展新动能新优势。"通过在课程中融入创新驱动发展战略等思政知识点，培养学生的创新思维、团队合作精神和社会责任感，使学生树立正确的创新观和世界观。

(3) 技术创新管理

① 情感层次的思政教学目标

通过讲授创新战略的制定、技术创新的组织和管理、技术创新的评估和风险管理、知识管理和知识产权保护、创新与战略的协调等相关专业知识，结合创新驱动发展战略，使学生形成国家利益至上的情感，自觉维护国家利益和集体利益。

② 态度层次的思政教学目标

通过对我国创新驱动发展战略和技术创新重要性的讲解，加深学生对创新的认知和理解，使其认识到创新的重要性和必要性；鼓励学生在日常生活和未来工作中持续发掘、尝试新的思路和方法；培养学生的前瞻性和预见性思维，鼓励他们关注未来的发展趋势和变化，积极思考和探索未来的技术和创新方向；培养学生的敬业精神和追求卓越的品质，鼓励他们在未来工作和学习中保持高度的责任感和自我要求，不断追求自己的目标和梦想；培养学生反思和总结的能力，鼓励他们从失败和错误中汲取经验和教训，不断调整和改进自己的思路和方法。

③ 价值观层次的思政教学目标

通过本课程的教学，培养学生的科学精神和批判性思维，鼓励他们根据客观事实和数据做出决策，避免盲目从众和主观臆断；培养学生的社会责任感和公民意识，鼓励他们在创新过程中考虑社会的整体利益和公共利益，积极参与社会问题的解决；培养学生的人文关怀和同理心，鼓励他们在创新过程中关注人的需求和情感，不仅注重技术本身，更注重技术对人的影响和作用；培养学生公正、正义的品质，鼓励他们在创新过程中尊重法律、道德和伦理规范，避免不正当的行为和行业操纵；培养学生多元化的视野和认知，鼓励他们尊重不同的文化、价值观和观念，拥抱多元化的世界，借鉴不同文化背景的智慧和经验；培养学生可持续发展的意识和行动，鼓励他们在创新过程中注重资源的节约和环境的保护，追求经济、社会和环境的可持续发展。

（4）创业管理

① 情感层次的思政教学目标

通过讲授创业机会识别与评估、商业模式设计、创业融资与财务管理、市场营销和销售、创业团队管理、创新与技术管理等相关专业知识，激发学生对创新理论学习的热情，进而培养学生的创业精神和创业意识。

② 态度层次的思政教学目标

通过专业知识的讲解，鼓励学生勇于尝试和冒险，积极且谨慎地面对创业过程中的挑战和风险；鼓励学生自我激励和自我管理，主动寻找和利用创业机会；鼓励学生持续学习、不断拓宽知识边界，以适应不断变化的市场环境；培养学生的合作精神和团队管理技能，以便他们能够高效地组建和管理团队；引导学生正确理解创业风险，教会他们如何降低风险和处理风险事件；强调学生在创业过程中的社会责任感和道德标准，鼓励他们将社会效益融入商业模式中。

③ 价值观层次的思政教学目标

通过本课程的教学，鼓励学生创造有价值的产品和服务，推动社会和经济发展；强调学生在创业过程中应考虑到社会、环境和经济的可持续性，以实现可持续发展目标；培养学生以客户为导向的价值理念，不断改进产品和服务，以满足客户需求和期望；培养学生遵守诚信和透明的原则，建立良好的声誉和信誉；鼓励学生积极承担社会责任，为社会做出贡献，培养学生正确的创业观和就业观。

1.2.12 文化管理模块课程思政教学目标

本模块主要包括文化产业概论、文化政策学两门专业课程。各门课程的具体思政教学目标如下：

（1）文化产业概论

① 情感层次的思政教学目标

通过讲授文化产业的历史和发展、文化产品和服务的特点、文化产业的市场和商业模式、文化产业的政策和法律环境、文化产业的国际化和全球化趋势等相关专业知识，并结合中国共产党第二十次全国代表大会报告中提出的"繁荣发展文化事业和文化产业"，使学生感受到我国对文化产业的部署和重视，激发学生对我国文化产业事业贡献智慧的决心。

② 态度层次的思政教学目标

中国共产党第二十次全国代表大会报告提出"健全现代文化产业体系和市场体系，实施重大文化产业项目带动战略"。通过对我国文化产业发展历史的介绍，使学生更全面地认识和理解文化产业。

③ 价值观层次的思政教学目标

通过对我国文化产业发展现状的讲解，培养学生对文化产业的社会责任意识。文化产业需要不断创新，因此需要让学生了解文化产业从业者的创新精神，激发他们的创新意识和能力，进一步帮助学生形成正确的人生观、价值观。

（2）文化政策学

① 情感层次的思政教学目标

通过讲授文化政策理论与实践、文化政策制定与评估、文化产业发展与创新等相关专业知识，结合中西文化产业政策对比，使学生形成国家利益至上的情感，自觉维护国家利益和集体利益。

② 态度层次的思政教学目标

通过将我国文化产业政策和战略规划融入专业知识的讲解中，培养学生尊重和保护文化多样性的意识，理解文化差异的价值和意义，反对文化霸权主义和文化排斥；培养学生的创新意识和创新能力，掌握新的文化技术和发展趋势，积极创造具有独特创意和高附加值的文化产品和服务；培养学生以市场为导向的经营思维，理解文化产业的市场规律，掌握市场竞争策略和管理技能，提高文化产品的商业化和市场化水平。

③ 价值观层次的思政教学目标

通过本课程的教学，培养学生尊重和保护文化多样性的意识，反对文化歧视和文化压迫，推动各种文化之间的平等交流和对话；培养学生的文化自信，使其认识到自己所处的文化背景的独特性和价值，同时能够欣赏和接受其他文化，增强文化包容性和开放性；培养学生重视文化创新，鼓励学生进行创新实践，推动文化产业和文化艺术领域的不断发展和进步；培养学生重视文化教育，认识到文化教育对于人的身心健康和全面发展的重要性，以及文化教育对于国家文化软实力提升的重要作用；培养学生的社会责任感和公共利益意识，推动文化产业和文化艺术领域的发展与社会和谐发展相结合，促进社会文化进步。

第 2 章 教学重点

围绕工商管理类专业课程思政在组团、模块、课程三个层次的教学目标，本章将结合前期调研所获取的工商管理类主干学科知识点，对其中思政元素体系比较明确的重要知识点加以分析，并分别梳理政治认同与理想信念、家国情怀与公民意识、职业精神与文化素养、法治意识与公共参与四个方面的思政教学重点。

2.1 组团层次的课程思政教学重点

2.1.1 政治认同与理想信念方面

（1）基础理论与基本原理组团

在经济学相关课程的教学中，要将中国特色社会主义市场经济的发展历程融入基本原理的讲解中，不断提升学生对我国特色社会主义市场经济的认同感；同时，要善于挖掘本土理论，将习近平经济思想融入宏观经济学等课程的教学中，结合新时代国内外经济、政治环境分析国际、国内形势，阐述新发展格局的历史必然性，坚定学生为实现中华民族伟大复兴而奋斗的决心和崇高的理想信念。

在管理学相关课程的教学中，要将理论产生的背景与当时政治、文化、社会等背景结合进行说明，并通过中西方文化的差异，阐述基本理论背后的文化差异；同时，要将中国古代先贤的管理思想和智慧结合相关理论进行系统阐述，并将习近平新时代中国特色社会主义思想中的"五大发展理念"融入理论知识的讲解中。

在法学相关课程的教学中，要将习近平法治思想贯穿到专业知识的教学中，将法学产生的背景、产生的过程和所体现的原则与我国国情、我国所处的国内外环境等进行联系，深刻揭示法学背后的治国理念，增强学生对我国法治制度的理解，提升制度自信、理论自信，同时遵守相关法律并积极进行宣传。

（2）决策、战略与市场组团

在组织与领导相关课程的教学中，通过中国共产党发展过程中的重大决策，阐述一个政党科学决策、审时度势做出决策的重要性。结合我国历史发展中成功和失败的决策，教会学生综合分析、提高决策能力。

在战略管理相关课程的教学中，要将以习近平同志为核心的党中央在面临世界百年未有之大变局中提出的命运共同体、新发展格局、2035 远景目标等重大战略部署融入思政教学中，使学生具备战略思维和战略定力。

在顾客与市场相关课程的教学中，不仅要教会学生市场经济相关知识，更要培养学生善于洞察、辨识、把握商机的能力和敢于投身市场的信心。

（3）资源、过程与运营管理组团

在资源管理相关课程的教学中，引导学生理解贯彻新发展理念、建设现代化经济体系必须坚持深化供给侧结构性改革，提高人力、财务和信息等各类资源的使用效益，促进经济社会的高质量发展。

在过程管理相关课程的教学中，要将思政元素有机融入专业知识点，使学生理解坚持高质量发展是满足人民日益增长的美好生活需要的前提。

在运营管理相关课程的教学中，要将价值规律与企业的运营管理有机结合，使学生理解价值规律的作用，充分认识我国社会主义制度的优越性。

（4）绩效、创新创业与文化管理组团

在绩效评估相关课程的教学中，要从民生和制度等方面使学生理解以人民为中心的发展思想，领会"发展为了人民、发展依靠人民、发展成果由人民共享"的内涵，从而确立正确的发展观、现代化观。

在创新创业相关课程的教学中，要充分挖掘其中的思政元素，使学生充分领悟习近平总书记关于科学技术重要作用相关论述的内涵，加强政治认同意识，树立远大理想信念。

在文化管理相关课程的教学中，要使学生坚定文化自信，推动社会主义文化繁荣昌盛，牢牢掌握意识形态工作领导权，培育和践行社会主义核心价值观。将党的二十大报告中关于"坚持和发展马克思主义，必须同中华优秀传统文化相结合"的思想融入教学中，加强思想道德建设，繁荣社会主义，发展文化事业。

2.1.2 家国情怀与公民意识方面

（1）基础理论与基本原理组团

在经济学相关课程的教学中，引导学生认识到中国经济的发展离不开每个人的积极贡献。只有大家齐心合力，才能实现高质量发展，实现共同富裕。作为中国公民，不仅应该成为经济社会发展的建设者，更应该时刻关心、关注中国经济乃至世界经济的发展。

在管理学相关课程的教学中，要教会学生善于应用管理理论观察和理解生活中的现象，用管理学的思维理解并认同国家治理体系。同时要提醒学生，作为中国公民，还应积极投身于国家治理，严格遵守国家法律法规。

在法学相关课程的教学中，要教会学生善于应用相关法律法规分析和解决现实中存在的问题，并在解决现实问题的过程中体现"以人民为中心"等理念，增进学生爱国守法的情怀，提升学生维护法律权威的意识。

（2）决策、战略与市场组团

在组织与领导相关课程的教学中，要教会学生将"小我"融入"大我"之中，使学生能够应用科学的决策方法进行决策。同时让学生感受到中国这艘"巨轮"在航行中，面对一个个挑战时所做决策的不易，进而更加认同我国的战略决策，并助力这艘"巨轮"行稳致远。

在战略管理相关课程的教学中，教会学生用战略眼光和战略思维看待中国在面对错综复杂的国际形势时做出的战略部署，同时将个人发展和集体发展相融合，将个人发展和祖国发展相统一。

在顾客与市场相关课程的教学中，要将市场公平竞争、诚信经营的理念融入其中，使学生在人生的发展道路中形成公平竞争、诚实守信、理性抉择的思维。

（3）资源、过程与运营管理组团

在资源管理相关课程的教学中，通过专业知识与思政元素的有机融合，把正确的价值观教育融入其中，使学生认识到人的社会性决定其社会价值，一个人社会价值的高低取决于他的实践活动是否符合社会发展的客观规律，是否有利于历史的进步。

在过程管理相关课程的教学中，要使学生意识到人与自然和谐共生对于推动我国经济社会发展、建设社会主义现代化国家具有重大意义。

在运营管理相关课程的教学过程中，要将"节俭"这一中华传统文化的重要组成部分有机融入其中，强调质量的重要性和我国实现高质量发展的紧迫性。

（4）绩效、创新创业与文化管理组团

在绩效评估相关课程的教学中，要让学生充分理解中国共产党人始终把人民生活幸福作为"国之大者"，以最广大人民的根本利益作为一切工作的根本出发点和落脚点的初心和使命。

在创新创业相关课程的教学中，要帮助学生树立责任意识，以及科技报国、知识报国的志向，使学生理解我国经济发展方式从"规模速度型"转向"质量效率型"的历史逻辑，并积极投身于经济建设中。

在文化管理相关课程的教学中，要使学生认识到中华优秀传统文化是中华民族的精神命脉，也是我们民族的根和魂，它可以为人们认识世界和改造世界提供有益启迪、为治国理政提供有益启示、为道德建设提供有益启发。

2.1.3 职业精神与文化素养方面

（1）基础理论与基本原理组团

在经济学相关课程的教学中，通过分析西方经济学在中国社会主义市场经济中的适应性、讲解中国本土经济学理论，使学生养成善于思考、勤于总结和科学严谨的职业精神。

在管理学相关课程的教学中，通过讲解相关理论产生的背景，使学生认识到理论源于实践并高于实践，在理论形成的过程中需要学者精益求精的精神。同时将中西方的文化差异融入基础理论的教学中，使学生感受到不同文化背景的差异和共性。

在法学相关课程的教学中，通过阐述多个国际法律和国内法律形成的背景，使学生形成严谨务实、实事求是、遵守商业规则的职业精神，并通过对国际法律中文化差异所体现的不同原则的分析，提升学生的国际思维和国际视野。

（2）决策、战略与市场组团

在组织与领导相关课程的教学中，通过阐述科学的决策方法学习，使学生形成严谨、务实的职业精神。

在战略管理相关课程的教学中，通过讲授战略管理相关的理论和方法，使学生形成实事求是、系统思考的职业精神。通过融入我国古代和世界发展中的战略部署案例，培养学生辨识不同文化背景下战略决策差异的能力。

在顾客与市场相关课程的教学中，通过融入思政元素，培养学生敬业、甘于奉献的职业精神和不怕苦、肯吃苦的作风。

（3）资源、过程与运营管理组团

在资源管理相关课程的教学中，通过挖掘专业知识点中蕴含的思政元素，使学生充分理解工匠精神和劳模精神，培养学生积极进取、认真务实、乐观向上的人生态度。

在过程管理相关课程的教学中，要使学生切实认识到遵守职业道德基本规范的重要性，大力弘扬爱岗敬业、争创一流、艰苦奋斗、勇于创新、淡泊名利、甘于奉献的劳模精神和工匠精神，为实现中华民族伟大复兴而奋斗。

在运营管理相关课程的教学中，要将精益求精、勤俭节约的职业精神融入其中。具体而言，在讲授成本控制等专业知识点时，结合中国共产党在艰苦的革命岁月中节俭而乐观的事例，培养学生合理使用资源、有效节约成本的职业意识和能力。

（4）绩效、创新创业与文化管理组团

在绩效评估相关课程的教学中，要从中华优秀传统文化方面进行思政融合教育，使学生形成正确的时代价值观。

在创新创业相关课程的教学中，通过系统介绍中国企业独特的创新之路，培育学生的职业精神与创新意识。通过讲解中国企业自主创新的理论与实践，激发学生"技术报国""知识报国"的热情。通过介绍中国产业和企业创新案例，增强学生的民族自豪感。

在文化管理相关课程的教学中，要教育学生坚守中华文化立场、传承中华文化基因、展现中华审美风范，并加强红色资源保护和利用。实现伟大梦想，必须进行伟大斗争，要引导学生充分认识这场伟大斗争的长期性、复杂性、艰巨性，发扬斗争精神，提高斗争本领，不断夺取伟大斗争新胜利。

2.1.4 法治意识与公共参与方面

（1）基础理论与基本原理组团

在经济学相关课程的教学中，要将经济法、国际商务等相关知识和基础理论相结合，使学生不仅具备扎实的专业功底，更具有国际商务管理能力。

在管理学相关课程的教学中，要将习近平法治思想融入专业知识教学中，提升学生的法治思维和法治意识。

在法学相关课程的教学中，通过国际、国内相关法学知识和典型案例的讲授，使学生知晓国内相关法律法规并熟悉国际商务法律和国际商务规则，提升学生的法治意识。通过对国际中不正当竞争案例的分析，激励学生努力在国际市场中提升中国的话语权。

（2）决策、战略与市场组团

在组织与领导相关课程的教学中，要将底线思维、红线意识融入专业知识的教学中，使学生清醒认识到个人的决策离不开时代背景，面对利益等诱惑时要坚守初心、坚持原则。

在战略管理相关课程的教学中，要将国家中长期发展战略融入专业知识教学中，使学生能够将个人发展和国家发展统一起来，积极投身于社会主义建设。

在顾客与市场相关课程的教学中，要将多种类型的法学知识结合具体案例进行讲授，使学生在遵守法律法规的同时积极参与市场竞争；另外，将市场生存法则等融入具体案例教学中，使学生勇于投身市场浪潮中。

（3）资源、过程与运营管理组团

在资源管理相关课程的教学中，要有所侧重地将法治元素融入教学过程，使学生在掌握企业价值评估方法的同时，形成良好的法治意识。另外，企业价值的创造不仅仅是企业自身的事，也涉及社会资源的使用。因此，在企业社会责任等知识点的讲授过程中，要以公共参与意识和社会公德意识为抓手，对学生展开思政教育。

在过程管理相关课程的教学中，不仅要强调公民的产品责任意识，更要强调环境意识与资源意识，强化学生的节约意识、环保意识、生态意识，倡导弘扬牢记使命、艰苦创业、绿色发展的塞罕坝精神，营造爱护生态环境的良好风气。

在运营管理相关课程的教学中，要教育学生树立社会责任意识，坚持国家利益、社会整体利益高于个人利益的原则。

（4）绩效、创新创业与文化管理组团

在绩效评估相关课程的教学中，要善于教会学生理解和应用《中华人民共和国劳动法》等国家法律法规，建立法治思维，保护自己的合法权益。

在创新创业相关课程的教学中，要使学生树立牢固的知识产权意识，以及"保护知识产权就是保护创新"的信念。

在文化管理相关课程的教学中，要使学生通过文化政策的学习，充分理解中国共产党第十八次全国代表大会以来，中共中央提出的"全面建成小康社会，全面深化改革，全面依法治国，全面从严治党"的战略布局。

2.2 模块层次的课程思政教学重点

2.2.1 经济学模块课程思政教学重点

政治认同与理想信念方面。引导学生理解我国社会主义经济制度、新发展理念、新发展格局，提高政治领悟力，促进经济社会的高质量发展。同时，通过了解中国在国际贸易中发挥的作用，进一步增强学生对中国地位和中国实力的认识。在各类企业组织的管理案例教学中，应融合马克思主义哲学中关于联系和发展的观点，使学生树立正确的价值观，坚定中国特色社会主义制度自信。

家国情怀与公民意识方面。把社会主义核心价值观与专业知识传授相融合，把社会主义荣辱观教育带到专业知识的教学与实践之中。同时，通过专业知识与思政元素的有机融合，使学生认识到经济基础和上层建筑之间的关系，将个人发展融入国家发展中，与国家同呼吸、共命运。引导学生在从事商业活动时或在个人日常生活中，要主动维护市场秩序，树立正确的金钱观和义利观。

职业精神与文化素养方面。通过挖掘专业知识点中蕴含的思政元素，体现中国人民在长期实践中形成的爱岗敬业、争创一流、艰苦奋斗、勇于创新、淡泊名利、甘于奉献的劳模精神，执着专注、精益求精、一丝不苟、追求卓越的工匠精神。作为新时代的青年，要顺应国家发展大势，在时代发展浪潮中历练自己，成就梦想。

法治意识与公共参与方面。企业的经营管理需要遵守一系列法律法规，因此，在本模块专业知识点的教学过程中，要将有关市场规律的法律法规融入教学过程中，使学生在掌握宏观政策的同时，也熟悉微观经济市场，形成良好的法治意识。另外，经济秩序的维护，光依靠国家制度的约束是不够的，还需要公民的自觉行为。因此，要引导学生养成良好的个人经济行为习惯，不参与洗钱等违背经济市场运行规律的事。

教师要以公共参与意识和社会公德意识为抓手，对学生展开思政教育。

本模块主要包括微观经济学、宏观经济学、计量经济学、劳动经济学、国际贸易、金融学、国际金融七门专业课程，这些课程的思政教学重点具体如下：

（1）微观经济学

本门课程重点通过教师对 GDP、收入—支出模型、AD－AS 模型、失业与通货膨胀、宏观经济政策、经济增长、西方经济学、劳动力市场、资本积累、中国市场经济等知识点的讲授，在政治认同与理想信念、家国情怀与公民意识方面进行课程思政的重点教育。

① 政治认同与理想信念方面思政教学重点

强调实事求是的态度、辩证分析的方法，以人民为中心，一切为了人民，一切依靠人民，坚持理论联系实际的马克思主义学风，坚持理论指导和实践探索的辩证统一，实现理论创新和实践创新良性互动。物质、运动、时间、空间具有内在的统一性，这要求我们想问题、办事情都要以具体的时间、地点和条件为转移，处理好主观能动性和客观规律性的关系，正确认识当代事物的变化规律。

在经济建设上，要贯彻新发展理念，建设现代化经济体系，坚持和完善我国社会主义基本经济制度和分配制度，毫不动摇巩固和发展公有制经济，毫不动摇鼓励、支持、引导非公有制经济发展。以供给侧结构性改革为主线，推动经济发展质量变革、效率变革、动力变革，不断增强我国经济创新力和竞争力。

② 家国情怀与公民意识方面思政教学重点

在核心价值观方面，需要从公正、平等两个方面进行思政融合教育。例如，加快建设统一开放、竞争有序的市场体系，坚持公平、开放、透明的市场规则。此外，还可以从核心价值观中的法治方面进行思政融合。例如，保证各种所有制经济依法平等使用生产要素，公开公平公正参与市场竞争，同等受到法律保护。将西方经济学思想与中国实际情况相结合，具体问题具体分析，批判吸收西方经济学的精华内容，对不适合中国情况的内容要有分析和辨别意识、批判精神。从正视历史、关注未来及批判精神等方面进行思政融合教育。

（2）宏观经济学

本门课程重点通过对需求—供给平衡、效用论、竞争市场、生产要素价格的决定、一般均衡和福利经济学、市场失灵与微观经济学政策、弹性、价格等知识点的学习，在政治认同与理想信念、家国情怀与公民意识方面进行课程思政的重点教育。

① 政治认同与理想信念方面思政教学重点

将中国共产党的宝贵实践经验融入专业知识教学中，例如，以"人的自由全面发展"为美好目标，以人民为中心，一切为了人民，一切依靠人民；一切从实际出发，实事求是；实现理论创新和实践创新的良性互动；在实践中探索现实社会主义的发展规律等。继续夺取新时代中国特色社会主义伟大胜利，全面建设社会主义现代化强国；逐步实现全体人民共同富裕的战略布局，增进学生对我国特色社会主义市场经济的制度自信；构建新发展格局，坚持深化供给侧结构性改革，继续完成"三去、一降、一补"，全面优化升级产业结构，提升创新能力、竞争力和综合实力，增强供给体系韧性，形成高效高质的投入产出关系；全面加强对科技创新的部署，加强创新链和产业链对接，将建设现代化经济体系融入专业知识中，增强学生的道路自信和制度自信。

② 家国情怀与公民意识方面思政教学重点

在核心价值观方面，着重从平等、公正及和谐三个方面进行思政融合教育，将我国分配制度融入教学中，使学生理解二次分配侧重公平的原则，以缩小社会贫富差距，维护和谐的社会关系；尤其在树立平等的核心价值观方面可以从保障和改善民生、提高就业质量、倡导就业机会平等角度进行思政教育；在树立公平的核心价值观方面可以从劳动力市场均衡的意义——"平等、公正、互惠"展开教育，使学生认识到在中华民族伟大复兴的征程上，每个人都应该有家国情怀和公民意识，并发挥自己的聪明才智。

（3）计量经济学

本门课程重点通过对线性回归、自相关、分布滞后模型与自回归模型、设定误差与测量误差、时间序列计量经济模型、联立方程组模型等知识点的教学，在职业精神与文化素养方面进行课程思政的重点教育。

要求学生关注事物的联系和发展，认识到唯物辩证法是认识世界和改造世界的根本方法，理解真理与价值的内涵，树立严谨、务实的科学态度。

（4）劳动经济学

本门课程重点通过劳动力市场均衡、人力资本、劳动力流动、劳动力市场歧视、工会、薪酬激励、生命周期、劳动力市场的工资形成、劳动保障等知识点的教学，在政治认同与理想信念、职业精神与文化素养方面进行课程思政的重点教育。

① 政治认同与理想信念方面思政教学重点

2015年4月28日，习近平同志在庆祝"五一"国际劳动节暨表彰全国劳动模范和先进工作者大会上的讲话中提出，劳动是人类的本质活动，劳动光荣、创造伟大是对人类文明进步规律的重要诠释。正是因为劳动创造，我们拥有了历史的辉煌；也正是因为劳动创造，我们拥有了今天的成就。2016年4月26日，习近平同志在知识分子、劳动模范、青年代表座谈会上讲话时提出，"人生在勤，勤则不匮"。幸福不会从天降，美好生活需要靠劳动创造。面对这样一个千帆竞发、百舸争流、有机会干事业、能干成事业的时代，广大劳动群众一定要倍加珍惜、倍加努力。

② 职业精神与文化素养方面思政教学重点

树立正确的人生观，明白实现理想的长期性、艰巨性、曲折性，以及艰苦奋斗是实现理想的重要条件。个人理想以社会理想为指引，社会理想是对个人理想的凝练和升华。在实现社会理想的过程中，努力实现个人理想。在职业生活与劳动观念方面认识到劳动没有高低贵贱之分，不论身处哪个行业，只要付出足够的辛劳与智慧，干一行、爱一行、钻一行，就能够在平凡的岗位上取得不平凡的成绩。

自觉践行职业精神和职业规范，增强职业责任感，培养遵纪守法、爱岗敬业、无私奉献、诚实守信、公道办事、开拓创新的职业品格和行为习惯。辩证对待人生的幸福观、得失观、苦乐观、顺逆观、生死观。树立正确的择业观（崇高的职业理想、服从社会发展的需要、充分的择业准备）和创业观（积极创业的思想准备、敢于创业的勇气），向上向善、知行合一。

(5) 国际贸易

本门课程重点通过对国际贸易理论、贸易与环境、我国对外贸易、国际结算、汇付与托收、信用证、保险、交易的磋商与合同、进出口等知识点的教学，在政治认同与理想信念、家国情怀与公民意识方面进行课程思政的重点教育。

① 政治认同与理想信念方面思政教学重点

新形势下中国对外开放的大门越开越大，这是实现中华民族繁荣富强的必由之路。既立足国内，充分运用我国资源、市场、制度等优势，又重视国内国际经济联动效应，积极应对外部环境变化，更好利用国内国外两个市场、两种资源。以共商、共建、共享为原则推动"一带一路"建设；以相互尊重、合作共赢为基础走和平发展道路；以深化外交布局为依托打造全球伙伴关系。

以"一带一路"、亚洲基础设施投资银行、上海合作组织、中国国际进口博览会、G20长效治理机制、中非"十大合作计划"、中国—东盟合作机制等为契机打造人类命运共同体国际合作新平台。

重视以国际循环提升国内大循环效率和水平，改善我国生产要素质量和配置水平，推动我国产业链转型升级，增强我国在全球产业链供应链创新链中的影响力。

② 家国情怀与公民意识方面思政教学重点

爱国主义精神的弘扬必须以民族为立足点，同时做到面向全世界；国内大循环和国内国际双循环的新发展格局要求加强国内大循环在双循环中的主导作用，塑造我国参与国际合作和竞争的新优势，实施高水平对外开放，统筹多双边和区域开放合作。引入以往的贸易争端案例，感受祖国带给我们的强大安全感，清楚时代赋予我们的民族使命，激发学生的责任感、担当意识及爱国情怀。其中，在培养学生的爱国主义情怀时，可从认识我们国家强盛所具有的重要意义入手，从而激发学生民族自豪感；还可以从社会主义核心价值观中的富强层次入手，教育学生坚持改革开放，携手走向繁荣富强。在培养学生责任意识、参与意识时，引导学生正确认识时代所赋予他们的责任及历史使命，积极主动参与社会建设。

（6）金融学

本门课程重点通过对利率、货币需求与供给、现代货币的创造机制、通货膨胀与通货紧缩、货币政策与财政政策、利率的风险结构与期限结构等知识点的教学，在家国情怀与公民意识、法治意识与公共参与方面进行课程思政的重点教育。

① 家国情怀与公民意识方面思政教学重点

首先可以从核心价值观中自由、平等、公正及法治的层面进行思政融合教育，如将中国利率和汇率市场化改革故事、中国资本市场故事等与专业知识点有机串联成金融运行准则，以金融自由化、金融服务平等化、金融产品法治化等主题引导学生熟悉社会层面自由、平等、公正、法治的价值目标。

其次，可将核心价值观中的敬业、诚信与树立法治意识结合起来进行思政融合教育，如将"货币与金钱不是万能的""言必信、行必果"等相关故事与专业知识点有机串联成个人行为准则，引导学生设立个人层面的价值目标，树立诚信理念，提高法治意识，做敬业、诚信的中国金融践行者。

② 法治意识与公共参与方面思政教学重点

作为社会主义建设者，不仅要学习金融知识，更要做金融市场的开拓者和守护者，依法、诚信地开展金融活动；同时，要树立实干兴邦的理念，积极投身社会主义建设，实现个人价值与社会价值的统一。

（7）国际金融

本门课程重点通过对国际收支、外汇与汇率、外汇交易、国际储备、国际资本流动、国际金融市场、国际货币体系等知识点的教学，在家国情怀与公民意识、法治意识与公共参与方面进行课程思政的重点教育。

① 家国情怀与公民意识方面思政教学重点

在家国情怀方面，可以考虑从认识中国特色社会主义和比较国际政治制度出发，引导学生全面客观认识当代中国、看待外部世界。还可以将培养家国情怀与爱国主义的核心价值观相融合，进行思政教育，如通过对人民币成为特别提款权货币篮子中的定价货币和中国推动国际货币体系改革这些重大事件的分析，培养学生的爱国主义情怀，树立"四个自信"。

② 法治意识与公共参与方面思政教学重点

中国共产党第二十次全国代表大会明确提出了未来中国的发展目标方向，破解发展难题，厚植发展优势，必须牢固树立并切实贯彻创新、协调、绿色、开放、共享的新发展理念，必须坚持以人民为中心的发展思想，坚持发展为了人民、发展依靠人民、发展成果由人民共享。作为青年人，应该积极投身于社会主义建设，为中国在国际金融市场发挥更大作用贡献自己的智慧。

2.2.2 管理学模块教学重点

政治认同与理想信念方面。使学生理解中国共产党的领导是我国社会主义制度最大的优势，要提高政治领悟力和规矩意识，促进经济社会秩序的良好发展。同时通过对中国共产党百年发展历史的讲解，进一步增强学生的制度自信。在各类企业组织管理实践的案例讲解中，应融合马克思主义哲学中关于联系和发展的观点，使学生树立正确的价值观，在新时代的"赶考路"上，贡献青春、力量和智慧。

家国情怀与公民意识方面。把社会主义核心价值观融入专业知识的教学过程中，使学生自觉把社会主义荣辱观和价值观带到专业知识的学习与实践之中。同时，通过专业知识与思政元素的有机融合，使学生认识思想的力量，用专业知识增强理论素养。

职业精神与文化素养方面。通过挖掘专业知识点中蕴含的思政元素，使学生理解爱岗敬业、争创一流、艰苦奋斗、勇于创新、淡泊名利、甘于奉献的劳模精神，以及执着专注、精益求精、一丝不苟、追求卓越的工匠精神。作为新时代的青年，要发扬和传承劳动精神，顺应国家发展的大趋势，在时代发展的浪潮中历练自己。

法治意识与公共参与方面。企业在经营管理的过程中需要遵守一系列法律法规，因此，在本模块专业知识点的讲授过程中，要注意引导学生形成良好的法治意识、规矩意识。另外，社会秩序的维护，仅依靠国家的制度约束是不够的，还需要引导学生养成良好的个人行为习惯，积极参与社会治理和法治建设。

本模块主要包括管理学原理、管理思想史、管理统计学、管理心理学、会计学、运筹学六门专业课程，这些课程的思政教学重点具体如下：

（1）管理学原理

本门课程重点通过对管理原理（系统、人本、责任、效益）、管理理论的历史演变、决策、组织、领导、激励、沟通、控制、创新等知识点的教学，在政治认同与理想信念、家国情怀与公民意识、职业精神与文化素养方面进行课程思政的重点教育。

① 政治认同与理想信念方面思政教学重点

在管理学原理的教学中，要自觉贯彻中国共产党的指导思想，正确把握科学社会主义一般原则，实现理论创新和实践创新的良性互动。贯彻落实习近平新时代中国特色社会主义政治理论，包括党的集中统一领导理论、人民民主理论、中国特色社会主义政治发展道路理论、中国特色社会主义法治理论、推进国家治理体系和治理能力现代化理论、尊重和保障人权的理论。中国特色社会主义制度的最大优势是中国共产党的领导，党是最高政治领导力量，新时代党的建设要突出政治建设的重要地位。在政治建设上，要坚持党的领导、人民当家作主、依法治国有机统一，健全人民当家作主制度体系。习近平总书记指出："人民是历史的创造者，群众是真正的英雄。人民群众是我们力量的源泉。"我们要坚信党的根基在人民、党的力量在人民,坚持一切为了人民、一切依靠人民,充分发挥广大人民群众的积极性、主动性、创造性,不断把为人民造福的事业推向前进。

② 家国情怀与公民意识方面思政教学重点

培养学生的参与意识与责任意识,引导学生辩证看待近年来愈演愈烈的"人才争夺战"背后的深层次原因,增强学生的政治责任感和历史使命感,使其努力成长为能够担当民族复兴大任的时代新人。坚持应用马克思主义思想来指导学生的日常学习生活,杜绝唯书、唯上的教条主义,因地制宜实施控制,把握重要控制内容和控制节点提高控制效率,确保管理目标的实现。通过分析中国共产党领导中国人民在复杂多变的环境中成功打开改革局面等生动案例,坚定学生的道路自信、制度自信。通过学习党史和习近平总书记关于党建的系列讲话,帮助学生提高组织管理能力和道德品质,树立团队意识、协作意识。

通过分析企业社会责任承担情况,提高学生辨别能力和责任意识;培养学生服从国家规划、以人民为中心的决策原则,厚植爱国爱民的情怀,提升其社会责任感和国家荣誉感。此外,还可以将公民意识中的规则意识与习近平总书记关于新时代"选人""用人""育人"等方面的重要论述相结合,使学生认识到企业人员的配备、选聘、考核、培训等方面的基本原则和要求。

③ 职业精神与文化素养方面思政教学重点

加强管理职业道德教育,使学生在学习、生活和工作中严格要求自己,用管理理论指导实践,不断强化底线思维、规矩意识、法治意识;同时,加强优秀传统文化中的管理思想教育,增强学生文化自信。

(2) 管理思想史

本门课程重点通过对中西方管理思想历史演变、中西方管理思想融合、科学管理等知识点的教学,在政治认同与理想信念、家国情怀与公民意识方面进行课程思政的重点教育。

① 政治认同与理想信念方面思政教学重点

领悟实践与认识的辩证运动是一个由感性认识到理性认识,又由理性认识到实践的飞跃,也是实践、认识、再实践、再认识这样循环往复的辩证发展过程。在实践中探索现实社会主义的发展规律,理解认识世界和改造世界是人类创造历史的两种基本活动。

习近平总书记在庆祝中国共产党成立100周年大会上的讲话中提出,"中国共产党为什么能,中国特色社会主义为什么好,归根到底是马克思主义行。"马克思主义在中国"行",除了其科学性、人民性,关键还在于其发展性。中国特色社会主义有着坚固的历史基础:改革开放40多年的伟大实践、中华人民共和国成立70多年的持续探索、中国共产党领导人民进行伟大革命100多年来的实践、世界社会主义500多年的发展、中华文明5000多年的传承。

② 家国情怀与公民意识方面思政教学重点

不同道德文明的产生、发展和演化，都要依托一定的社会历史条件。在吸取人类优秀道德文明成果时，既要大胆吸收和借鉴人类道德文明的积极成果，又要掌握好鉴别取舍的标准，善于在吸收中消化，把人类文明优秀道德成果转变成自己道德文明体系的组成部分。借鉴人类文明优秀道德成果，要秉持正确的态度和科学的方法，坚持以我为主，为我所用。

(3) 管理统计学

本门课程重点通过对数据收集、回归分析、参数估计、假设检验等知识点的教学，在家国情怀与公民意识、职业精神与文化素养方面进行课程思政的重点教育。

① 家国情怀与公民意识方面思政教学重点

通过分析数据收集的严谨性、真实性等特征，培养学生诚实守信的品质；在时间序列数据的教学过程中，以统计数据为媒介，以图表作为载体，让学生直观地看到我国取得的伟大成就，增强学生的民族自豪感，激发学生的爱国主义情怀。

从统计学的角度分析样本是否可以代替总体作出统计推断，在教学实践过程中，让学生意识到自己有责任、也有能力利用统计学方法对社会现象进行剖析，激发学生的社会责任感。引导学生将"小我"融入"大我"，让学生意识到中国梦的实现过程中一定会有我们每一个人的点滴努力。

② 职业精神与文化素养方面思政教学重点

通过分析数据收集的严谨性、数据分析的科学性，培养学生严谨、务实、求真等科学精神。通过回归分析等知识点的讲解，激发学生进一步探寻事物间辩证统一关系的兴趣，增强文化自信。

(4) 管理心理学

本门课程重点通过对人性论、博弈论、动机管理、认知管理、情绪管理、行为管理、组织管理、心智与决策等知识点的教学，在政治认同与理想信念、家国情怀与公民意识方面进行课程思政的重点教育。

① 政治认同与理想信念方面思政教学重点

通过对人的行为、心理的研究，为学生未来成为一名管理者打下基础。通过对动机管理、认知管理、情绪管理、行为管理的讲解，进一步分析我国在制定政策时的出发点。通过分析鲜活的中国管理案例，增进学生对中国特色社会主义制度优越性的理解和认识。邓小平在改革开放时期曾提出"两手抓、两手都要硬"的基本思想，保证了改革开放和社会主义现代化建设顺利推进。无论客观形势如何发展变化，"两手抓、两手都要硬"的基本思想都不会过时。现阶段，这种基本思想仍常常是中国共产党的行动遵循。比如，2013年7月21日至23日，习近平总书记在湖北考察改革发展工作时强调，必须从纷繁复杂的事物表象中把准改革脉搏，把握全面深化改革的内在规律，全面深化改革要处理好解放思想和实事求是的关系，整体推进和重点突破的关系，顶层设计和摸着石头过河的关系，胆子要大和步子要稳的关系，改革、发展、稳定的关系。

② 家国情怀与公民意识方面思政教学重点

引导学生用发展的眼光评价自己和他人，强化责任意识、担当意识和大局意识。国内大循环和国内国际双循环的新发展格局要求加强国内大循环在双循环中的主导作用，塑造我国参与国际合作和竞争的新优势。2013年9月至10月，国家主席习近平在出访哈萨克斯坦和印度尼西亚时先后提出共建"丝绸之路经济带"和"21世纪海上丝绸之路"的重大倡议。中国政府成立了推进"一带一路"建设工作领导小组，并在中国国家发展和改革委员会设立领导小组办公室。2015年3月，中国发布《推动共建丝绸之路经济带和21世纪海上丝绸之路的愿景与行动》。中国共产党第十九届中央委员会第五次全体会议指出，坚持实施更大范围、更宽领域、更深层次对外开放，依托我国大市场优势，促进国际合作，实现互利共赢。这是实现"十四五"规划目标和2035年远景目标的内在要求，也是构建国内国际双循环相互促进的新发展格局的重要举措。

（5）会计学

本门课程重点通过对会计要素和会计等式、会计凭证、金融资产、长期股权投资、固定资产、无形资产、负债、所有者权益、收入、费用和利润等知识点的教学，在家国情怀与公民意识、职业精神与文化素养、法治意识与公共参与方面进行课程思政的重点教育。

① 家国情怀与公民意识方面思政教学重点

在培育和践行社会主义核心价值观方面，可以在负债要素定义、现时义务与法治的知识点讲解中融入诚信价值观；在所有者权益要素定义、利益相关者的利益问题的知识点讲解中融入和谐价值观。此外，还可以融合公正、诚信、爱国、富强的核心价值观，如委托代理关系中会计人员应秉持公正价值观，保持相对独立性，在进行会计政策选择时，不能为了某一特定利益相关者的利益而损害其他利益相关者的利益；会计人员应坚持诚信价值观，按照会计准则要求，合理界定会计主体的范围；建立公民意识中的社会责任意识，当管理层利益与公众利益出现矛盾时，财务人员应当首先对公众利益负责，维护信息使用者的权益；加强公正、诚信核心价值观的培育，减值计提需要会计人员运用重置成本、可变现净值、现值、公允价值计量，运用权责发生制确认收入和费用时应坚持诚信价值观，不能进行利润操纵。

② 职业精神与文化素养方面思政教学重点

通过专业知识的教学，引导学生不仅要树立求真务实、严谨的职业精神，更应形成对会计职业神圣感、使命感的认同感，立志做有温度、有涵养、有专业素养的会计从业者。

③ 法治意识与公共参与方面思政教学重点

会计信息"实质重于形式"的属性可能导致部分会计从业者以交易或者事项的经济实质为借口，行舞弊造假之实。因此，需要加强敬业这一核心价值观的培养，引导学生热爱财务行业，且对会计这份工作报以敬畏之心；将法治核心价值观与法治意识相融合，培养会计从业者坚守法律底线、遵纪守法的理念。

（6）运筹学

本门课程重点通过对规划论（线性、整数等）、对偶单纯形法、决策分析与博弈、排队论、对策论等知识点的教学，在政治认同与理想信念、家国情怀与公民意识方面进行课程思政的重点教育。

① 政治认同与理想信念方面思政教学重点

通过对管理实际问题的分析和推断，培养学生辩证统一的哲学思维，以及一切从实际出发、实事求是的哲学思想。

2018年9月20日，习近平总书记在中央全面深化改革委员会第四次会议上发表重要讲话时强调，"改革重在落实，也难在落实。改革进行到今天，抓改革、抓落实的有利条件越来越多，改革的思想基础、实践基础、制度基础、民心基础更加坚实，要投入更多精力、下更大力气抓落实，加强领导，科学统筹，狠抓落实，把改革重点放到解决实际问题上来。"在运筹学专业知识点的教学中应用科学的方法解决实际问题，增强学生对国家宏观管理的理论自信和制度自信。

② 家国情怀与公民意识方面思政教学重点

本门课程中多个知识点都与思政内容关系紧密，如动态规划的多阶段决策——整体与部分辩证关系，对偶问题——事物一分为二的思想，灵敏度——量变与质变的规律，排队论和存储论中蕴含的平衡思想——社会主义核心价值观中的和谐、平等理念。

培养公民意识中的法治意识、合作意识以及核心价值观中的公平观、和谐观和法治观；感知国际环境下法治意识和社会主义制度建设的重要性；深刻理解合作、公平、共赢、和谐的世界观。

2.2.3 法学模块课程思政教学重点

政治认同与理想信念。依法治国是坚持和发展中国特色社会主义的本质要求和重要保障，也是实现国家治理体系和治理能力现代化的必然要求。中国共产党第十八届中央委员会第四次全体会议通过的《中共中央关于全面推进依法治国若干重大问题的决定》（以下简称《决定》）明确提出全面推进依法治国的总目标，即建设中国特色社会主义法治体系，建设社会主义法治国家。提出这个总目标，既明确了全面推进依法治国的性质和方向，又突出了全面推进依法治国的工作重点和总抓手。这个总目标是贯穿《决定》全篇的一条主线，对全面推进依法治国具有纲举目张的意义。中国共产党第十九届中央委员会第四次全体会议专题研究坚持和完善中国特色社会主义制度、推进国家治理体系和治理能力现代化问题，强调"坚持党的领导、人民当家作主、依法治国有机统一"。党的二十大报告对推进坚持全面依法治国，推进法治中国建设提出了明确要求，这都为本模块课程思政教学提供了理论基础。

家国情怀与公民意识。诚信是人与人相处的最基本的行为准则，也是一个社会能够正常运行的最低要求。因此，要引导学生树立诚信观，坚持社会主义市场经济改革方向，建立公平、开放、透明的市场规则，政府保障公平竞争，加强市场监管，维护市场秩序；建设现代化经济体系包括建设统一开放、竞争有序的市场体系，要求企业自主经营公平竞争、消费者自由选择自主消费、商品和要素自由流动平等交换，因此，要引导学生树立公平观和平等观。发展经济的着力点应放在实体经济上，缩小与发达国家品牌质量的差距，加快建设制造强国，坚持创新驱动、质量优先、绿色发展、结构优化、人才为本。因此，要引导学生形成品牌质量意识。

职业精神与文化素养。职业道德规范包括爱岗敬业、诚实守信、办事公道、服务群众、奉献社会。社会主义职业道德是社会主义国家各行各业的劳动者在职业活动中必须共同遵守的基本行为准则。它是判断人们职业行为优劣的具体标准，也是社会主义道德在职业生活中的反映。集体主义贯穿社会主义职业道德规范的始终，是正确处理国家、集体、个人关系的根本准则，是衡量个人职业行为和职业品质的基本准则，是社会主义社会的客观要求，也是社会主义职业活动获得成功的保证。

法治意识与公共参与。法律的生命力在于实施，法律的权威也在于实施。各级政府必须坚持在党的领导下，在法治轨道上开展工作，创新执法体制，完善执法程序，推进综合执法，严格执法责任，建立权责统一、权威高效的依法行政体制，加快建设职能科学、权责法定、执法严明、公开公正、廉洁高效、守法诚信的法治政府。《决定》要求深入推进依法行政，加快建设法治政府。

本模块主要包括知识产权、经济法、税法、国际税法、国际商法、文化艺术法律法规、电子商务法律法规、国际结算、法务会计、合同法十门专业课程，这些课程的思政教学重点如下：

（1）知识产权

① 家国情怀与公民意识方面思政教学重点

通过教学，培养学生树立社会主义核心价值观中的公正观、平等观和法治观。激发市场主体活力，完善产权保护制度，深化产权制度改革要以公平为核心，生产要素依法平等使用、公开公平公正参与市场竞争；促进民营企业高质量发展，要依法平等保护民营企业产权和权益，破除制约民营企业发展的壁垒。

② 职业精神与文化素养方面思政教学重点

产权制度是社会主义市场经济的基石，保护产权是坚持社会主义基本经济制度的必然要求。有恒产者有恒心，经济主体财产权的有效保障和实现是经济社会持续健康发展的基础。改革开放以来，通过大力推进产权制度改革，我国基本形成了归属清晰、权责明确、保护严格、流转顺畅的现代产权制度和产权保护法律框架，全社会产权保护意识不断增强，保护力度不断加大。

③ 法治意识与公共参与方面思政教学重点

通过本课程的教学，使学生认识到坚持依法治国、依法执政、依法行政共同推进，法治国家、法治政府、法治社会一体建设，是习近平法治思想中核心要义的"十一个坚持"之一，是对全面依法治国的工作布局，为我们从全局、整体上把握全面依法治国提供了科学指引。

（2）经济法

① 政治认同与理想信念方面思政教学重点

法治体系是国家治理体系和治理能力的重要依托，是国家治理体系的骨干工程。党的十八大以来，习近平同志多次强调要坚持和完善中国特色社会主义法治体系。明确全面推进依法治国总目标是建设中国特色社会主义法治体系，建设社会主义法治国家。

司法是维护社会公平的最后一道防线。习近平同志指出，提高司法公信力，司法是维护社会公平正义的最后一道防线。培根曾说："一次不公正的审判，其恶果甚至超过十次犯罪。因为犯罪虽是无视法律——好比污染了水流，而不公正的审判则是毁坏法律——好比污染了水源。"其中的道理是深刻的。如果司法这道防线缺乏公信力，社会公正就会受到大众的质疑，社会和谐稳定就难以保障。因此，公正是法治的生命线，司法公正对社会公正具有重要引领作用，司法不公对社会公正具有致命的破坏作用。

② 家国情怀与公民意识方面思政教学重点

作为调整现代国家宏观调控和市场运行过程中发生的社会关系的法律规范的总称，经济法在规范社会经济市场运行中发挥着重要作用，为实现国家富强提供了必要的法律保障；在宏观调控和市场运行中，需要发扬民主作风，主动吸收来自专业机构、最底层、最前线的意见和建议，为更好规范市场运作提供数据支撑。

建设现代化经济体系包括建设统一开放、竞争有序的市场体系，要求企业自主经营公平竞争、消费者自由选择自主消费、商品和要素自由流动、平等交换。

激发市场主体活力，完善产权保护制度，深化产权制度改革要以公平为核心，生产要素依法平等使用、公开公平公正参与市场竞争；坚持社会主义市场经济改革方向，要建立公平、开放、透明的市场规则，政府保障公平竞争，加强市场监管，维护市场秩序。

促进民营企业高质量发展要依法平等保护民营企业的产权和其他权益,破除制约民营企业发展的壁垒;用最严格的制度保护民营企业高质量发展。

③ 职业精神与文化素养方面思政教学重点

实现中国梦,必须最大限度地凝聚共识、汇聚力量,而依法治国是凝聚中国力量的重要途径。《决定》首次提出全面推进依法治国的总目标,即建设中国特色社会主义法治体系,建设社会主义法治国家。为实现这个总目标,必须坚持中国共产党的领导,坚持人民主体地位,坚持法律面前人人平等,坚持依法治国和以德治国相结合,坚持从中国实际出发。《决定》指出,党的领导是中国特色社会主义最本质的特征,是社会主义法治的根本保证。

④ 法治意识与公共参与方面思政教学重点

中国特色社会主义法治理论体系的形成,使我国法治建设在一个更加成熟、更加定型、更加科学的法治理论指导下全面推进;中国特色社会主义法治理论体系和话语体系的形成,不仅有利于增强人民对社会主义法治的道路自信、理论自信和制度自信,也有利于提升中国在国际社会的法治话语权和影响力。党的二十大报告指出:"我们要坚持走中国特色社会主义法治道路,建设中国特色社会主义法治体系、建设社会主义法治国家,围绕保障和促进社会公平正义,坚持依法治国、依法执政、依法行政共同推进,坚持法治国家、法治政府、法治社会一体建设,全面推进科学立法、严格执法、公正司法、全民守法,全面推进国家各方面工作法治化"。

(3) 税法

① 政治认同与理想信念方面思政教学重点

党的二十大报告指出,全面依法治国是国家治理的一场深刻革命,关系党执政兴国,关系人民幸福安康,关系党和国家长治久安。必须更好地发挥法治固根本、稳预期、利长远的保障作用,在法治轨道上全面建设社会主义现代化国家。要坚持走中国特色社会主义法治道路,建设中国特色社会主义法治体系、建设社会主义法治国家,围绕保障和促进社会公平正义,坚持依法治国、依法执政、依法行政共同推进,坚持法治国家、法治政府、法治社会一体建设,全面推进科学立法、严格执法、公正司法、全民守法,全面推进国家各方面工作法治化。

② 家国情怀与公民意识方面思政教学重点

诚信是人与人相处的最基本的行为准则,也是一个社会能够正常运行的最低要求。因此,要引导学生树立诚信观。建设现代化经济体系包括建设统一开放、竞争有序的市场体系,要求企业自主经营公平竞争、消费者自由选择自主消费、商品和要素自由流动平等交换。激发市场主体活力,完善产权保护制度,深化产权制度改革要以公平为核心,生产要素依法平等使用、公开公平公正参与市场竞争;坚持社会主义市场经济改革方向,要建立公平开放透明的市场规则,政府保障公平竞争,加强市场监管,维护市场秩序。因此，要引导学生树立公平观和平等观。

③ 职业精神与文化素养方面思政教学重点

目前我国税种、税法种类较多也较繁杂，作为未来的税务工作人员，不仅要熟悉相关法务知识，更要具备公平公正、遵法守规、诚实守信的职业素养。通过对我国税收制度改革历程的讲述，尤其是农业税改革、个人所得税改革和减税降费等政策的介绍，增进学生对我国社会主义制度优越性的理解。

④ 法治意识与公共参与方面思政教学重点

2013年11月，中国共产党第十八届中央委员会第三次全体会议上，习近平总书记强调，"科学的财税体制是优化资源配置、维护市场统一、促进社会公平、实现国家长治久安的制度保障"。依法纳税也是每个公民应尽的义务，要把按时足额纳税作为个人的基本义务，而不是想方设法逃税漏税。通过讲授相关法律知识，培养学生应用相关知识维护自己合法权益的能力，同时鼓励学生勇于揭发逃税、漏税等非法现象。

（4）国际税法

① 政治认同与理想信念方面思政教学重点

加深学生对于国际税收规则和国际税收体系的认识，引导学生理解国际税收体系对全球经济、社会和文化的重要性，增强学生对国际税收体系的认同感和责任感。引导学生理解税收政策和国际税收规则的政治背景和历史演变，增强学生的政治意识和法治意识，使其树立正确的政治态度和法律观念。

培养学生的国际视野和文化意识，引导学生理解国际税收规则和国际税收体系对不同国家和文化的影响，增强学生对多元文化和多样性的认识和尊重。引导学生理解税收政策和国际税收规则与社会主义核心价值观的关系，引导学生树立正确的价值观，强化学生的责任感和使命感，促进学生的全面发展。

② 家国情怀与公民意识方面思政教学重点

引导学生了解国际税收对国家经济、社会和文化的重要性，增强学生对国家利益的认识，提升学生对国际税收与国家利益的关系的深入了解。引导学生理解税收政策和国际税收规则对税收公平和社会公正的重要性，增强学生对社会公正的认识和意识。引导学生了解税收制度对公民权利和责任的影响、税收合规和社会责任的重要性，以及国际税收对国际关系的影响，促进学生了解和尊重不同国家和地区的文化和制度。

③ 职业精神与文化素养方面思政教学重点

引导学生了解职业道德和职业素养的重要性，培养学生遵守法律、诚实守信、尊重职业规范和职业操守等职业道德，提高学生的职业素养。引导学生了解国际税收领域的发展趋势和重要国际组织，培养学生具有国际化视野和文化素养，增强学生的跨文化交流和合作能力。引导学生了解国际税法相关的法律规范和制度，提高学生的法律意识和法律素养。

④ 法治意识与公共参与方面思政教学重点

引导学生认识国际税收制度和国际税法规范的法律性质和重要性，提高学生的法治意识，加强学生对法律法规的尊重和遵守。引导学生了解国际税收政策对社会公共利益和经济发展的重要性，提高学生对公共事务的关注度和参与度。引导学生了解国际税收治理的相关组织和机构，培养学生参与国际税收治理的意识和能力，增强学生对国际税收治理的理解和支持。

（5）国际商法

① 政治认同与理想信念方面思政教学重点

国际商法是以国际商事交往为基础的法律制度体系，强调合同自由和契约精神。通过这门课程的教学，加强学生的法治意识，提高学生的法律素养。

国际商法涉及不同国家的商事交往，通过这门课程的教学，使学生了解国际商事交往中涉及的国家主权和国际公法原则，加强对国家主权和国际公法的认识。

国际商务活动中存在各种政治风险，如政治不稳定、政策变化等。通过这门课程的教学，使学生了解如何在政治风险下进行商务活动，培养学生的政治风险意识和风险应对能力。

国际商务活动中常常会出现商事纠纷，通过这门课程的教学，使学生了解国际商事纠纷解决机制，如诉讼、仲裁等，并了解各种机制的适用范围和优缺点。

当前全球范围内贸易保护主义呈上升趋势。通过这门课程的教学，使学生了解国际贸易形势以及贸易保护主义对国际商务活动的影响，培养学生的国际化视野和全球化思维。

② 家国情怀与公民意识方面思政教学重点

国际商法中，企业和国家之间的关系密不可分。通过这门课程的教学，使学生了解企业在国际商务活动中的社会责任（包括维护国家利益等），培养学生的企业社会责任意识。

在国际商务活动中，国际合作与竞争是不可避免的。通过这门课程的教学，使学生了解并分析国际合作与竞争的本质，学会在合作和竞争中发挥自己的优势，培养学生的竞争意识和合作意识。

国际商务活动中，企业需要承担公民责任和社会责任。通过这门课程的教学，使学生了解企业在国际商务活动中的公民责任和社会责任，培养学生的公民意识和社会责任感。

③ 职业精神与文化素养方面思政教学重点

在国际商务活动中，诚信是非常重要的品质。通过这门课程的教学，使学生了解诚信的意义和重要性，具备诚信的意识和精神。

在国际商务活动中，团队合作是非常重要的能力。通过这门课程的教学，使学生了解团队合作的重要性，具备团队合作的能力。

在国际商务活动中，文化差异是非常大的。通过这门课程的教学，使学生了解各个国家的文化和历史背景，具备跨文化沟通的能力。

④ 法治意识与公共参与方面思政教学重点

在国际商务活动中，法治是非常重要的原则。通过这门课程的教学，使学生了解国际商法的法律体系，具备尊重法律、依法行事的法治意识。

在国际商务活动中，公众利益是非常重要的。通过本门课程的教学，使学生了解国际商务活动对社会和公众的影响，具备关注公共利益、参与公共事务的意识。

在国际商务活动中，企业应该承担社会责任。通过本门课程的教学，使学生了解企业社会责任的重要性，具备关注社会和环境问题、承担社会责任的意识。

(6) 文化艺术法律法规

① 政治认同与理想信念方面思政教学重点

通过本门课程的教学，使学生了解和学习中华优秀传统文化和现代文化，培养学生的爱国主义情感和文化自信。

文化艺术法律法规课程要求学生具备对中国传统文化和现代文化的认知，以及对多元文化的包容和理解。通过本门课程的教学，使学生树立文化自信，自觉维护中国文化的尊严和荣誉。

培养学生的社会责任感，引导学生自觉践行社会主义核心价值观，尊重法律法规，维护公共利益，维护艺术的道德标准和社会价值。

② 家国情怀与公民意识方面思政教学重点

培养学生具备公民意识，关注社会问题，自觉参与社会公共事务。通过本门课程的教学，使学生了解文化艺术的社会价值和作用，关注和反映社会问题，参与和推动社会发展。

学生应该具备法治意识，尊重法律法规，遵守职业道德规范。通过本门课程的教学，使学生了解文化艺术领域的法律法规，建立正确的法律观念，自觉遵守职业道德规范。

学生应该具备较高的社会责任感，自觉践行社会主义核心价值观，维护公共利益。通过本门课程的教学，使学生了解和尊重艺术的道德标准和社会价值，树立良好的社会形象，坚守道德标准。

③ 职业精神与文化素养方面思政教学重点

本门课程强调人文精神的培养，包括对文化艺术作品的审美体验、对文化历史和传统的尊重、对人类文化多样性的认知和理解。文化艺术作品创作和表演过程中，要尊重人权和人的尊严，反对侵犯他人权利的行为。培养学生热爱文化艺术事业的精神，激发学生的创作热情，提高学生的文化艺术素养。

④ 法治意识与公共参与方面思政教学重点

学习文化艺术法律法规是培养法治意识的一个重要途径。通过本门课程的教学，使学生了解法律的作用和意义，增强法治观念，形成自觉遵纪守法的习惯。

文化艺术是社会文化的重要组成部分，公众的参与和监督对于文化艺术事业的发展和推动具有重要意义。通过本门课程的教学，使学生了解公众参与的方式和途径，懂得如何行使公民的权利和义务，为文化艺术事业的健康发展做出积极贡献。

文化艺术作为社会文化的一部分，不仅是一种创造性的活动，也是一种社会责任。通过本门课程的教学，使学生了解文化艺术作品的社会意义和影响，增强社会责任意识，积极参与文化艺术事业的发展和推动，为社会进步做出贡献。

(7) 电子商务法律法规

① 政治认同与理想信念方面思政教学重点

通过本门课程的教学，引导学生树立正确的人生观、价值观，增强对社会主义核心价值观的认同和理解，提高道德水平和文明素质。

通过本门课程的教学，引导学生在电子商务活动中，始终坚持中国特色社会主义法治道路，自觉接受法律的约束和制约，注重个人行为的合法性，遵守各项电子商务法律法规，维护社会稳定。

通过本门课程的教学，培养学生的创新精神，鼓励学生在电子商务领域中开拓创新，探索新的商业模式和发展路径，为中国电子商务的繁荣发展做出贡献。

② 家国情怀与公民意识方面思政教学重点

引导学生维护国家利益，增强社会责任感，使学生了解电子商务发展与国家利益、社会责任的关系。

鼓励学生树立诚信意识，尊重市场规则和公平竞争原则，在经营过程中注重社会责任，积极参与社会公益事业。

通过本门课程的教学，使学生了解电子商务在全球范围内的发展趋势和国际标准，了解各国之间的文化差异和法律规定，培养学生跨文化交流和合作的能力和全球视野。

③ 职业精神与文化素养方面思政教学重点

电子商务是基于互联网的商业活动，要求参与者具备诚信的品质，包括如实描述商品信息、履行承诺、维护消费者权益等。

电子商务从业者应该具备社会责任，遵守法律法规、尊重知识产权、保护消费者权益、促进经济发展和社会进步。

电子商务跨越了地域和文化的界限，要求从业者具备跨文化沟通和交流的能力，尊重不同的文化差异，促进文化交流与融合。

④ 法治意识与公共参与方面思政教学重点

通过本门课程的学习，使学生深刻认识到法律的重要性，培养学生增强法治意识和法律素养，遵守法律，维护法律尊严和权威。

通过本门课程的教学，培养学生的公共责任感，使学生明确自己的社会角色和职责，积极参与公共事务和社会活动，为推动电子商务的健康发展和社会进步做出自己的贡献。培养学生的社会公正意识，引导学生关注社会公正问题，提高对电子商务产业中不合理现象和不公平竞争的敏感度，以实际行动维护社会公正、促进经济发展。培养学生的信息伦理意识，关注电子商务中信息安全和个人隐私保护等重要问题，遵循信息伦理原则，增强自我保护和安全意识。

（8）国际结算

① 政治认同与理想信念方面思政教学重点

通过本门课程的教学，使学生了解我国相关政策法规，了解国际贸易和金融体系，培养学生的国家意识和国际意识。

通过本门课程的教学，使学生了解国际贸易、金融市场等方面的知识，提高学生对世界的认知能力，进而培养其国际化视野和国际意识。

通过本门课程的教学，使学生了解贸易和金融等方面的知识，具备全球化思维，理解全球贸易体系的构成和运作方式，了解不同国家之间的文化、商业习惯等差异，培养学生的跨文化交流能力和全球化视野。

② 家国情怀与公民意识方面思政教学重点

通过本门课程的教学，使学生了解国际结算的相关政策和实践，加深学生对于国家经济发展的认识和理解，增强学生的家国情怀；引导学生在跨国交易和国际贸易中扮演积极的公民角色，学习并承担公民责任，如保护知识产权、合规纳税等，增强学生的公民意识。国际结算涉及不同国家和地区的文化差异，因此需要培养学生尊重不同的文化习惯和价值观念，增强学生的文化交流意识。

③ 职业精神与文化素养方面思政教学重点

通过本门课程的教学，培养学生的团队合作精神，使学生学会有效地与他人协作、沟通和解决问题，增强集体荣誉感；培养学生跨文化交流的能力，使学生了解不同国家和地区的文化差异，认同文化的多样性和包容性；培养学生的同情心和关爱心，注重人性化的服务态度和服务质量，提高服务意识和水平。

④ 法治意识与公共参与方面思政教学重点

培养学生的法治意识，包括尊重法律、依法行事、依法维权等方面，帮助学生了解国际结算领域的法律法规。培养学生的公共责任感和社会责任感，鼓励学生积极参与社会公益活动，了解国际结算对于国家和社会的重要性，提高学生的公共参与意识。

(9) 法务会计

① 政治认同与理想信念方面思政教学重点

通过讲授法律法规和会计准则，使学生了解国家的法律制度，增强国家意识和法治观念。强调会计师的社会责任意识，培养学生在未来的职业生涯中始终秉持诚信和公正原则，为社会做出贡献。

② 家国情怀与公民意识方面思政教学重点

强调法律的权威性和普遍适用性，培养学生遵纪守法的意识和行为。强调税收的重要性，让学生认识到纳税是公民的义务和责任。引导学生正确看待财务信息，培养学生的诚信意识。通过案例教学，让学生了解和认识到各种违法行为的危害性和严重性，引导学生维护社会公正和公平。强调企业社会责任的重要性，让学生认识到企业应该承担的社会责任，引导学生正确看待企业利益与社会责任的关系。

③ 职业精神与文化素养方面思政教学重点

培养学生遵循职业道德规范，保持诚信，不得为了追求个人利益而违反法律规定，要具备高尚的人格和道德。培养学生的团队协作精神，以便在未来的职业生涯中与其他部门密切合作，及时提供准确的法务信息和建议，为公司的经营管理提供有力的支持。

④ 法治意识与公共参与方面思政教学重点

通过本门课程的教学，使学生了解会计师在法律框架下应承担的职责和义务，具备遵守法律法规的意识；了解企业在社会中的责任和义务，具备承担社会责任的意识和能力。

(10) 合同法

① 政治认同与理想信念方面思政教学重点

合同法要求合同当事人在签订合同时履行相应的社会责任，遵循诚信原则。引导学生树立责任意识，认识到个人行为对社会的影响。合同法强调公平正义的原则，应引导学生理解公平正义的内涵，遵循公平正义的原则，尽可能维护合同当事人的合法权益。合同法是国家法律制度的一部分，应引导学生树立国家法治意识，了解国家法律制度的重要性和必要性，增强国家认同感。

② 家国情怀与公民意识方面思政教学重点

强调守信用、讲信誉的重要性，培养学生诚实守信的品质，提高个人信用。强调企业应当的承担社会责任，合同作为企业重要的商业活动载体之一，应当充分体现企业的社会责任。引导学生积极履行公民义务，尊重他人的合法权益，从而建立和谐的社会关系。

③ 职业精神与文化素养方面思政教学重点

合同法是以诚信为基础的法律制度，要求当事人在合同履行过程中遵守诚信原则，这也是职业精神的核心价值之一。合同法涉及各种社会关系和人际关系，要求当事人互相尊重对方的人格尊严，考虑对方的合法权益，注重合同关系的人文关怀。

④ 法治意识与公共参与方面思政教学重点

合同法是法治社会中最基本的法律之一，学习合同法可以帮助学生了解法律的重要性，提高他们的法治意识。学习合同法需要理解合同法律关系的性质、义务与责任，还需要了解法律如何约束公民的行为，因此，学习合同法可以提高学生的公共参与意识，让他们更加关注公共事务和公共利益。合同法规定了各方的权利与义务，当一方未能履行合同义务时，应该承担相应的法律责任。学习合同法可以让学生了解并尊重个人和社会的责任，培养责任意识。

2.2.4　组织与领导模块教学重点

政治认同与理想信念方面。 教会学生自觉理解贯彻新发展理念，建设现代化经济体系必须坚持深化供给侧结构性改革，提高企业治理和领导能力，促进经济社会的高质量发展。在各类企业组织的管理中，应融合马克思主义哲学中关于联系和发展的观点，使学生树立正确的价值观，坚定中国特色社会主义制度自信。

家国情怀与公民意识方面。 在专业知识传授中，使学生形成在虚拟空间中的"慎独"意识，自觉把社会主义核心价值观带到专业知识的学习与实践中。同时，通过专业知识与思政元素的有机融合，把正确的人生观、价值观教育融入其中，使学生认识到，一家目光长远的企业不能脱离社会，更不能脱离中国共产党的领导，并且应将企业社会责任和企业效益相统一；在参与企业治理或担任领导者职务时，应当用科学思维，做到"心中有员工"，树立"绿水青山就是金山银山""江山就是人民，人民就是江山"的理念。

职业精神与文化素养方面。 通过挖掘专业知识点中蕴含的思政元素，使学生理解，在长期实践中，中国人民形成了爱岗敬业、争创一流、艰苦奋斗、勇于创新、淡泊名利、甘于奉献的劳模精神，崇尚劳动、热爱劳动、辛勤劳动、诚实劳动的劳动精神，以及执着专注、精益求精、一丝不苟、追求卓越的工匠精神。

法治意识与公共参与方面。 企业的经营管理需要遵守一系列法律法规，作为企业的领导者，不仅自身要懂法、守法，确保企业合法经营，还要时刻提醒员工遵守法律法规。在合法经营的基础上，领导者还应该积极参与社会治理与经济发展，为社会贡献智慧和力量。

本模块主要包括组织行为学、消费者行为学、企业文化、领导科学、商务谈判、管理沟通、公司治理、跨国公司管理八门专业课程，这些课程的思政教学重点如下：

(1) 组织行为学

本门课程重点通过对群体交互作用、动机与激励、团队、组织变革、个人与组织的关系、群体、领导、冲突等知识点的教学，在政治认同与理想信念、家国情怀与公民意识方面进行课程思政教育。

① 政治认同与理想信念方面思政教学重点

在马克思主义哲学方面，需要让学生学习联系和发展的辩证哲学观。世界上的万事万物都处于普遍联系之中，普遍联系引起事物的运动发展，这就要求我们关注事物的联系和发展，一切从实际出发、实事求是。同时，要根据时代变化和实践发展不断深化认识、总结经验，不断进行理论创新，坚持理论指导和实践探索的辩证统一，实现理论创新和实践创新的良性互动，培养学生个人意志与组织意志、国家意志相统一的价值体系。

② 家国情怀与公民意识方面思政教学重点

通过融入我国传统文化和社会主义核心价值观的内涵，培养学生的主人翁意识、奉献精神、团队精神，强调团队合作的重要性，加强对学生爱岗敬业、争创一流、艰苦奋斗、勇于创新、淡泊名利、甘于奉献的劳模精神的培养。作为时代精神核心的创新意识，也是公民意识的重要组成部分。当前我国新发展阶段的挑战之一便是创新能力不强，加快建设制造强国更要坚持创新驱动，为此亟须培养学生的创新意识。

（2）消费者行为学

本门课程重点通过对消费者的动机与情绪、环境因素与消费者行为、产品选择和使用（沟通、决策）、消费者决策等知识点的教学，在政治认同与理想信念、家国情怀与公民意识方面进行课程思政教育。

① 政治认同与理想信念方面思政教学重点

中国共产党的初心和使命是为中国人民谋幸福、为中华民族谋复兴。当前我国经济已转向高质量发展阶段，学生应当充分掌握供给方面、需求方面、投入产出方面、分配方面、宏观经济循环方面的变化并加以应用。深刻理解我党把"增进人民福祉、促进人的全面发展"作为一切工作的出发点和落脚点，把落实收入分配制度、增加城乡居民收入、缩小收入分配差距、规范收入分配秩序作为重要任务，逐步建立社会公平保障体系，强调司法是维护社会公平的最后一道防线，充分发挥党总揽全局、协调各方的领导核心作用。经过多年的摸索前进，中国特色社会主义道路走得对、走得通、走得好，综合国力与日俱增，人民生活水平不断提高，创造了经济快速发展的奇迹和社会长期稳固的奇迹，增进学生制度自信。

② 家国情怀与公民意识方面思政教学重点

通过本门课程的教学，应使作为新时代消费者的学生，了解国家的改革开放理论、社会主义市场经济理论、供给侧结构性改革理论，充分贯彻新发展理念，坚持节约资源和保护环境的基本国策，了解世情、国情、党情、民情，明确新时代我国社会的主要矛盾是人民日益增长的美好生活需要和不平衡不充分的发展之间的矛盾。同时在专业知识的讲解中，应当帮助学生树立正确的人生观，反对拜金主义、享乐主义、极端个人主义等错误的人生观，贯彻社会主义核心价值观，做社会主义核心价值观的积极践行者，更要传承重视整体利益、强调责任奉献等中华传统美德。

（3）企业文化

本门课程重点通过对企业文化建设（制度、行为、物质、理念）、企业文化传播、企业文化变革等知识点的教学，在政治认同与理想信念、职业精神与文化素养方面进行课程思政教育。

① 政治认同与理想信念方面思政教学重点

企业文化作为意识存在，由物质决定，又对物质具有能动的反作用，这要求我们明确物质与意识的辩证关系。同时，世界上的万事万物都处于普遍联系之中，普遍联系引起事物的运动发展，这要求我们用联系和发展的观点看问题，不断增强辩证思维能力。

邓小平曾明确指出："两手抓，两手都要硬——一手抓物质文明，一手抓精神文明"，这要求我们不仅要重视企业绩效的实现，更要注重企业文化的培育和建设，二者相辅相成。针对企业文化本身，一方面应当传承中华传统美德，如重视整体利益，强调责任奉献；推崇"仁爱"原则，注重以和为贵；提倡人伦价值，重视道德义务；追求精神境界，向往理想人格；强调道德修养，注重道德践履等。另一方面要借鉴人类文明优秀道德成果，秉持正确的态度和科学的方法，坚持批判性继承他国道德成果。

② 职业精神与文化素养方面思政教学重点

企业文化应当从社会主义核心价值观中汲取养分。社会主义核心价值观是当代中国精神的集中体现，凝结着全体人民共同的价值追求；它在培养担当民族复兴大任的时代新人，进行国民教育、精神文明创建、精神文化产品创作生产传播等方面具有强大的引领作用。作为企业文化的制定者或凝练者，我们应当将企业文化融入社会核心价值体系中；作为企业文化的传播者和发扬者，我们应当与时俱进，不断将新的国家战略和理念融入企业文化中，引导员工做不负时代的建设者和奉献者。

（4）领导科学

本门课程重点通过对领导绩效、权利与责任、领导者素质、领导危机与管理等知识点的讲授，在政治认同与理想信念、职业精神与文化素养方面进行课程思政教育。

① 政治认同与理想信念方面思政教学重点

领导者要学会将马克思主义思想作为工作中的指导思想。真理具有客观性、绝对性和相对性，实践检验真理的过程并不是一蹴而就的，而是一个永无止境的发展过程。对于任何主体而言，只有与人民的需要和利益相一致才是正确的价值评价标准。通过对中国共产党历代领导人的特质、管理智慧、管理思想等的讲述，培养学生对党忠诚、跟党走的坚定信念，增进文化自信、道路自信。

② 职业精神与文化素养方面思政教学重点

通过核心价值观内涵的融入，融合我国企业、组织等团体管理中的优秀案例，进一步培养学生对科学管理的认识，激发学生投身社会主义事业的热情。通过对管理绩效、组织冲突等知识点的讲解，融入我国人才战略，强调领导这一行为要坚持和发展中国特色社会主义的价值遵循。推动中华传统美德的创造性转化和创新性发展，践行社会主义核心价值观。在管理中宣扬正确的职业生活与劳动观念，弘扬工匠精神及劳模精神。

（5）商务谈判

本门课程重点通过对商务谈判礼仪、商务谈判中的沟通、商务谈判策略等知识点的讲解，在职业精神与文化素养方面进行课程思政教育。

通过对商务谈判礼仪的讲解，使学生树立正确的沟通理念，掌握基本的沟通方法、技巧及沟通艺术，了解商务活动的相关礼仪，并尽可能地依据自身性格心理特征，初步形成自己的沟通和谈判风格。同时通过模拟实战的训练，培养学生处理沟通中的风险、策略、利益关系等的能力。

通过了解商务谈判文化、背景、行业等差异，培养学生的应变能力，使学生具有广博的文化知识，在谈判中能够做到游刃有余。通过国际谈判中文化差异的相关案例分析，增进学生对文化差异了解和探讨的兴趣。

（6）管理沟通

本门课程重点通过对沟通的本质与核心、内部沟通与团队沟通、外部沟通与跨文化沟通等知识点的讲解，在职业精神与文化素养方面进行课程思政教育。

通过对沟通本质、沟通策略等知识点的讲解，使学生树立正确的沟通理念，掌握基本的沟通方法、技巧及沟通艺术，了解管理沟通的相关礼仪，并尽可能依据自身性格心理特征，初步形成自己的沟通风格。

同时，通过对我国传统文化中沟通案例的分析，如"扁鹊见蔡桓公"等经典案例，使学生深刻认识传统文化的魅力，进而增进对传统文化讲仁爱、重民本、守诚信、崇正义、尚和合、求大同的思想精华和时代价值的理解。

（7）公司治理

本门课程重点通过对公司股权结构设计、董事会运作机制设计、监事会监督机制设计、内部治理、外部治理、公司治理评价等知识点的讲解，在职业精神与文化素养、法治意识与公共参与方面进行课程思政教育。

① 职业精神与文化素养方面思政教学重点

通过对公司治理相关知识点的讲解，使学生明白作为公司管理者或组织设计者，不仅应该具备专业知识，更应该具有经理人的职业精神，在公司治理中能够顾全大局，树立大局意识。同时通过分析中国优秀管理案例，融合国家发展战略，使学生进一步了解企业在我国发展中所发挥的重要作用。通过反面案例的分析，进一步警醒学生，未来在企业中应该诚信经营，不将企业效益作为经营的唯一标准，对社会和消费者负责。

② 法治意识与公共参与方面思政教学重点

培养学生的法治意识和底线思维，使学生认识到企业作为国家发展中不可或缺的组成部分，对社会、国家具有重大意义，要将企业战略同国家战略保持一致，将企业发展融入国家发展中，这样企业才能实现更长远的发展。在股权架构等知识点的讲解中，要将国际、国内相关法规贯穿其中，教育学生不能为了非法利益从事违法活动。

（8）跨国公司管理

本门课程重点通过对跨国公司财务管理、文化管理、事务管理、战略管理、伦理与社会责任等知识点的讲解，在政治认同与理想信念、法治意识与公共参与方面进行课程思政教育。

① 政治认同与理想信念方面思政教学重点

改革开放的实践证明，经济发展既需要立足国内，充分运用我国资源、市场、制度等优势，又需要重视国内、国际经济联动效应，积极应对外部环境变化，更好利用两个市场、两种资源。以"共商、共建、共享"为原则推动"一带一路"建设；以相互尊重、合作共赢为基础走和平发展道路；坚持互利共赢的开放战略，内外需协调、进出口平衡、"引进来"和"走出去"并重、引资和引技引智并举，构建利益共同体。

② 法治意识与公共参与方面思政教学重点

跨国公司作为社会的一个组成部分，应当积极响应国家政策，破解发展难题，厚植发展优势，牢固树立并切实贯彻落实新发展理念。必须坚持以人民为中心的发展思想，坚持发展为了人民、发展依靠人民、发展成果由人民共享。坚持经济发展就业导向，缓解结构性就业矛盾（提高就业者技能素质），为重点群体（青年、农民工、退役军人）提供就业支持。

2.2.5 战略管理模块教学重点

政治认同与理想信念方面。教会学生自觉理解贯彻新发展理念、主动融入国家发展战略中，提高企业治理和领导能力，促进经济社会的高质量发展。在各类企业组织的管理中，应融合马克思主义哲学中关于联系和发展的观点，引导学生树立大局意识，建立制度自信。

家国情怀与公民意识方面。在专业知识的传授过程中，把社会主义核心价值观融合进去，使学生自觉把社会主义荣辱观和价值观带到专业知识的学习与实践中。同时，通过专业知识与思政元素的有机融合，把正确的人生观、价值观教育融入其中，使学生认识到企业的发展不能脱离国家发展战略，应该将企业社会责任和企业效益相统一；在企业发展规划中，应该将企业发展与社会发展相统一，企业应该承担为人民创造价值的使命，让人民享受到改革发展的红利。

职业精神与文化素养方面。通过挖掘专业知识点中蕴含的思政元素，使学生理解中国人民爱岗敬业、争创一流、艰苦奋斗、勇于创新、淡泊名利、甘于奉献的劳模精神，增强学生在中国大地上建功立业的决心和信心。引导学生重视企业社会责任，激励学生在中国大地上发挥个人才能，为提高人民生活质量、实现共同富裕贡献力量。

法治意识与公共参与方面。企业的经营管理需要遵守一系列法律法规，因此，在本模块专业知识点的讲授过程中，要有所侧重地将法治元素融入教学过程，使学生在掌握科学的企业管理之道的同时，形成良好的法治意识。另外，企业价值的创造不仅是企业自身的事，还涉及社会责任问题，因此，在企业社会责任等知识点的讲授中，要以公共参与意识和社会公德意识为抓手，对学生展开思政教育。

本模块主要包括企业社会责任、战略管理、战略品牌管理、财务管理（中级、高级）、风险管理五门专业课程，这些课程的思政教学重点具体如下：

（1）企业社会责任

本门课程重点通过对企业社会责任内涵、相关者利益、企业伦理等知识点的讲解，在政治认同与理想信念、职业精神与文化素养方面进行课程思政教育。

① 政治认同与理想信念方面思政教学重点

企业作为社会主义经济的重要组成部分，要将企业发展战略融入国家发展战略，兼顾企业效益与社会效益；通过典型案例的分析，增进学生对我国经济发展战略的认同感、自豪感，进一步增强制度自信。

② 职业精神与文化素养方面思政教学重点

作为企业经营者，企业效益固然重要，但若追求企业效益而忽视社会责任，这样的企业注定不会走得长远。只有将企业效益和社会责任融为一体，紧跟国家发展战略，才能在发展中享受国家改革红利，也会得到更多的政策支持，因此作为职业经理人，更应该树立企业社会责任意识。

（2）战略管理

本门课程重点通过对国际化战略、企业战略思维、竞争战略、创新战略等知识点的讲解，在政治认同与理想信念、家国情怀与公民意识方面进行课程思政教育。

① 政治认同与理想信念方面思政教学重点

从国家层面来看，要实行互利共赢的开放战略，须内外需协调、进出口平衡、"引进来"和"走出去"并重、引资和引技引智并举，构建广泛利益共同体；充分运用我国资源、市场、制度等优势，重视国内国际经济联动效应，积极应对外部环境变化，更好利用两个市场、两种资源；努力建设多元平衡、安全高效的全面开放体系，着力发展开放型经济、深化经济体制改革。从企业层面来看。要积极贯彻落实新发展理念，推动建设现代化经济体系，推动形成全面开放新格局，努力实现更高质量、更有效率、更加公平、更加可持续的发展；全面优化升级产业结构，提升创新能力、竞争力和综合实力，增强供给体系韧性，形成高效率、高质量的投入产出关系。推动我国产业链转型升级，增强我国在全球产业链、供应链、创新链中的影响力。

② 家国情怀与公民意识方面思政教学重点

积极践行社会主义核心价值观，坚持社会主义市场经济改革方向；建立公平、开放、透明的市场规则，政府保障公平竞争，加强市场监管，维护市场秩序；建设现代化经济体系，包括建设统一开放、竞争有序的市场体系，要求企业自主经营、公平竞争，消费者自由选择、自主消费，商品和要素自由流动、平等交换。

（3）战略品牌管理

本门课程重点通过对品牌共鸣和品牌价值链、品牌资产、品牌管理、品牌强化等知识点的讲解，在政治认同与理想信念、家国情怀与公民意识方面进行课程思政教育。

① 政治认同与理想信念方面思政教学重点

通过对品牌管理知识点的讲解，使学生认识到品牌是企业乃至国家竞争力的综合体现，也是参与经济全球化的重要资源。拥有国际品牌的数量和质量体现了一个国家的经济实力和科技水平。习近平总书记高度重视品牌建设，强调要"推动中国制造向中国创造转变、中国速度向中国质量转变、中国产品向中国品牌转变"。改革开放四十多年来，我国经济社会发展取得了巨大成就，产品和服务质量明显改善，已经成为世界第二大经济体和制造业第一大国。然而，在我国出口产品中，大多数是贴牌产品和代工产品，自主品牌产品所占比重较低，我国出口产品赚的大多是"血汗钱"。通过这些数据的对比，进一步激发学生对我国品牌建设的责任心和紧迫感。

② 家国情怀与公民意识方面思政教学重点

加强品牌建设有利于激发企业创新活力，促进生产要素合理配置，提高全要素生产率，提升产品品质，实现价值链升级；有利于引领消费，创造新需求，更好发挥需求对经济增长的拉动作用，满足人们更高层次的物质文化需要；有利于促进企业诚实守信，强化企业环境保护、资源节约、公益慈善等社会责任。引导企业（尤其是中小企业）有针对性地采取改进措施，加强品牌管理、提升品牌价值，增强企业竞争力。企业利用品牌价值要素培育品牌的过程，实质上就是提升质量、改善服务、开展技术创新的过程，同时也是实现资产增值的过程。因此，对品牌价值进行科学公正的评价，有利于激发企业发展的内在动力、增强员工的发展信心。

（4）财务管理（中级、高级）

本门课程重点通过对财务分析、资本机构、资本运营、成本管理、筹资管理、投资管理等知识点的讲解，在政治认同与理想信念、家国情怀与公民意识方面进行课程思政教育。

① 政治认同与理想信念方面思政教学重点

通过对财务管理专业知识的讲解，融入国家财务战略，结合丰富的案例，加深学生对财务管理在企业发展和经营中的重要性、关键性、科学性的认识，同时通过国家法律法规的普及和我国社会主义制度优越性的体现，增强学生制度自信。

② 家国情怀与公民意识方面思政教学重点

培育社会责任意识，树立公民责任意识，传承中华传统美德，重视整体利益，强调责任奉献；社会主义道德强调国家利益、社会利益高于个人利益。作为财务管理人员，财报分析的关键是实事求是，同时要将企业发展最重要的指标准确、及时地呈现在报表中，这就需要学生具有扎实的专业知识和深厚的文化功底。

（5）风险管理

本门课程重点通过对风险识别、套期保值、风险管理决策模型、战略风险管理、纯粹风险管理、金融风险管理等知识点的讲解，在政治认同与理想信念、职业精神与文化素养方面进行课程思政教育。

① 政治认同与理想信念方面思政教学重点

改革开放以来，我国充分利用经济全球化带来的机遇，不断扩大对外开放，实现了我国同世界关系的历史性变革。中国是经济全球化的受益者，更是贡献者。通过对中国共产党带领中国人民应对各种风险和挑战的分析，坚定学生跟党走、听党话的政治决心；同时培养学生识别风险、防范风险的意识。

② 职业精神与文化素养方面思政教学重点

作为企业管理者，必须具备风险意识。因此，要加强职业教育，通过典型案例分析，培养学生识别风险、防范风险、应对风险的能力。同时通过专业知识教学，加强学生对风险的研判能力和抗压能力，做到精准防护和冷静应对，提高管理素质。

2.2.6 顾客与市场模块教学重点

政治认同与理想信念方面。 教会学生应用辩证思维处理"小我"和"大我"的关系，将个人发展融入国家发展中，在实现中华民族伟大复兴的新征程上贡献力量。通过对我国劳动保障等法律体系的分析，使学生进一步深刻认识以人民为中心的理念，增强制度自信。通过对中国共产党党史的讲解，引导学生体悟中国作为负责任的国家在国际社会中的地位和在国际市场中发挥的作用，增强民族自豪感。

家国情怀与公民意识方面。 在专业知识传授中把培养学生社会主义核心价值观融合进去，使学生自觉把社会主义荣辱观和价值观带到专业知识的学习与实践之中。同时，通过专业知识与思政元素的有机融合，把正确的人生观、价值观教育融入其中，使学生认识到员工作为企业的人力资源在企业竞争中的作用，进而能够更好维护员工利益，处理好员工关系。

职业精神与文化素养方面。将中国优秀传统文化等思政元素融入专业知识教学中，使学生从我国传统文化中体悟中国人的"仁""和"，培养学生热爱劳动、热爱职业的良好品行，使学生在平时的人际交往中养成善于沟通、勤于思考的习惯，为我国国际化市场的发展贡献力量。

法治意识与公共参与方面。企业的经营管理需要遵守一系列法律法规，因此，在本模块专业知识点的讲授过程中，要有所侧重地将法治元素融入教学过程，使学生在掌握科学的企业管理之道时，形成良好的法治意识。另外，企业价值的创造不仅是企业自身的事，也涉及员工等其他利益者，企业既要平衡好内部关系，也要考虑外部利益者的诉求。在中国实现现代化的征程中，需要更多与国际接轨的有理想、有抱负的青年投入国际市场中，进一步激发学生积极参与中国现代化国家新征程的使命。

本模块主要包括员工关系管理、社会保障学、现代推销学、销售管理、商品学、国际营销学、品牌管理、网络营销八门专业课程，这些课程的思政教学重点具体如下：

(1) 员工关系管理

本门课程重点通过员工工作—家庭平衡计划、工作压力与减压管理、员工多元化及多元化员工关系管理、劳动关系管理等知识点的教学，在政治认同与理想信念、家国情怀与公民意识、职业精神与文化素养、法治意识与公共参与方面进行课程思政教育。

① 政治认同与理想信念方面思政教学重点

通过专业知识点的教学，使学生体会到社会公平正义的价值观，形成群众观点和人民意识。人民群众是社会物质财富的创造者，也是物质资料生产活动的主体，他们创造了吃、穿、住、行等相关的生活资料，以及从事政治、科学、文化艺术等活动所必需的物质前提。包括知识分子在内的人民群众在生产过程中不断积累和传播生产经验，不断改进和发明生产工具，促进了社会生产力的发展；人民群众的生活实践活动是一切精神财富、精神产品形成和发展的源泉。

② 家国情怀与公民意识方面思政教学重点

在本门课程关于员工劳动权利保护等知识点的教学中，将社会主义核心价值观融入其中。社会主义核心价值体系倡导尊重和保障人权，人人依法享有平等参与、平等发展的权利。核心价值观是当代中国精神的集中体现，也强调和谐包容、合作共赢的理念；核心价值观是当代中国发展进步的精神指引，当代大学生要坚定价值观自信，做社会主义核心价值观的积极践行者。

③ 职业精神与文化素养方面思政教学重点

在员工纪律惩戒及不良行为管理、员工关系沟通管理、非正式雇佣员工关系管理等知识点的教学中，引导学生正确对待人生矛盾，准确把握幸福观、得失观、苦乐观、顺逆观、生死观、荣辱观；引导学生树立崇高的职业理想，服从社会发展的需要，做好充分的择业准备；引导学生积极做好创业的思想准备，拥有敢于创业的勇气。同时，使学生理解人的本质是一切社会关系的总和，社会属性是人的本质属性。遵守社会主义道德准则，明白国家利益、社会利益和个人利益的辩证统一，国家利益、社会利益高于个人利益，重视和保障个人的正当利益，先公后私、先人后己，顾全大局、遵纪守法、热爱祖国、诚实劳动。

④ 法治意识与公共参与方面思政教学重点

密切联系群众是我们党的最大政治优势，也是扩大党的阶级基础的链条和环节，因此，工会不能脱离员工群众。习近平总书记说的"群众利益无小事"，突破了传统服务观念，是一种创新。在工作中把员工参与管理作为重点工作，使员工在工作中更有热情，更能发挥自己的特长，为组织的发展献计献策。学生要不断加强学习法律知识，加强对外协调、对内安抚等综合工作能力，以提高自身的"维权"本领；企业要组织员工学法、用法，增强员工的法治意识和权益保护能力。

(2) 社会保障学

本门课程重点通过对社会保障的发展、社会保障相关关系、社会保障体系与模式、社会保障基金、社会保障立法与管理、社会救助、社会保险、社会福利等知识点的教学，在政治认同与理想信念、家国情怀与公民意识、职业精神与文化素养方面进行课程思政教育。

① 政治认同与理想信念方面思政教学重点

通过专业知识点的教学，使学生进一步认识我国的社会保障体系。作为一个发展中国家，建立如此庞大的社会保障体系，体现了我们党以人民为中心的执政理念，同时也要让学生看到我国在社会保障方面与其他发达国家之间的差距，进而树立为实现共同富裕、提高人民生活质量而奋斗的决心；使学生感受到国家大力维护社会公平正义，让广大人民群众共享改革发展成果，坚持以人民为中心的发展思想，不断促进人的全面发展。

② 家国情怀与公民意识方面思政教学重点

通过对社会救助、社会福利、社会保险等知识的讲授，结合我国提出的"两不愁、三保障"等救助体系和兜底政策，使学生感受到我国在社会救助、国际援助方面的担当，同时作为中华人民共和国的公民，应该在自己力所能及的范围内多为社会做贡献。

③ 职业精神与文化素养方面思政教学重点

通过对我国社会保障制度等知识的讲授，使学生明确作为企业员工的权益和义务，进而应用合法手段维护自身合法权益。同时，作为企业员工，应该发扬斗争精神和吃苦精神，将企业发展和个人发展融为一体，做到人尽其责。

(3) 现代推销学

本门课程重点通过对推销环境、推销风格、推销面谈技巧、推销的价格策略、服务策略，以及准客户的寻找、现有客户的管理、推销合同的签订等知识点的教学，在家国情怀与公民意识、职业精神与文化素养、法治意识与公共参与方面进行课程思政教育。

① 家国情怀与公民意识方面思政教学重点

随着社会的发展和人类的进步，推销方法五花八门。通过本门课程的教学，使学生意识到，一个高素质的推销人员应该充分认同企业文化、熟悉产品特点；同时，还要形成正确的价值观念，诚实、自信、有一定口才、关心他人，永远把最好的一面展现给顾客，与顾客建立信赖感。

② 职业精神与文化素养方面思政教学重点

推销的作用就是尽可能地让原本默默无闻的企业或产品在最短的时间获得知名度，从而使企业快速地发展，同时也方便了顾客购买产品，以达成推销员和顾客之间的互惠互利，在这之中会涌现出一大批推销人才。在本门课程的教学中，要将推销员的专业素养、职业精神与推销的策略、技巧相结合，使学生形成良好的职业精神。

③ 法治意识与公共参与方面思政教学重点

要使学生形成依法推销、依法促销的意识。在推销活动中要遵守民法典相关规定，同时，要遵守诚信原则、平等自愿原则、守法原则、公序良俗原则等。诚信原则要求推销员必须诚实、不诈不欺、信守诺言；平等自愿原则指任何一方不能把自己的意愿强加于另一方；守法原则要求在民事活动中遵守相应法律法规；公序良俗原则要求促销要遵守公共秩序和社会风俗。

（5）销售管理

本门课程重点通过对战略和销售规划、销售机会管理、客户关系管理、客户互动管理、销售队伍组织模式、销售人员激励等知识点的教学，在政治认同与理想信念、职业精神与文化素养、法治意识与公共参与方面进行课程思政教育。

① 政治认同与理想信念方面思政教学重点

通过对专业知识的讲解，使学生认识到销售不仅仅是把产品推销出去，还需要理解公司的战略；作为企业的销售管理人员，不仅要掌握销售管理的技巧和方法，更需要将销售上升到企业战略高度。同时，通过典型案例的讲解，培养学生为实现中国式现代化贡献智慧的决心，坚定中国道路自信和理论自信。

② 职业精神与文化素养方面思政教学重点

通过本门课程的教学，使学生正确看待销售这一职业，学习和掌握销售的技巧和方法，培养良好的精神风貌和与人沟通的技巧。同时通过对销售管理专业知识的讲解，使学生进一步认识到工作分工的不同为社会发展带来的作用。通过中国优秀传统文化的渗透，培养学生良好的习惯和谦逊的态度，并在销售管理中体现全过程的管理，而非只注重结果的管理。

③ 法治意识与公共参与方面思政教学重点

通过对专业知识的讲解，培养学生的法治意识和诚信理念，尤其在销售中遵守法律，不欺骗消费者，做到实事求是；积极参与社会主义市场经济活动，为中国国际化市场发展贡献力量和智慧。

（5）商品学

本门课程重点通过对商品分类、商品质量、商品标准、商品检验与监督、商品包装等知识点的教学，在政治认同与理想信念、家国情怀与公民意识、法治意识与公共参与方面进行课程思政教育。

① 政治认同与理想信念方面思政教学重点

通过本门课程的教学，引导学生了解产品背后的生产过程、消费行为对环境和社会的影响等，从而培养学生的社会责任感和环保意识，使其在今后的生活和工作中更好地履行自己的社会责任；引导学生了解国内外商品市场的差异，了解全球化对商品生产、销售、消费等方面的影响，从而培养学生的国际化视野和全球化意识，让他们能够更好地适应全球化的经济环境。

② 家国情怀与公民意识方面思政教学重点

通过本门课程的教学，引导学生了解商品生产、销售、消费等方面的知识，从而培养学生正确的消费观念，让他们认识到消费不仅仅是个人的行为，也与社会、环境等方面息息相关；引导学生了解商业活动对社会和环境的影响，从而增强他们的社会责任感和公民意识。商业活动必须考虑社会和环境问题，通过课程教学和实践，使学生更好地认识到商业活动与社会责任、公民意识之间的联系。

③ 法治意识与公共参与方面思政教学重点

通过对相关法律的讲解，培养学生的法治意识和法律素养，让他们在消费、生产等方面遵守法律法规，维护自己的合法权益；通过对商品法的讲解，提高学生的知识产权意识和商标权意识。

（6）国际营销学

本门课程重点通过对国际营销的经营环境、企业国际营销的产业、国际市场营销计划与战略、跨国经营中的消费者市场、国际营销策略的讲解，在政治认同与理想信念、家国情怀与公民意识、法治意识与公共参与方面进行课程思政教育。

① 政治认同与理想信念方面思政教学重点

通过对相关专业知识的讲解，引导学生了解我国企业的民族文化和精神特点，从而弘扬和传承民族精神和文化。通过讲授全球市场的经济、政治、文化等方面的知识，培养学生的全球视野和国际化思维，使学生更好地适应跨国企业或多元文化的工作环境。

② 家国情怀与公民意识方面思政教学重点

通过本课程的教学，引导学生了解我国在国际市场中的地位和竞争优势，从而培养学生的国家意识和民族自信；使学生了解和认识我国的历史、文化和发展前景，从而更好地为国家和人民奋斗。

③ 法治意识与公共参与方面思政教学重点

通过对相关法律法规的讲解，培养学生的法治意识和合规意识，避免法律风险和合规风险，同时也有助于提高学生的商业素养和职业竞争力；引导学生了解企业的社会责任和公共利益，从而理解企业在国际营销中的道德和社会责任；使学生认识到企业在国际市场中不仅要追求自身的利益，还要考虑到公共利益和社会责任，从而更好地维护社会公平正义，为社会和人类的进步做出贡献。

(7) 品牌管理

本门课程重点通过对品牌和商业模式、品牌多样性、管理零售品牌、新品牌管理、品牌识别和定位、品牌成长、长期品牌维护等知识点的教学，在政治认同与理想信念、家国情怀与公民意识、法治意识与公共参与方面进行课程思政教育。

① 政治认同与理想信念方面思政教学重点

通过对品牌策略、品牌营销、品牌价值、品牌文化等知识点的讲解，引导学生了解企业文化和价值观在品牌管理中的重要性，使学生认识到企业文化和价值观对品牌的塑造和传播有着至关重要的作用，培养学生的文化素养和审美能力。

② 家国情怀与公民意识方面思政教学重点

通过本课程的教学，引导学生了解品牌在商业运作中的重要性，从而培养学生的道德意识和社会责任感；使学生认识到品牌管理不仅是一种商业行为，企业还应承担起对社会和环境的责任，从而提高学生的商业素养和职业竞争力；引导学生了解国际品牌管理的趋势和变化，从而培养学生的国际视野和文化素养；使学生了解品牌管理在不同国家和地区的差异，进而更好地塑造国际视野。

③ 法治意识与公共参与方面思政教学重点

党的二十大报告指出：深化科技体制改革，深化科技评价改革，加大多元化科技投入，加强知识产权法治保障，形成支持全面创新的基础制度。通过对知识产权保护和商标法在品牌管理中重要性的讲解，加深学生在品牌管理中的法治意识，使学生了解知识产权和商标法的保护范围和保护措施，培养学生的合法意识和法律素养；引导学生了解品牌管理在市场竞争中应该遵循的公平竞争和市场规则，从而培养学生的市场法治意识；引导学生了解品牌的社会责任，认识到品牌在社会和文化中的作用，从而主动承担起相应的社会责任和文化使命。

(8) 网络营销

本门课程重点通过对网络营销环境、网络营销策划、网络营销战略、网络营销组合、网络消费者行为、平台模式、垂直模式、网络营销推广等知识点的教学，在政治认同与理想信念、家国情怀与公民意识、职业精神与人文素养方面进行课程思政教育。

① 政治认同与理想信念方面思政教学重点

通过对网络营销管理、网络营销沟通、网络广告、社会化媒体营销等知识点的教学，将政治认同意识融入教学过程之中。具体思政整合点包括：网络安全和信息化工作要推进网络强国建设，推动我国网信事业发展，让互联网更好地造福国家和人民。此外，要牢固树立创新、协调、绿色、开放、共享的新发展理念，破解发展难题，厚植发展优势，实现城乡区域协调、经济社会协调，以及新型工业化、信息化、城镇化、农业现代化同步发展，国家硬实力和国家软实力两手抓。

② 家国情怀与公民意识方面思政教学重点

要将公民意识教育融入本门课程的教学之中。具体思政元素包括：网络道德要求正确使用网络工具进行网络交往、自觉避免沉迷网络、加强网络道德自律、积极引导网络舆论。融合社会主义核心价值观中的"诚信""公正""法治""平等"，培育并践行"诚信经营""公平交易""顾客至上"等积极正确的网络营销价值观，尊重和保障人权。

③ 职业精神与文化素养方面思政教学重点

通过教学，培养学生的职业道德和文化素养，使学生掌握信息技术、电子商务、消费心理等基础知识和网络营销策划相关知识，具备网络促销策划与实施、文案撰写与发布、网络客户关系管理、移动营销策划与实施、数据分析应用等能力，成为从事网络推广和商务数据分析应用等工作的高素质技术人才。

2.2.7 资源管理模块课程思政教学重点

政治认同与理想信念方面。2022年1月24日，习近平在十九届中央政治局第三十六次集体学习时的讲话中指出：要倡导简约适度、绿色低碳、文明健康的生活方式，引导绿色低碳消费，鼓励绿色出行，开展绿色低碳社会行动示范创建，增强全民节约意识、生态环保意识。各类资源是企业赖以生存和发展的基础，在专业知识的教学中，将习近平的新时代中国特色社会主义思想与专业知识相结合，提升学生的资源节约意识和"站在人与自然和谐共生的高度来谋划经济社会发展"的战略定力。2022年9月6日，习近平在中央全面深化改革委员会第二十七次会议上的讲话中强调：要完整、准确、全面贯彻新发展理念，坚持把节约资源贯穿于经济社会发展全过程、各领域，推进资源总量管理、科学配置、全面节约、循环利用，提高能源、水、粮食、土地、矿产、原材料等资源利用效率，加快资源利用方式根本转变。

家国情怀与公民意识方面。历览前贤国与家，成由勤俭败由奢。节约是我国自古以来倡导的美德，节约资源更是我国的基本国策。中央全面深化改革委员会第二十七次会议再次把加强资源节约工作提上日程，也再次提醒我们厉行节约、反对浪费的重要性和必要性。我国作为人口大国，很多资源的人均占有量都低于世界平均水平，因此，尽可能地节约资源，无论对于国家，还是对于我们每个人，都是十分必要甚至紧要的事情。

职业精神与文化素养方面。资源节约型主体包含多种，其中资源节约型企业就是重要的主体之一，企业既要追求生产成本节约，又要兼顾生产的社会成本节约；既要考虑企业自身效益，又要兼顾社会效益、生态效益；既要考虑当前利益，又要兼顾长远利益。作为企业的管理者，应该最大程度地发挥资源节约型企业为社会可持续发展贡献力量。

法治意识与公共参与方面。在本模块的教学中，要将环境保护法等相关法律融入专业知识的教学中，将"民事主体从事民事活动，应当有利于节约资源、保护生态环境"贯穿其中，使学生形成资源节约的法治意识，同时积极参与资源保护等活动。

本模块主要包括人力资源管理、投资学、文化资源学、信息资源管理、组织与工作设计、工作分析与岗位评价、成本会计、资产评估、企业价值评估等九门专业课程，这些课程的思政教学重点具体如下：

（1）人力资源管理

本门课程重点通过对人力资源管理的组织基础、职位分析与胜任素质模型、人力资源规划、培训与开发、绩效管理、薪酬管理等知识点的教学，在政治认同与理想信念、家国情怀与公民意识、职业精神与人文素养、法治意识与公共参与方面进行课程思政教育。

① 政治认同与理想信念方面思政教学重点

在政治认同培育方面，结合专业知识的教学要点，教会学生自觉理解贯彻新发展理念、建设现代化经济体系必须坚持深化供给侧结构性改革，加大人力资本培育力度，更加注重调动和保护人的积极性。在薪酬、绩效制度的设计与规划等方面，要建立体现效率、促进公平的收入分配体系，实现收入分配合理、社会公平正义、全体人民共同富裕。通过教学，使学生切实理解习近平新时代中国特色社会主义社会建设强调坚持在发展中保障和改善民生，提高就业质量和人民收入水平，就业是最大的民生，要坚持就业优先战略和积极就业政策。通过上述教学活动，引导学生了解人力资源方面的世情、国情、党情、民情，增强学生对党的创新理论的政治认同、思想认同、情感认同，坚定中国特色社会主义道路自信、理论自信、制度自信、文化自信。

在理想信念教育方面，本门课程要将马克思主义哲学中关于"劳动者是生产力中最活跃的因素，人类智慧和能力的发展决定着对物质资源的开发深度和广度，所以人才资源是第一资源"的观点贯穿始终。同时，在关于人力资源规划、绩效管理等专业知识点上，应融合马克思主义哲学中关于联系和发展的观点。通过上述思政融合点的有效教学，使学生树立正确的劳动价值观，坚定中国特色社会主义道路自信。

② 家国情怀与公民意识方面思政教学重点

在家国情怀教育方面，通过将社会主义核心价值观与专业知识点相融合，使学生深刻把握富强、民主等国家层面的核心价值观，以及平等、公正等社会层面的核心价值观的含义。同时，通过教学，使学生充分体会只有在中国共产党的带领下，实现了国家的富强，将"蛋糕做大"，才能实现人民薪酬、绩效等方面的同步增长，提高人民的幸福感、获得感。另外，使学生理解我国作为人民民主专政的国家，整体的制度设计和价值取向都是以人民为中心的，我国的人民代表大会制度、中国共产党领导的多党合作和政治协商制度、民族区域自治制度、基层群众自治制度、社会主义民主协商制度都体现了人民意志、保障了人民权益。

在公民意识培育方面，结合人力资源管理的核心知识点，将如下思政元素融入教学过程之中：一是在新时代的赶考路上，每个人都是答卷人，作为社会主义建设者，应该具有责任意识、参与意识等。新时代的青年要立志当高远、立志做大事、立志须躬行，坚定社会主义核心价值观自信，做社会主义核心价值观的积极践行者，将自己的职业生涯融入实现社会主义现代化强国之中，为实现中国梦注入青春能量。二是应该具备团队协作意识和合作意识，"千人同心，则得千人之力；万人异心，则无一人之用"。团队意识表现为企业全体成员的向心力、凝聚力，"心往一处想，劲往一处使"，团队发展离不开个人，个人的发展更离不开团队，只有将个人追求与团队追求紧密结合，树立与团队风雨同舟的信念，才能实现个人更大的发展。

③ 职业精神与文化素养方面思政教学重点

在职业精神与文化素养的教育方面，应突出如下思政元素：一是劳动没有高低贵贱之分，任何职业都是光荣的。广大劳动群众要立足本职岗位、诚实劳动、爱岗敬业、拼搏奉献，大力弘扬劳模精神和工匠精神，在为实现中国梦的征程中争取人人出彩。二是就业是最大的民生，就业问题关乎大学生的自身利益，也影响国家和社会的发展，大学生要树立正确的择业观，包括树立崇高的职业理想、服从社会发展的需要、做好充分的择业准备、培养创业的勇气和能力。

④ 法治意识与公共参与方面思政教学重点

依托公平就业机会和正确处理劳资关系等知识点的教学，将法治意识和公共参与的培育融入教学过程之中，突出如下思政元素：全面推进依法治国是解决党和国家事业发展面临的一系列重大问题，解放和增强社会活力，促进社会公平正义，维护社会和谐稳定，确保党和国家的长治久安。法治思维主要表现为如何看待和对待法律的价值取向以及如何用法律看待和对待自身的规则意识，主要包括法律至上、权力制约、公平正义、权利保障、正当程序等内容。

（2）投资学

本门课程重点通过对资产组合理论与实践，资本市场均衡，固定收益证券，期权、期货与其他衍生证券，期货、互换与风险管理等知识点的教学，在政治认同与理想信念、家国情怀与公民意识、法治意识与公共参与方面进行课程思政教育。

① 政治认同与理想信念方面思政教学重点

习近平总书记曾多次指出，当前世界正处于大发展、大变革、大调整时期，我国经济正处于优化转换的攻关期，面临新形势，中国开放的大门只会越开越大。充分运用我国资源、市场、制度等优势，加快构建以国内大循环为主体、国内国际双循环相互促进的新发展格局。在本门课程所涉及的投资与经济发展、投资体制等知识点上，要结合上述思政元素，使学生充分认识到我国社会主义制度的优越性，增强制度自信。

引导学生充分理解马克思主义政治经济学中的价值规律是商品生产和商品交换的基本规律，价值规律的作用表现为自发地调节生产资料和劳动力在社会各生产部门之间的分配比例，自发地刺激社会生产力的发展，自发地调节社会收入的分配。另外，在投资分析中，要将矛盾的统一性和斗争性相互联结和制约的原理结合到教学实践中，要求学生在分析和解决投资中风险与收益之间的矛盾时，从对立中把握统一，从统一中把握对立，这是辩证认识的实质所在。

② 家国情怀与公民意识方面思政教学重点

把习近平绿色发展理念和社会主义核心价值观的内容充分融入其中。具体而言，投资项目的选择与设计要强调人与自然和谐共生，这是新时代坚持和发展中国特色社会主义的基本方略，充分体现了党对新时代经济社会与自然和谐发展规律的深刻认识和准确把握。投融资项目的设计与选择，应当明晰人与自然是休戚与共的生命共同体关系，应当尊重自然、顺应自然、保护自然，实现人与自然和谐共生。通过对专业知识点的讲解，使学生明确坚定不移推动绿色发展方式是完善生态文明制度体系的发力点。同时，选择投融资项目时要切实贯彻"绿水青山就是金山银山"的理念，推动经济发展与生态环境保护的有机统一，增强我国走文明发展道路的信心。

在项目投资的风险管理等知识点的教学过程中，要从忧患意识和责任意识两方面进行思政融合教育。"备豫不虞，为国常道。"习近平总书记在学习贯彻党的十九大精神研讨班开班式上的重要讲话中强调："增强忧患意识、防范风险挑战要一以贯之。"这一重要论述，立足中华民族伟大复兴的千秋伟业，坚持问题导向，深刻阐述了"忧劳可以兴国，逸豫可以亡身"的历史规律，明确提出了居安思危、防患于未然的要求，充分体现了忧患意识和担当精神。以史为鉴可以知兴替，增强忧患意识，做到居安思危，就是我们党从历史兴替中得出的一条重要经验，忧患意识不仅为我国"站起来"提供强大的精神动力，而且为我国"富起来"奠定重要的思想基础，为我国"强起来"提供坚强的思想支撑。

③ 法治意识与公共参与方面思政教学重点

法治兴则国家兴，法治衰则国家乱。法律是治国之重器，法治是国家治理体系和治理能力的重要依托。全面推进依法治国，是解决党和国家事业发展面临的一系列重大问题、解放和增强社会活力、促进社会公平正义、维护社会和谐稳定、确保党和国家长治久安的根本要求。对于投资，应从立法者和决策者的角度思考长远和全局性利益平衡和价值取舍，跳出短期价格波动的影响，关注企业本身和长期发展。"法律不管琐碎之事"，大的思维格局无疑对任何投资都有所裨益。

(3) 文化资源学

本门课程重点通过对文化资源价值论、文化资源经济学原理、精神文化资源、物质文化资源、文化资源数字化的保护与利用等知识点的教学，在政治认同与理想信念、家国情怀与公民意识方面进行课程思政教育。

① 政治认同与理想信念方面思政教学重点

历史唯物主义认为，一方面，社会存在决定社会意识，另一方面，社会意识对社会存在有能动的反作用。建设发展社会主义先进文化，实质就是发展社会主义意识形态，不断巩固马克思主义的指导地位，为激励人民奋勇前进提供强大的精神动力和智力支持。社会主义先进文化是我国先进意识形态的重要载体和传播渠道。在本门课程的教学过程中，要结合文化资源要素及价值、文化资源的形态、文化遗产、文化资源保护等知识点，将马克思主义哲学贯彻到实际的工作与学习中，实现思政融合。

重视精神文明工作、强调文化强国，是习近平新时代中国特色社会主义思想的重要内容。习近平总书记多次强调，在新的历史起点上推进文化强国建设，就是要坚持精神文明和物质文明协调发展；推动社会主义文化繁荣兴盛，要以满足人们对精神文化的需要为出发点和落脚点，以进一步增强文化自信为引领，不断激发全民族文化创新创造活力；坚持以人民为中心的创作导向，尊重和遵循文艺规律，不断繁荣发展社会主义文艺，努力创造无愧于伟大民族伟大时代的优秀作品；坚持以改革促发展、促繁荣，深化文化体制改革，推动文化事业和文化产业繁荣发展，不断丰富人民精神文化生活，促进国民素质和社会文明程度达到新高度，显著增强国家文化软实力；加强顶层设计和研究布局，构建具有鲜明中国特色的战略传播体系，积极推动中华文化"走出去"。

② 家国情怀与公民意识方面思政教学重点

文化是民族生存和发展的重要力量。习近平总书记强调："没有中华文化繁荣兴盛，就没有中华民族伟大复兴。"在漫长的历史发展中，中华民族之所以能够成为伟大的民族、始终屹立于世界民族之林，之所以历经磨难而愈挫愈勇、奋发奋起，一个重要原因就在于它培育和发展了独具特色、博大精深的中华文化，为自身发展提供了强大的精神支撑和丰厚的文化滋养。历史和现实都证明，一个民族如果抛弃自己的文化，就会失去精神支撑，就难以屹立于世界民族之林。在新的历史起点上推进社会主义文化强国建设，需要推动中华优秀传统文化创造性转化、创新性发展，不断增强中华优秀传统文化的生命力和影响力，铸就中华文化新辉煌。

(4) 信息资源管理

本门课程重点通过对信息资源过程管理、信息资源管理法规、网络信息与大数据资源及配置、信息资源管理技术、政府信息资源管理等知识点的教学，在政治认同与理想信念、家国情怀与公民意识、职业精神与文化素养、法治意识与公共参与方面进行课程思政教育。

① 政治认同与理想信念方面思政教学重点

在政府信息资源管理等知识点的讲解中，要引导学生理解我国政府是为人民服务的政府，政府的一切活动都是为了人民的利益。为此，在关于政务信息公开等相关知识点的教学过程中，要把培养学生的政治认同意识融合于教学活动之中，使学生增强道路自信，坚定拥护我国的社会主义制度和政治、文化、经济制度。

② 家国情怀与公民意识方面思政教学重点

网络空间是体现公民素质和家国情怀的重要阵地。在关于网络信息资源配置与评价、信息产业的组织管理、政府信息资源管理、市场信息资源管理、企业信息资源管理等知识点的教学过程中，要使学生形成在虚拟空间中的"慎独"意识，自觉把社会主义的荣辱观和价值观带到虚拟的信息世界，并在参与网络信息交流的过程中，形成良好的公民意识，打造干净、积极的网络文化。

③ 职业精神与文化素养方面思政教学重点

市场信息资源管理与企业信息系统的开发与管理是本门课程中最重要的专业知识点。在这些知识点的教学过程中，要把高尚、积极的职业教育元素融入教学过程之中，使学生形成适应数字经济需要的、具有信息素养的职业精神。同时，结合年轻一代"数字原住民"的特征，开展基于网络信息资源的文化素养教育，使学生形成高尚的网络审美意识和文化素养。

④ 法治意识与公共参与方面思政教学重点

网络虽然是虚拟世界，但不是法外之地。要在信息资源的整理、组织、利用等专业知识的教学过程中，不断强化学生的法治意识与社会公德。尤其是在对网络信息资源的讲授中，要特别强调在虚拟世界中遵纪守法、严格自律，自觉履行一个网民的基本义务。

（5）组织与工作设计

本门课程重点通过对组织结构设计，组织变革，岗位调查、分析、设计、评价、分类等知识点的教学，在政治认同与理想信念、职业精神与文化素养、法治意识与公共参与方面进行课程思政教育。

① 政治认同与理想信念方面思政教学重点

在学生的政治认同教育中，可以通过强调组织中成员的政治使命和责任，提高组织成员对政治理念和价值观的认同度；通过使工作与政治价值观相一致，激发组织成员的参与热情，从而增强学生对政治理念和价值观的认同度。

② 职业精神与文化素养方面思政教学重点

通过让学生了解组织文化和价值观，培养他们的文化素养。引导学生了解不同职业背景下的文化差异和沟通技巧,加强他们的人际交往能力和跨文化沟通能力。此外,也可以关注企业社会责任等社会公益问题,引导学生成为有社会责任感的公民。

③ 法治意识与公共参与方面思政教学重点

通过鼓励学生参与公益活动,让他们了解社会问题和公共事务,引导他们积极参与公共事务的讨论和解决过程,提高他们的社会责任感和公共参与能力。通过让学生参与企业或组织的决策过程,让他们了解决策的法律合规性和公共影响,提高他们的法治意识和公共参与能力。同时,让学生通过实践了解组织的社会责任和作用,引导他们在日常工作中树立正确的公共参与意识。

(6) 工作分析与岗位评价

本门课程重点通过对工作分析准备、调查,工作分析方法,工作分析成果编制、应用,岗位评价等知识点的教学,在政治认同与理想信念、家国情怀与公民意识、职业精神与文化素养方面进行课程思政教育。

① 政治认同与理想信念方面思政教学重点

在专业知识的教学过程中,要积极主动地将习近平新时代中国特色社会主义思想融合进去。习近平总书记曾多次指出,科学决策和创造性应对是化危机为转机的根本方针,要准确识变、科学应变、主动求变。这些思想中所蕴含的丰富智慧都是展开工作分析与岗位评价的重要参照。

同时,在工作岗位的设计、分析与评价中,要坚持马克思主义哲学,自觉运用矛盾分析的方法。矛盾分析方法是最根本的认识方法,其核心要求是善于分析矛盾的特殊性,做到具体矛盾具体分析,具体情况具体分析。另外,要加强调查研究,准确把握客观实际,真正掌握规律,妥善应对和处理各种矛盾;要坚持实践第一的观点,在实践基础上不断推进理论创新。上述思政元素都与工作岗位调查、分析、设计与评价存在紧密关联,应当积极应用于课堂教学的实践之中。

② 家国情怀与公民意识方面思政教学重点

在展开工作分析和岗位评价的过程中,应当遵循实事求是的原则。在改革开放和现代化建设的过程中,邓小平同志总是强调要"解放思想、实事求是"。"解放思想、实事求是"的思想路线有力地推动和保证了改革开放的进行,体现了辩证唯物主义和历史唯物主义的世界观、方法论,体现了革命胆略和科学精神的统一。

另外,在工作分析中,也要帮助学生形成强烈的社会责任意识。每个人的成长之路中有平川也有高山,有缓流也有险滩,有日丽也有风雨,有喜悦也有哀伤。大学生要科学认识实际生活中的各种问题,勇敢面对和处理各种人生矛盾。

③ 职业精神与文化素养方面思政教学重点

在专业知识点的教学过程中,要分别从人生态度、人生价值、人生矛盾等方面提炼思政元素。一是要在工作分析与岗位评价中,教育学生形成积极进取的人生态度。

走好人生之路，需要大学生正确认识、处理生活中各种各样的困难和问题，保持认真务实、乐观向上的人生态度。二是将岗位评价与人生价值的评价与实现相结合。人的社会性决定了人生的社会价值，评价社会价值的根本尺度是看一个人的实践活动是否符合社会发展的客观规律，是否促进了历史的进步。在今天，衡量人生价值的标准，最重要的就是看一个人是否用自己的劳动和聪明才智为国家和社会真诚奉献、为人民群众尽心尽力服务。人生价值的评价标准包括以下三点：能力与贡献是否相统一、物质贡献与精神贡献是否相统一、完善自身与贡献社会是否相统一。在实践中努力实现自己的人生价值，从社会客观条件、个体自身条件出发，不断增强实现人生价值的能力和本领。

（7）成本会计

本门课程重点通过对工业企业成本核算、期间费用的归集和分配、生产费用在完工产品与在产品之间的归集和分配、产品成本计算方法等知识点的教学，在政治认同与理想信念、职业精神与文化素养、法治意识与公共参与方面进行课程思政教育。

① 政治认同与理想信念方面思政教学重点

通过讲解企业社会责任、成本管理与国家发展战略等内容，引导学生认识个体与社会的关系，强化社会责任感，提高学生的政治敏感度。结合案例分析、实例教学等教学方法，让学生通过实际案例了解成本会计理论的应用价值，引导学生树立正确的价值观和世界观。

② 职业精神与文化素养方面思政教学重点

通过讲解职业道德、行业规范等内容，引导学生树立正确的职业精神，提高学生的职业道德意识，同时增强学生的职业素养和专业技能。通过开展小组讨论、学术论坛、实践实验等多种形式的教学活动，营造良好的学习氛围，促进学生的学术交流和思想碰撞，提高学生的综合素质和创新能力。

③ 法治意识与公共参与方面思政教学重点

通过讲解法律法规、企业合规等内容，引导学生树立正确的法治意识，提高学生的法治意识和法律素养，促进学生遵纪守法、合规经营。通过讲解企业社会责任、社会公益等内容，引导学生树立正确的公共参与意识，让学生认识到自己在社会中的责任和义务，同时提高学生的社会责任感和公民素质。

（8）资产评估

本门课程重点通过对资产评估的含义、资产评估的基本方法、机器设备评估、无形资产评估、房地产评估、企业价值评估、债券评估、实物期权评估等知识点的教学，在政治认同与理想信念、职业精神与文化素养方面进行课程思政教育。

① 政治认同与理想信念方面思政教学重点

通过介绍国家的宏观经济政策、财税政策等内容，引导学生树立正确的国家意识，加强学生对国家相关制度的认识和了解。通过讲解企业家精神、创新意识等内容,引导学生树立正确的理想信念,激发学生的创新思维和创业激情。

② 职业精神与文化素养方面思政教学重点

通过讲授专业知识,教育学生作为一名合格的资产评估师,应当坚守诚实正直、勤勉尽责、恪守独立、客观公正的原则,更应遵纪守法、遵守评估准则,做到严谨认真、务实求真。

(9) 企业价值评估

本门课程重点通过对企业价值评估程序、企业价值评估方法、企业价值管理等知识点的教学,在政治认同与理想信念、职业精神与文化素养方面进行课程思政教育。

① 政治认同与理想信念方面思政教学重点

企业价值评估的重点在于评估企业的整体价值、股东全部权益价值、股东部分权益价值的能力。在专业知识的教学中,要将社会主义核心价值观融入其中。企业价值评估原则中的独立性原则和客观公正原则,体现了社会主义核心价值观中的"公正",即不偏不倚,客观公正;中国资产评估协会的建立和管理会员的诚信档案,体现了社会主义核心价值观中的"诚信";资产评估程序强调评估人员应履行调查职责,恰当选择评估方法,勤勉谨慎从事业务,反映了社会主义核心价值观中的"敬业"。

② 职业精神与文化素养方面思政教学重点

在职业精神方面,本课程可以引导学生注重实践能力和创新精神的培养。在课程中,可以引入企业案例分析,让学生深入了解不同类型企业的运作和发展状况,培养学生对企业的洞察力和分析能力。将《资产评估职业道德准则》引入教学过程中,培养学生的职业道德。在文化素养方面,本课程可以引导学生注重社会责任和人文关怀。在课程中,可以引入企业社会责任理念和实践,让学生了解企业在经济、社会和环境等方面的责任和担当。

2.2.8 过程管理模块课程思政教学重点

政治认同与理想信念方面。在本模块的教学中,要将中国共产党党史融入专业知识的讲解过程中,使学生通过对我党百年成长历程的学习,增强制度自信、理论自信。2022年5月10日,习近平在庆祝中国共产主义青年团成立100周年大会上的讲话中强调:"实现中国梦是一场历史接力赛,当代青年要在实现民族复兴的赛道上奋勇争先,时代总是把历史责任赋予青年。新时代的中国青年,生逢其时、重任在肩,施展才干的舞台无比广阔,实现梦想的前景无比光明。"作为新时代的青年,要树立远大理想,能够接续这场民族复兴的接力赛。

家国情怀与公民意识方面。2022年12月31日,国家主席习近平在发表二〇二三年新年贺词时提到:"明天的中国,希望寄予青年。青年兴则国家兴,中国发展要靠广大青年挺膺担当。年轻充满朝气，青春孕育希望。广大青年要厚植家国情怀、涵养进取品格，以奋斗姿态激扬青春，不负时代，不负韶华"。作为新时代的青年，要能够担当起民族复兴重任，用自己的实际行动在一点一滴中汇集力量，助力中国式现代化。

职业精神与文化素养方面。在本模块的教学中，要将社会主义核心价值观等思政元素融入其中，将公平、公正、精益求精的职业精神和勇于担当的个人品格贯穿始终，使学生形成严谨、务实的职业精神，同时将我国优秀传统文化等融入思政教学中，使学生在学习中感受中华灿烂优秀文化的魅力。

法治意识与公共参与方面。在本模块的教学中，要将相关法律法规融入专业教学中，培养学生的法治思维和法治意识。引导学生认识到在中国法治化道路中，每个人都应当参与到法治化道路的建设中，为中国式现代化提供强有力的法律保障。

本模块主要包括招聘与录用、质量管理、电子商务、管理信息系统、文化产业经营与管理五门专业课程，这些课程的思政教学重点具体如下：

(1) 招聘与录用

本门课程重点通过对人岗匹配原理、人力资源规划、甄选测试、诚信测试、录用决策、新员工录用面谈与培训等知识点的讲解，在家国情怀与公民意识、职业精神与文化素养方面进行课程思政教育。

① 家国情怀与公民意识方面思政教学重点

在家国情怀方面，本课程可以引导学生关注国家发展和社会进步。在课程中，引入国家政策和法规，让学生了解有关招聘与录用的政策和规定。同时，引导学生思考企业在招聘与录用过程中的社会责任和担当，促进学生对国家发展和社会进步的认识。在公民意识方面，本课程可以引导学生关注企业在招聘与录用环节的公平、公正和公开原则。同时，引导学生思考如何在工作中保持公正、诚信和责任感，促进学生形成公民意识和社会责任感。

② 职业精神与文化素养方面思政教学重点

在职业精神方面，本课程可以引导学生注重实践能力和创新精神的培养。在课程中，引入职业发展规划和职业素养相关的知识，让学生了解如何在职业生涯中不断提升自己的能力和素质。同时，鼓励学生在招聘与录用过程中提出具有创新性的想法，促进学生在实践中不断探索和创新。在文化素养方面，本课程可以引导学生注重社会责任和人文关怀。在课程中，引入招聘与录用的社会责任理念和实践，让学生了解企业在招聘与录用过程中的社会责任和担当。同时，引导学生思考如何在招聘与录用过程中尊重人性、关注员工福利，提升学生的文化素养和社会责任感。

(2) 质量管理

本门课程重点通过对质量与卓越绩效、质量设计与控制、质量改进等知识点的讲解，在政治认同与理想信念、职业精神与文化素养方面进行课程思政教育。

① 政治认同与理想信念方面思政教学重点

在政治认同方面，本课程可以引导学生了解质量管理与国家政策、行业规范的相关性，以及质量管理对于国家、企业和社会的重要意义。在课程中，可以引导学生了解质量管理相关法规政策、国际标准和国内行业规范等，引导学生了解企业在质量管理方面所承担的社会责任和担当，提升学生的社会责任感和国家认同感。在理想信念方面，本课程可以引导学生了解质量管理所具有的伦理价值和精神内涵，以及质量管理对于企业文化建设的重要意义。在课程中，可以引导学生了解质量管理与企业文化、企业道德等方面的关系，让学生了解质量管理所承载的道德价值和文化内涵。

② 职业精神与文化素养方面思政教学重点

在职业精神方面，本课程可以引导学生了解质量管理与职业道德、职业规范等方面的关系，让学生了解质量管理在职场中的重要性和应用。同时，引导学生了解质量管理相关的职业素养和技能，如责任意识、团队合作、沟通能力等，让学生了解在职业生涯中需要具备的能力和素质。在文化素养方面，引导学生了解质量管理与人文关怀、企业文化等方面的关系，让学生了解质量管理对于企业文化建设和员工关怀的重要性。同时，引导学生思考如何在质量管理过程中注重员工关怀和人性化管理，提升学生的人文关怀能力和团队合作能力。

（3）电子商务

本门课程重点通过对电子商务技术基础、网络零售、新零售、B2B电子商务、跨境电子商务、网络营销、电子商务安全等知识点的讲解，在政治认同与理想信念、家国情怀与公民意识、法治意识与公共参与方面进行课程思政教育。

① 政治认同与理想信念方面思政教学重点

通过讲解我国电子商务的发展历程，让学生了解电子商务与中国特色社会主义发展的关系，加深学生对社会主义制度和中国特色社会主义理论的理解。同时，引导学生思考如何通过电子商务促进国家经济发展和社会进步，提高学生的社会责任感和国家意识；引导学生了解电子商务对于全球化进程和国际关系的影响，了解我国在全球化进程中的角色和影响，加深学生对国际事务的认识和理解。

② 家国情怀与公民意识方面思政教学重点

通过讲解电子商务对国家经济发展的积极影响，引导学生认识到电子商务对于国家经济发展的重要性，以及自身在电子商务领域的责任和使命。同时，通过案例分析和讨论，引导学生了解电子商务行业中的重大事件和政策变化，加深学生对国家政策和法律法规的了解，提高学生的公民素养。通过对电子商务在扶贫、减贫、环境保护等社会责任方面的表现和作用的讲解，让学生了解到电子商务行业在为社会和民族作出贡献的同时，也在推动社会的进步和发展。通过这些案例分析，让学生深刻认识到电子商务与国家、社会、人民的联系，提高学生的社会责任感和公民意识。

③ 法治意识与公共参与方面思政教学重点

通过介绍电子商务的相关法律法规，提高学生的法治意识和合规意识。通过案例分析和讨论，引导学生了解电子商务领域中的违法违规行为，让学生认识到这些行为的危害性和严重性。让学生了解相关违法违规行为的处罚和法律责任，提高学生的法律风险意识和合规意识。引导学生参与电子商务领域的公共事务，例如网络舆情管理、消费者权益保护等方面，让学生了解到自己可以通过公共参与来推动电子商务市场的健康发展，提高学生的公共参与意识和社会责任感。

（4）管理信息系统

本门课程重点通过对管理信息系统的基本概念、管理信息系统的技术基础、管理信息系统的规划、管理信息系统的开发、管理信息系统的应用等知识点的讲解，在职业精神与文化素养、法治意识与公共参与方面进行课程思政教育。

① 职业精神与文化素养方面思政教学重点

通过介绍 IT 行业的职业道德规范、企业社会责任等，提高学生的职业道德意识和责任感。同时，通过了解信息技术的应用和发展对社会和环境的影响，引导学生思考企业在信息技术应用中应承担的社会责任，从而培养学生的社会责任意识。在课程中加入信息安全教育，让学生了解信息安全的重要性和方法，提高学生的信息安全意识，避免在信息技术应用中出现安全问题。

② 法治意识与公共参与方面思政教学重点

本课程涉及大量的信息技术和管理知识，这就需要学生了解相关的法律法规，以及 IT 行业的职业道德规范和标准。通过这些教育，提高学生的法治意识和法治精神。在课程中加入信息伦理教育，让学生了解信息技术的应用和发展对社会和环境的影响，同时也要教育学生遵循信息伦理规范，尊重他人的隐私和知识产权，从而培养学生的道德素质和社会责任感。

（5）文化产业经营与管理

本门课程重点通过对文化产业的经营战略、文化产业的市场、文化产业的核心竞争力、文化产业项目管理、文化产业集群化管理等知识点的讲解，在政治认同与理想信念、家国情怀与公民意识、职业精神与文化素养、法治意识与公共参与方面进行课程思政教育。

① 政治认同与理想信念方面思政教学重点

关于文化产业发展，习近平总书记的一系列重要论述也为本课程提供了丰富的思政素材。2018 年 8 月 21 日，习近平总书记出席全国宣传思想工作会议并发表重要讲话："要推动文化产业高质量发展，健全现代文化产业体系和市场体系，推动各类文化市场主体发展壮大，培育新型文化业态和文化消费模式，以高质量文化供给增强人们的文化获得感、幸福感。"习近平总书记多次谈到，文艺工作必须坚持以人民为中心的创作导向,坚持为人民服务、为社会主义服务的根本方向,把人民满意不满意作为检验艺术的最高标准。另外,通过回顾中华人民共和国成立以来我国文化建设的巨大成就,增强学生的制度自信和文化自信。

② 家国情怀与公民意识方面思政教学重点

习近平总书记指出:"衡量文化产业发展质量和水平,最重要的不是看经济效益,而是看能不能提供更多既能满足人民文化需求、又能增强人民精神力量的文化产品。"始终把社会效益放在首位,是我们党在新时期对上层建筑要适应经济基础发展状况规律的创造性运用,是我国文化事业和文化产业又好又快发展的重要保证。在推进文化体制改革、繁荣发展文化事业和文化产业的过程中,要坚持把社会效益放在首位,社会效益和经济效益相统一,把握文化产业发展特点、规律和资源要素条件,完善文化产业规划和政策,优化产业布局,提高文化产业规模化、集约化、专业化水平。

③ 职业精神与文化素养方面思政教学重点

在中外文化比较等知识点上,要引导学生积极借鉴人类文明成果,汲取丰富的文明养分,提高学生的文化素养。借鉴和吸收人类文明优秀道德成果,必须秉承正确的态度和科学的方法,坚持"以我为主、为我所用",批判性地继承他国道德成果,既要大胆吸收和借鉴人类道德文明的积极成果,又要掌握鉴别取舍的标准,善于在吸收中消化,把人类文明优秀道德成果变成自己道德文明体系的组成部分。

④ 法治意识与公共参与方面思政教学重点

文化产业的发展有着非常完备的政策和法律保障体系。其中,中央和各地政府出台的文化产业规划书和其他文化产业政策文本都蕴藏着丰富的思政元素,在教学过程中应予重点突出。此外,要把文化遗产保护类法律法规、出版产业法律法规、艺术品市场法律法规、演艺产业法律法规、广播电视产业法规的相关内容融入教学过程中,使学生形成良好的法治意识。

2.2.9 运营管理模块课程思政教学重点

政治认同与理想信念方面。在本模块各门课程的教学过程中,要将价值规律与企业的运营管理有机结合。价值规律是商品生产和商品交换的基本规律。在我国,一方面要使价值规律充分发挥作用,实现市场对资源配置的决定性作用;另一方面,要发挥社会主义制度的优越性,国家有足够能力进行宏观调控,实现资源配置的优化。

家国情怀与公民意识方面。节俭思想是中国传统文化的重要组成部分。"历览前贤国与家,成由勤俭败由奢。"无数的历史经验告诉我们,铺张浪费绝非小事。"小米粒"关系到"大民生",无论是一个家庭的富裕,还是一个国家的强大,都离不开开源节流、勤俭持家。习近平总书记一直提倡"厉行节约、反对浪费"的社会风尚,多次强调要保持艰苦奋斗、勤俭节约的作风。在运营管理相关管理专业知识点的教学过程中,要将这些思政元素有机融入教学过程之中。

职业精神与文化素养方面。管理的要义在于使资源发挥最大效益。为此，在本模块相关课程的教学中，要将精益求精、勤俭节约的职业精神融入专业知识点的讲解过程之中。具体而言，要结合党的开创者在艰苦的革命岁月中节俭而乐观的事例，并通过将其与成本控制等专业知识点相结合，使学生具备合理使用资源、有效节约成本的职业意识和能力。

法治意识与公共参与方面。在关于企业运营管理相关知识点的教学过程中，要充分挖掘其中的思政元素。在教学过程中，要教育学生树立社会责任意识。在个人利益与国家利益、社会利益发生矛盾冲突，尤其是发生激烈冲突时，必须坚持国家利益、社会利益高于个人利益的原则，个人应当以大局为重，使个人利益服从国家利益、社会利益，在必要时做出牺牲。

本模块主要包括成本管理、财务报表分析、运营管理、供应链管理、员工培训管理、人才测评、审计学、内部控制学八门专业课程，这些课程的思政教学重点如下：

（1）成本管理

本门课程重点通过对预算、成本控制制度、本量利分析、成本决策、定价管理、质量成本管理、战略成本管理、价值链分析等知识点的讲解，在政治认同与理想信念、家国情怀与公民意识、职业精神与文化素养、法治意识与公共参与方面进行课程思政教育。

① 政治认同与理想信念方面思政教学重点

首先，有效的成本管理需要基于价值规律而展开。价值规律是商品生产和商品交换的基本规律。其次，高质量发展是当前我国政府着力推进的经济发展模式。从投入产出方面来看，高质量发展应不断提高劳动效率、资本效率、土地效率、资源效率、环境效率，并不断提高科技进步贡献率和全要素生产率；"双循环"的新发展格局同样重视以国际循环提升国内大循环效率和水平，改善我国生产要素质量和配置水平，推动我国产业链转型升级，增强我国在全球产业链供应链创新链中的影响力。

② 家国情怀与公民意识方面思政教学重点

节俭思想是中国传统文化的重要组成部分。诸葛亮在《诫子书》中指出："夫君子之行，静以修身，俭以养德，非淡泊无以明志，非宁静无以致远。"诸葛亮为蜀国效力，鞠躬尽瘁，死而后已，因此没有那么多的时间教育自己的儿子诸葛瞻，写下《诫子书》给八岁的儿子，教育他要正直做人，今后要为国效力，做一个有用的人。

在成本控制制度、成本决策等知识点的讲解中，要教育学生树立节俭的公民意识，自觉形成勤俭节约、艰苦奋斗的良好生活习惯。

③ 职业精神与文化素养方面思政教学重点

结合党的开创者在艰苦的革命岁月中节俭而乐观的事例，并通过讲解成本控制等专业知识点，使学生具备合理使用资源、有效节约成本的职业意识和能力。另外，通过赏析中国传统艺术作品中关于勤俭节约的名篇，全面提升学生的文化素养，使学生具备积极的生活态度和高尚的生活追求。

④ 法治意识与公共参与方面思政教学重点

在本门课程的教学中，要让学生充分意识到，个人具有使用资源的自由，但同时也受到社会道德和国家法律的规范。具体而言，节约是一种美德，树立节约意识是公民有序参与公共生活的必要前提。另外，节约也是一种强制要求，肆意浪费资源可能导致违法犯罪。

（2）财务报表分析

本门课程重点对资产质量分析、资本结构质量分析、利润质量分析、现金流质量分析、合并报表分析、财务报告的其他重要信息分析等知识点的讲解，在家国情怀与公民意识、职业精神与文化素养方面进行课程思政教育。

① 家国情怀与公民意识方面思政教学重点

进行财务报表分析时，需要了解企业的社会责任，比如环保、安全生产、员工福利等。通过讲授相关知识，加深学生对企业社会责任的认识和关注，增强学生的社会责任感。通过介绍国家财政收支的基本情况，增强学生对国家财政的认识和理解，培养学生的创新意识和实践能力，让学生具备解决问题的能力和创新能力。

② 职业精神与文化素养方面思政教学重点

进行财务报表分析需要保持客观公正的态度，不高估或低估财务数据，通过本课程的教学，培养学生的诚信意识，不做虚假报表。财务报表分析需要从业者具备专业知识和技能，因此，还要培养学生的专业精神和科学素养，提高学生分析财务数据的能力。

（3）运营管理

本门课程重点通过对产品与服务设计、项目、战略能力管理、学习曲线、制造流程、设施布置、服务流程、排队分析与仿真、流程设计与分析等知识点的讲解，在政治认同与理想信念、家国情怀与公民意识、职业精神与文化素养方面进行课程思政教育。

① 政治认同与理想信念方面思政教学重点

运营管理需要遵守国家法律法规和商业道德，在相关知识点的教学中，要围绕"中国制造"与"四个自信"建设思政教学资源，挖掘中国制造、企业伦理与运营、中国文化与精准生产等思政元素。通过讲授相关知识，使学生了解并认同国家的法律法规和商业道德，提高学生对我国政治制度和社会主义核心价值观的认同和理解。运营管理需要关注顾客需求和服务质量，因此本课程应当培养学生的服务理念和服务意识，让学生了解顾客的需求和要求，在未来的工作中提高服务质量和顾客满意度。

② 家国情怀与公民意识方面的教学重点

运营管理需要遵守国家法律法规和商业道德，本课程应注重培养学生的公民意识，使学生了解自己的权利和义务，同时也要考虑企业的社会责任，提高学生对社会责任的认识和理解。

③ 职业精神与文化素养方面的教学重点

运营管理需要通过团队合作来完成任务和解决问题，因此本课程应注重培养学生的团队合作精神，提高学生协作、沟通和解决问题的能力。运营管理需要关注员工和顾客的需求和感受，因此应培养学生的人文关怀意识，让学生学会尊重和关心他人，提高服务质量和顾客满意度。

（4）供应链管理

本门课程重点通过对供应链战略匹配、供应链驱动因素与衡量指标、供应链网络、供应链供需的计划和协调、供应链库存的计划和管理、运输网络的设计和规划等知识点的讲解，在政治认同与理想信念、家国情怀与公民意识、法治意识与公共参与方面进行课程思政教育。

① 政治认同与理想信念方面思政教学重点

供应链管理涉及不同国家、不同文化背景的企业和供应商之间的合作与交流，本课程应当培养学生的国际视野，加深学生对不同文化、价值观念的理解和尊重，鼓励学生积极参与国际合作，推动世界经济和文化的融合。供应链管理涉及企业的生产、供应、销售等方面，本课程应当强调企业在供应链中的社会责任，包括在员工、环境、社会公共利益等方面的责任，鼓励学生树立服务社会、回报社会的信念。

② 家国情怀与公民意识方面思政教学重点

在供应链管理中，企业要紧密配合国家政策，为国家的经济发展和社会稳定做出贡献。因此，本课程应当强调爱国主义教育，引导学生爱国爱民，关注国家大事，了解国家政策。同时，企业要考虑到未来的可持续发展问题，避免对环境的破坏和资源的浪费。因此，应当引导学生重视可持续发展，培养保护环境的意识，推动经济的可持续发展。

③ 法治意识与公共参与方面思政教学重点

在供应链管理中，企业要遵守法律法规，具有合同精神，加强知识产权保护等。因此，本课程应当强化法治教育，引导学生了解相关法律法规和行业规范，培养学生遵纪守法的公民意识，促进企业合法经营和规范发展。在供应链管理中，企业要关注社会各界的需求和利益，积极参与公共事务和社会建设。因此，本课程应当引导学生关注社会公益和社会责任，培养学生积极参与公共事务和社会建设的公民意识，促进企业与社会的良性互动。

（5）员工培训管理

本门课程重点通过对培训需求分析、培训计划制订、组织实施培训、培训成果转化与培训效果评估、互联网培训管理等知识点的讲解，在政治认同与理想信念、家国情怀与公民意识、职业精神与文化素养方面进行课程思政教育。

① 政治认同与理想信念方面思政教学重点

在员工培训管理的课程教学中，应当引导学生强化国家意识，认识到自己作为公民的责任和义务，了解国家的政策、法律和法规等，增强对国家的认同感和荣誉感。倡导社会主义核心价值观，引导学生树立正确的人生观、价值观和世界观，推崇爱国、敬业、诚信、友善等价值观念，增强学生对社会主义制度和文化的认同感和自豪感。引导学生注重个人品德修养，以德为先，重视职业道德和职业操守，遵循企业的规章制度，发扬诚实守信、勤奋务实、创新创业、开拓进取等良好品德，促进学生的全面成长和发展。

② 家国情怀与公民意识方面思政教学重点

在员工培训管理的课程学习中，应当引导学生弘扬爱国主义精神，让学生了解国家的历史、文化和民族精神，增强学生的爱国情感和民族自豪感，从而激发学生对企业和国家的忠诚和热爱。引导学生了解公民的权利和义务，了解如何行使自己的权利和履行自己的义务，增强学生的公民责任感和法治意识。

③ 职业精神与文化素养方面思政教学重点

在员工培训管理的课程教学中，应当引导学生弘扬职业精神，让学生了解职业的意义和价值，加强职业道德教育，提高学生对职业的认同感和责任感；增强学生的文化素养和审美能力培养，提高学生对文化、艺术和人文价值的认识和理解；培养学生的学习意识，让学生了解学习的重要性和必要性，引导学生学习新知识和新技能，提高学生的学习能力和适应能力。

(6) 人才测评

本门课程重点通过对人才测评理论、人才测评方法、人才测评内容等知识点的讲解，在政治认同与理想信念、职业精神与文化素养方面进行课程思政教育。

① 政治认同与理想信念方面思政教学重点

在人才测评的课程教学中，通过融合祖国的发展历程和现状，激发学生对祖国的热爱和责任感，促进学生形成爱国主义情感，表现出爱国主义行为；培养学生形成正确的世界观、人生观和价值观，引导学生积极践行社会主义核心价值观，增强学生的道德修养和思想品质。

②职业精神与文化素养方面思政教学重点

在人才测评的课程教学中，强调职业道德和职业素养，培养学生的职业意识和职业道德，提高学生的职业素质和职业能力；引导学生了解人文精神的内涵和意义，提高学生的文化素质和文化素养；强化学生的社会责任感，使学生了解自己的社会责任和角色，提高学生的社会意识和社会责任感。

（7）审计学

本门课程重点通过对职业道德与审计准则、审计程序与审计证据、内部控制与审计抽样、销售与收款循环审计、采购与付款循环审计、投资与筹资循环审计、货币资金审计等知识点的讲解，在政治认同与理想信念、家国情怀与公民意识、职业精神与文化素养、法治意识与公共参与方面进行课程思政教育。

① 政治认同与理想信念方面思政教学重点

审计被称作"经济体检"，是党和国家监督体系的重要组成部分，也是推动国家治理体系和治理能力现代化的重要力量。因此，审计人员需要有强烈的国家意识，并理解审计工作对国家经济和社会发展的重要意义。在审计学课程中，应当引导学生认识到审计职业的社会责任和作用，聚焦权力规范运行，充分发挥审计在反腐治乱方面的重要作用，坚决查处群众身边的"蝇贪蚁腐"。

② 家国情怀与公民意识方面思政教学重点

通过讲授审计工作的重要性和作用，增强学生的爱国主义情感，培养学生爱国、报国的精神，激发学生为国家建设贡献力量的热情。审计工作是国家监督和管理的一项重要工作，需要审计人员具有较强的公民意识，了解和遵守国家法律法规和规范。审计工作需要跨越不同的地域和民族，需要审计人员具有较强的文化自信，尊重和包容不同文化的差异，同时也要自信地传承和发扬中国优秀传统文化。

③ 职业精神与文化素养方面思政教学重点

审计工作需要审计人员具有较强的敬业精神，始终保持较高的工作热情和专业素养，不断提高自身的审计能力和水平，以保证审计工作的质量。审计工作需要审计人员具有良好的团队合作精神，懂得团队沟通与协调，积极为团队工作做贡献。审计工作需要审计人员具有较强的文化素养，尊重人的尊严和权利，注重人际关系，关注社会和公众的需求，积极推动企业和社会的健康发展。

④ 法治意识与公共参与方面思政教学重点

审计工作需要审计人员具有较强的法治意识，遵守法律法规和职业道德规范，不断提高自身的法律水平和风险识别能力，保证审计工作的合法性和合规性。审计工作需要审计人员具有良好的公共参与意识，关注公众和社会的需求和利益，积极参与社会公益事业，为社会和公众的利益贡献自己的力量。审计工作需要审计人员积极参与法治建设，加强对企业和政府部门的监督和检查，发现并纠正违法违规行为，推动企业和政府部门的规范管理和良好治理。审计工作需要审计人员具有较强的风险意识，了解企业和政府部门的风险和挑战，积极提出改进建议和风险防范措施，为企业和政府部门提供有益的风险管理建议。

（8）内部控制学

本门课程重点通过对内部环境、风险评估与风险应对、控制活动、信息与沟通、内部监督等知识点的讲解，在政治认同与理想信念、法治意识与公共参与方面进行课程思政教育。

① 政治认同与理想信念方面思政教学重点

2023年5月23日，习近平在第二十届中央审计委员会第一次会议上发表重要讲话时强调，在强国建设、民族复兴新征程上，审计担负重要使命，要立足经济监督定位，聚焦主责主业，更好发挥审计在推进党的自我革命中的独特作用。内部控制是企业管理的重要组成部分，需要员工具有责任担当精神，积极参与和维护企业的内部控制体系，保障企业的正常运营和发展。内部控制工作需要员工具有良好的诚信意识，坚守职业道德，严格执行内部控制制度，保障企业的信誉和声誉。

② 法治意识与公共参与方面思政教学重点

内部控制工作需要员工具有较强的法治意识，遵守法律法规和职业道德规范，积极预防和防范违法违规行为，保证企业的合法性和合规性。内部控制工作需要员工积极参与公共事务，关注行业发展和政策变化，积极参与行业协会和社会组织的活动，提高企业的社会形象和公众认可度。内部控制工作需要员工具有风险防范意识，能够识别和预防内部和外部风险，采取相应的措施和手段，保障企业的安全和稳定。内部控制工作需要员工及时、准确、全面地披露企业信息，提高企业信息的透明度和公信力，维护投资者权益和社会公众利益。

2.2.10 绩效评估模块课程思政教学重点

政治认同与理想信念方面。习近平总书记在2017年的中央经济工作会议中强调，必须加快形成推动高质量发展的指标体系、政策体系、标准体系、统计体系、绩效评价、政绩考核。为政之要，首在得人；知事识人，重在考核。加快构建以国内大循环为主体、国内国际双循环相互促进的新发展格局，推进国家治理体系和治理能力现代化，迫切需要充分发挥政绩考核的指挥棒作用，推动形成能者上、优者奖、庸者下、劣者汰的正确导向，不断提高各级领导干部贯彻新发展理念的能力和水平。在本模块的教学中，要将政绩考核等国家用人导向贯穿始终，加深学生对我国的政治认同，坚定为共产主义事业奋斗的决心。

家国情怀与公民意识方面。改革开放以来，我国一大批有胆识、勇创新的企业家茁壮成长，形成了具有鲜明时代特征、民族特色、世界水准的中国企业家队伍——他们热爱祖国，勇于创新，诚信守法，具有国际视野，以实际行动回报社会。通过对我国本土企业在员工绩效考核、薪酬制定方面的典型案例分析，培养学生的家国情怀，激发学生参与企业治理意识。

职业精神与文化素养方面。绩效管理是人力资源管理的核心环节，也是推动组织成长的"发动机"。薪酬是组织对人力资源劳动成果的回报，也是组织对人力资源的投资。薪酬管理在人力资源管理体系中起着至关重要的作用。有效的薪酬管理能够通过组织整体的薪酬体系建设,实现公司薪酬的合法性以及相对公平性、合理性和有效性,既满足员工的个人利益,又满足组织的目标和利益,实现个人和组织双赢的局面。薪酬管理与绩效管理组合在一起就像是一把尺子,薪酬管理是这把尺子的形态,绩效管理是这把尺子的刻度。有了绩效管理的刻度,才能够有效地度量员工的表现,准确评价员工的业绩贡献。只有针对员工不同的绩效给予不同的薪酬激励,才能够增强激励效果。薪酬管理和绩效管理只有紧密地联系在一起,才能发挥彼此的作用和价值。二者相互作用,相互促进,相辅相成,缺一不可。绩效管理制度与薪酬管理制度的制定者需要综合考虑二者的关系,更要树立大局观,同时要善于激发每个员工的积极性。

法治意识与公共参与方面。《论语》中提到:"君子爱财,取之有道。"而其中所谓的"道"指的就是"规则"。在如今的市场经济中,每个人存在的价值不同,获得财富的渠道和方式也不同,兢兢业业、踏实上进、努力进取,这才是我们应该做的,才是我们应该推崇的"道"。中国的企业家如果希望自己最终的命运是富一世而不是富一时,就需要在自己的头脑里设定一个法律的红线,不能因任何违法和犯罪行为而让自己多年的努力白费。

本模块主要包括绩效管理、薪酬设计与管理两门专业课程,具体课程思政教学重点如下:

(1) 绩效管理

本门课程重点通过对绩效管理过程、绩效管理与战略规划、绩效衡量方法、绩效分析、绩效管理与员工开发、报酬体系与法律问题等知识点的讲解,在政治认同与理想信念、职业精神与文化素养、法治意识与公共参与方面进行课程思政教育。

① 政治认同与理想信念方面思政教学重点

绩效管理的实施涉及各个层级和部门的协作,需要领导者的坚定决策和推动,以及员工的积极参与。因此,需要引导学生认识到绩效管理的政治性,培养学生在组织文化、领导力和员工参与等方面不断提升政治素质。绩效管理不是一种孤立的管理手段,而是需要与组织的战略目标、业务目标以及国家发展目标相联系。在绩效管理课程的教学过程中,需要加强学生对国家发展战略和政策的了解和认识,进一步提高学生对绩效管理与国家发展目标之间关系的认识。

② 职业精神与文化素养方面思政教学重点

绩效管理应建立在诚实守信的基础上,企业和员工应遵守法律法规和职业道德规范,避免虚假宣传和欺诈行为。绩效管理需要企业和员工承担相应的责任,对工作质量和业绩负责,及时解决问题和改进工作。绩效管理还应关注员工的身心健康和个人成长,企业应为员工发展提供机会和培训,关注员工的福利和工作环境,体现人性化管理。

③ 法治意识与公共参与方面思政教学重点

绩效管理要遵循公司内部的规章制度和国家相关法律法规,尤其是关于绩效考核的相关法律法规，注重依法办事。绩效管理不仅仅是管理者对被管理者的考核，也应注重员工的参与和反馈，关注员工的感受和需求，鼓励员工提出自己的建议和意见，促进员工和企业之间的互动和合作。企业不能只关心自身利益，还要注重社会责任，包括员工福利、环保和社会公益等方面，关注员工的身心健康，提高员工的整体素质和综合能力，实现企业和员工的双赢。

（2）薪酬设计与管理

本门课程重点通过对薪酬理论及影响因素、薪酬法规及薪酬制度、企业薪酬战略与经营战略的匹配、薪酬制度与组织结构的匹配、薪酬等级结构的制定、薪酬激励计划的设计等知识点的讲解，在政治认同与理想信念、家国情怀与公民意识、职业精神与文化素养、法治意识与公共参与方面进行课程思政的教育。

① 政治认同与理想信念方面思政教学重点

薪酬设计与管理应当遵循国家的相关法律法规和企业的相关规定，注重依法办事，不得违法违规。企业薪酬设计和管理要以公平和公正为原则，关注员工的福利和权益，尊重员工的人格尊严，同时也要鼓励员工勇于担当、敢于创新、追求卓越，注重员工的成长和发展，培养员工的整体素质和综合能力，实现企业和员工的共同发展。

② 家国情怀与公民意识方面思政教学重点

薪酬设计与管理需要考虑员工的劳动贡献、能力水平、工作经验等因素，同时还需要考虑内外部薪酬的公平性，防止薪酬差距过大引起员工的不满。课程中，要强调公平、公正的重要性，让学生明白公平正义、公正是构建和谐劳动关系、增强企业凝聚力的重要保障。企业在薪酬设计与管理方面除了考虑员工利益，还需要考虑社会责任。例如，在薪酬分配中应当遵守社会公序良俗，避免出现员工间的恶性竞争，防止出现不当的薪酬分配行为。薪酬设计与管理不仅关系到员工个人的利益，也关系到企业的利益和国家的利益。引导学生树立公民意识，认识到个人和企业的发展离不开国家和社会的支持和帮助，应当积极履行公民义务，为社会做出贡献。

③ 职业精神与文化素养方面思政教学重点

薪酬设计与管理需要尊重员工的劳动成果和价值，从而实现公平竞争和激励表现的目的。使学生认识到尊重员工是建立一个良好的工作环境和企业文化的基础，可以促进员工的自我实现和企业的长期发展。薪酬设计与管理应当关注员工福利和满意度，而不仅仅关注员工的工资和奖金。本课程教学应使学生认识到，员工的福利和满意度是影响企业长期发展的关键因素之一，薪酬设计和管理应考虑员工的福利保障，从而提高员工的工作动力和忠诚度。

④ 法治意识与公共参与方面思政教学重点

薪酬设计与管理必须遵循国家相关法律法规，引导学生加强对法律法规的学习和理解，提高法治意识。薪酬设计与管理需要考虑员工的贡献、绩效等因素，同时要遵循公平、公正的原则，保证员工获得合理的薪酬待遇，增强公民意识。薪酬设计与管理需要充分考虑员工的意见和需求，鼓励员工参与薪酬制度的设计和管理，增强员工的参与感和民主意识。

2.2.11 创新创业模块课程思政教学重点

政治认同与理想信念方面。 党的十八大以来，习近平总书记高度重视创新发展，在多次讲话和论述中反复强调"创新"，内容涵盖了科技、人才、文艺等领域，以及在理论、制度、实践上如何创新。在本模块的教学中要将这些内容贯穿其中，加深学生对我国创新创业制度的了解，增进制度自信。2017年8月，习近平总书记在给第三届中国"互联网+"大学生创新创业大赛"青年红色筑梦之旅"的大学生回信时，勉励同学们扎根中国大地、了解国情民情，在创新创业中增长智慧才干，在艰苦奋斗中锤炼意志品质，在亿万人民为实现中国梦而进行的伟大奋斗中实现人生价值，用青春书写无愧于时代、无愧于历史的华彩篇章。在本模块的教学中，要鼓励学生积极投身大众创新、万众创业的浪潮中，为实现中国式现代化贡献力量。

家国情怀与公民意识方面。 多年来，中国广大企业家奋发有为、主动作为，在市场竞争中奋力打拼，在推动践行新发展理念、参与国家重大战略、服务区域经济协调发展、推进乡村振兴等方面发挥了重要作用，彰显了不负时代的家国情怀。在生产经营过程中，企业家要拿出创造经济效益的看家本领，合理合法创造财富，努力带动企业甚至行业发展，在稳定增长、增加就业、创业创新等方面贡献力量。同时，企业家要积极构建和谐的劳动关系，在企业内部建立科学合理的分配制度，处理好公平与效率的关系，健全工资合理增长机制，提升员工福利保障水平，使企业发展成果更公平地惠及全体员工。企业员工更应该兢兢业业、勤勤恳恳，将个人发展融入企业发展中，与企业发展同频共振，实现企业效益和个人效益的双赢。

职业精神与文化素养方面。 劳动者的素质对一个国家、一个民族的发展至关重要。无论是传统制造业还是新兴产业，工业经济还是数字经济，工匠始终是产业发展的重要力量，工匠精神始终是创新创业的重要精神源泉。2020年11月24日，在全国劳动模范和先进工作者表彰大会上，习近平总书记高度概括了工匠精神的深刻内涵——执着专注、精益求精、一丝不苟、追求卓越。在创新创业中，应当注重培养学生的工匠精神、劳模精神和坚韧毅力、坚定信念、敢于冒险、团队合作的创业精神。同时，将中国历代创业的典型事迹结合专业知识点进行分享，提升学生的人文素养。

法治意识与公共参与方面。 以法治方式引领、规范、促进和保障创新，是全面推进依法治国的必然要求，也是新时代推动科技进步和创新发展的一个鲜明特征。在市场经济中，创业不仅要遵守市场规则，更要符合法律法规要求。

本模块主要包括技术经济与管理、创新管理、技术创新管理、创业管理四门专业课程，这些课程的思政教学重点具体如下：

(1) 技术经济与管理

① 政治认同与理想信念方面思政教学重点

技术经济与管理的发展应该以人为本，注重人的全面发展和人的尊严，引导学生培养关注他人、尊重他人、服务他人的意识和能力。强调人才是推动科技经济与管理发展的核心，学生应注重综合能力的培养，包括专业知识、技能、道德素养、社会责任感等方面。

② 家国情怀与公民意识方面思政教学重点

通过介绍国家的重大发展战略和政策，使学生了解我国的发展方向和要求，增强对国家发展的认同感和归属感。在技术和经济的发展过程中，企业需要承担社会责任。引导学生关注社会问题，如环境保护、公益事业等，培养学生的社会责任感和公益意识。通过介绍本土文化与技术经济的融合，培养学生的民族自豪感和文化自信心，让学生更好地了解自己国家的文化底蕴，增强文化认同感。

③ 职业精神与文化素养方面思政教学重点

培养学生的职业道德，强化学生的社会责任感、团队合作精神、职业操守等素养，要求学生不仅要熟悉专业技能，还要具备为社会创造价值的社会责任感。注重开展国际化的教育，提高学生的国际化视野和全球竞争意识，使学生了解不同国家和地区的政治、经济、文化差异，培养学生的全球化思维和跨文化交流能力。强调学生在专业领域内要负起社会责任，具备社会责任感和公共意识，注重学生的实践能力和社会实践经验，引导学生在实践中发挥自己的技术和管理优势，为社会做出更大的贡献。

④ 法治意识与公共参与方面思政教学重点

通过本课程的教学，使学生了解相关的法律法规，了解企业在经营中应遵守的法律要求，增强学生的法治意识。比如，通过讲解知识产权保护的相关法律法规，培养学生重视知识产权保护的意识。通过讲解企业社会责任、可持续发展等相关概念，使学生了解企业与社会、环境、利益相关方的关系，培养学生公共参与意识和责任感。

(2) 创新管理

① 政治认同与理想信念方面思政教学重点

创新管理需要有创新精神，需要对新的理念、新的方法敢于尝试和探索，需要具备拓展创新空间的勇气和毅力。2015 年 10 月，习近平总书记在党的十八届五中全会上提出了新发展理念，这也为创新管理提供了更高层次的理论指导。创新管理需要倡导开放合作和共享共赢，鼓励和支持内部员工之间的沟通交流和协作，同时积极参与国际交流合作，融入全球创新体系，实现合作共赢。

② 家国情怀与公民意识方面思政教学重点

创新管理不仅要关注企业经济效益，还需要考虑企业的社会责任。企业在创新的过程中，应该考虑技术和产品的环保性、安全性等因素，同时关注员工的职业道德和行为规范。鼓励学生深入学习国家政策和法律法规，了解国家发展战略和重大政策，增强对国家和民族的认同感和归属感。引导学生认识到创新是企业发展的重要推动力，鼓励学生在学习中勇于尝试、不断创新，提高创新意识和能力。

③ 职业精神与文化素养方面思政教学重点

创新管理要求学生有敢于探索、勇于创新的精神，而这些精神往往需要在文化素养方面得到培育和支撑。此外，创新管理也需要学生有较高的自我要求和职业道德素养，要求学生不仅要掌握创新的技术和方法，同时还要具备正确的职业态度和道德观念，注重社会责任和社会效益。因此，在创新管理课程中，应当注重培养学生的职业精神和文化素养，提高学生的道德意识和社会责任感，为其今后的创新管理实践奠定坚实的思想基础。

④ 法治意识与公共参与方面思政教学重点

在创新过程中，企业必须遵守相关的法律法规，不能以创新为名，行违法乱纪之实。创新管理要考虑到公共安全和社会责任问题。企业需要对产品、服务进行评估，评估其对公共安全和社会责任的影响，并采取相应的措施保障公共安全和社会责任。创新管理也可以与社会公益事业相结合，通过企业的创新来服务于社会，达到回报社会的目的。

(3) 技术创新管理

① 政治认同与理想信念方面思政教学重点

技术创新管理应当以国家利益和社会责任为出发点，培养学生在技术创新过程中的社会责任意识和爱国主义精神，注重创新成果的社会效益和公共价值，关注科技成果的合法合规性，增强对国家和社会的认同感和责任感。技术创新管理需要个体具备开放合作和国际视野的思维，强调跨学科、跨领域的交叉融合，注重对国际科技前沿和发展趋势的了解和学习，倡导开放式创新和共享式创新，增强国际化思维和全球竞争意识。

② 家国情怀与公民意识方面思政教学重点

科技创新是国家发展和进步的关键因素，需要个体具备强烈的国家荣誉感和使命感。培养学生树立为国家、为人民服务的意识，增强学生的爱国情感和国家荣誉感。科技创新需要个体遵守法律法规和社会伦理道德规范，强调社会责任意识和公民意识。通过介绍相关法律法规和伦理道德规范，培养学生遵守规范的意识和能力。科技创新需要不断学习和进取，强调持续学习和自我完善。引导学生树立追求卓越、不断学习进取的价值追求，培养学生持续学习和自我提升的能力。

③ 职业精神与文化素养方面思政教学重点

在技术创新的过程中，创新精神和团队合作精神都是至关重要的因素。培养学生的创新意识和勇于尝试的精神，以及团队协作精神和团队建设能力。创新管理应该与企业文化相结合，注重企业价值观、企业使命、企业愿景的建设。培养学生的企业家精神，让他们了解企业文化的重要性，从而更好地适应未来的工作。

④ 法治意识与公共参与方面思政教学重点

技术创新管理需要遵守相关法律法规，本课程教学应注重加强学生对法律法规的认知和理解，增强学生的法律法规意识，从而在实践中遵守相关法律法规。在涉及知识产权、专利等方面的实践中，需要诚信合作，不得侵犯他人权益。因此应加强学生的诚信意识，提高其诚信素质。技术创新管理需要考虑到企业的社会责任，不仅要为企业谋求利益，还要承担相应的社会责任。

（4）创业管理

① 政治认同与理想信念方面思政教学重点

近年来，在"大众创业、万众创新"的浪潮下，"创业"二字早已为人们司空见惯。在 2020 年全国大众创业万众创新活动周上，时任国务院总理李克强指出，双创以鼎新推动革故，促进了"放管服"等改革，成为提升创新效率和能力的重要抓手。通过讲述中国改革开放的历程和中国在创业方面的一些政策举措，增强学生的政治认同。通过对创业理论的讲解和创业实践的领会，强化价值引领，引导学生重新审视创业精神与个人成长的关系，从而将个人理想与国家社会发展紧密结合，将创业精神融入未来的成长发展中。

② 家国情怀与公民意识方面思政教学重点

通过讲述中华民族的优秀传统文化、创业案例等素材，引导学生树立文化自信、民族自信，培养家国情怀，强化爱国主义教育，增强公民意识。通过学习党的二十大报告中国家创新战略、国家政策、法律法规、行业发展等方面论述，引导学生了解国家发展的大局和战略，增强国家意识。

③ 职业精神与文化素养方面思政教学重点

创业是一条漫长而曲折的道路，创业者需要具备坚忍不拔的毅力，在创业过程中会遇到各种困难和挫折，只有坚持不懈才能实现梦想。创业不是一个人的事，需要一个强大的团队来完成，创业者需要具备团队精神，能够与团队成员合作，共同面对困难和挑战。

④ 法治意识与公共参与方面思政教学重点

创新创业必须在国家允许的法律范围内开展，也必须建立在社会准则之上。这就要求学生必须了解相关的法律法规，以便规范创新创业的行为。如果学生在创业中无视或者忽略了法律法规，自己和团队的创业之路就会受到阻碍。相反，了解并懂得利用这些法律，将会在创业之路上走得更远。同时，在大众创新、万众创业的新思潮和新背景下，各个领域掀起了创新创业的高潮，涌现出新的创业景象，作为青年人，更应该积极投身于创新创业的浪潮中，而不是仅仅成为旁观者。

2.2.12 文化管理模块课程思政教学重点

政治认同与理想信念方面。中华优秀传统文化是中华民族的精神命脉，是涵养社会主义核心价值观的重要源泉，也是我们在世界文化激荡中站稳脚跟的坚实根基。2023年6月2日，习近平在文化传承发展座谈会上强调："中国文化源远流长，中华文明博大精深。只有全面深入了解中华文明的历史，才能更有效地推动中华优秀传统文化创造性转化、创新性发展，更有力地推进中国特色社会主义文化建设，建设中华民族现代文明。"在本模块的教学中，要充分挖掘我国优秀传统文化所展现的魅力，将习近平文化观融入教学中，增强学生的文化自信、理论自信、道路自信，同时坚定地成为中华优秀文化的传播者、继承者和发扬者。

家国情怀与公民意识方面。文化深刻影响着国家和民族的精神基因，对人类文明形态的生成和社会价值体系的构建十分重要。中华文化在人类文化长河与世界文化版图中独树一帜、蔚为大观。习近平在中国文学艺术界联合会第十一次全国代表大会、中国作家协会第十次全国代表大会开幕会上强调："要挖掘中华优秀传统文化的思想观念、人文精神、道德规范，把艺术创造力和中华文化价值融合起来，把中华美学精神和当代审美追求结合起来，激活中华文化生命力。"通过讲授我国优秀传统文化，增强学生的爱国主义情怀和家国意识，同时引导学生积极参与文化的保护、传承和发扬。

职业精神与人文素养方面。作为文化产业的管理者，不仅需要具有高尚的道德品质，拥有良好的人文修养、专业素质、团队协作精神、时代意识和国际视野，也需要具备职业认同感、职业责任感和职业素养，还需要良好的心理素质和健康的体魄，形成高雅的审美情趣和健全的人格，具有尊重劳动、珍惜劳动成果的美德。

法治意识与公共参与方面。党的十九大对我国文化产业的改革和发展作出了明确部署，"健全现代文化产业体系和市场体系，创新生产经营机制，完善文化经济政策，培育新型文化业态。"这不仅指明了文化产业的发展方向，也蕴含着文化产业发展的新要求——法治化。新时代中国文化产业发展进入法治化、规范化的新阶段，促进和保障文化产业的健康发展，离不开文化产业的法治建设。文化经济政策是促进文化产业发展的重要保障，是文化治理体系的重要组成部分，具有灵活性的特点，也是文化产业发展不可或缺的制度形式。

本模块主要包括文化产业概论、文化政策学两门专业课程，具体的课程思政教学重点如下：

(1) 文化产业概论

① 政治认同与理想信念方面思政教学重点

二十大报告提出，推进文化自信自强，铸就社会主义文化新辉煌。习近平指出，全面建设社会主义现代化国家，必须坚持中国特色社会主义文化发展道路，增强文化自信，围绕举旗帜、聚民心、育新人、兴文化、展形象建设社会主义文化强国，发展面向现代化、面向世界、面向未来的民族的科学的大众的社会主义文化，激发全民族文化创新创造活力，增强实现中华民族伟大复兴的精神力量。中共中央办公厅、国务院办公厅印发的《"十四五"文化发展规划》对文化产业发展提出了具体要求，在本课程的教学过程中要将以上思政元素有机融入，提升学生的文化自信、道路自信，坚定学生传承、发扬中国文化事业的信心和决心。

② 家国情怀与公民意识方面思政教学重点

中华优秀传统文化中"和为贵""天人合一""和而不同""天下为公""言必信，行必果""己所不欲，勿施于人"等思想既是中华文化的精神内核，又是世界各国人民普遍接受的文化共识。激昂向上的革命文化和生机勃勃的社会主义先进文化是中华优秀传统文化的凝聚升华，蕴含着以人民为中心的理念，根植于中国特色社会主义伟大实践，凝结着全体中国人民共同的价值追求，同时又吸纳和发展了和平、发展、公平、正义、民主、自由的人类共同价值，具有广泛的包容性。习近平总书记在中央政治局第三十次集体学习时强调："要更好推动中华文化走出去，以文载道、以文传声、以文化人，向世界阐释推介更多具有中国特色、体现中国精神、蕴藏中国智慧的优秀文化。"作为文化产业相关专业的学生，更应该积极传播中国优秀文化、为中国发声。

(2) 文化政策学

① 政治认同与理想信念方面思政教学重点

通过讲述国家文化政策的历史、现状和未来发展方向等，引导学生了解国家文化政策的重要性和作用，增强学生对国家的认同感和自豪感。通过讲述不同文化之间的关系、文化传承和文化保护等，引导学生树立文化自觉和文化认同。通过讲述国家文化政策和社会主义核心价值观之间的关系，引导学生了解和领会社会主义核心价值观的内涵和意义，树立正确的世界观、人生观和价值观。通过讲述国家文化软实力的构建、提升和运用等，引导学生了解和认识文化软实力的重要性和作用，增强对国家发展战略的理解和认同。

② 家国情怀与公民意识方面思政教学重点

通过讲述文化政策与公民权利、公民责任等的关系，引导学生了解公民意识的内涵和意义，培养学生的公民责任感和公民素质。通过讲述不同文化之间的关系、文化传承和文化保护等，引导学生树立文化自觉和文化认同，增强学生对自身文化的了解和热爱。通过讲述文化多样性和文化交流合作等方面的案例，引导学生了解不同文化之间的差异与共性，推动不同文化的交流和融合。

③ 法治意识与公共参与方面思政教学重点

通过讲述文化政策相关法律法规、文化政策与法治的关系等，引导学生了解法治的基本原则和法治的重要性，增强学生的法治意识。通过讲述文化政策的制定与实施过程、公众参与文化政策制定的方式和途径等，引导学生了解公共参与的意义和方法，提高学生的公共参与意识。通过讲述文化政策与社会治理的关系、文化政策的民主化、法治化等，引导学生了解社会治理创新的重要性和途径，推动社会治理创新。通过讲述公共文化服务的概念、理念、模式等，引导学生了解公共文化服务的作用和意义，提高公共文化服务能力。

第 3 章 教学方法

基于导论中图 0−1 所展示的工商管理类专业课程核心知识体系，本章将对各类课程融合思政要点的具体教学方法进行分门别类的分解与分析。常见的课堂教学方法有讲授法、讨论法、直观演示法、练习法、读书指导法、任务驱动法、参观教学法等，且基于不同的教学方法可以采用不同的教学策略组合。本部分主要基于前文对课程知识点与思政融合点的梳理，按照思政融合的教学方式与特点，从具体的教学方法分别展开说明。

3.1 讲授法

讲授法是教师通过简明、生动的语言向学生传授知识的方法。从教师角度看，讲授法是一种传授知识的方法；从学生角度来看，讲授法是一种接受性的学习方法。基于该方法的特点，可选择的教学策略组合主要有讲授＋语言＋练习、讲授＋语言/文字＋阅读两种。

3.1.1 讲授＋语言＋练习的教学策略适用的知识点

本策略适用于定理类、运算类、实务类知识点的教学。通过教师的讲授和学生课前、课后的练习加强对知识点的巩固，在这一过程中建议教师多使用讲授的方式。比如经济学模块中的弹性知识点，教师可以对弹性概念和经济意义进行解释，将马克思主义哲学中关于辩证关系的因果关系、我国的货币政策融入其中，进一步体现中国特色社会主义经济制度的优越性，增强学生的政治认同；与此类似的还包括管理学模块中的单纯形法、排队论、对策论、运输问题等知识点，战略管理模块中的财务分析、风险与报酬等知识点，资源管理模块中的项目投资、证券投资分析知识点，运营管理模块中的本量利分析等知识点。

3.1.2 讲授＋语言/文字＋阅读的教学策略适用的知识点

本策略适用于理论类、标准类、法务类知识点的教学。通过教师的讲授和学生课前、课后的文献、法规、制度文本阅读加深对知识点的理解,在这一过程中建议教师多使用讲授的方式。比如,管理学模块中激励理论的知识点,可通过对理论产生背景的阐述,进一步使学生理解理论产生的严谨性、科学性。再如,法学模块的知识产权法律制度、电子商务法律法规等,组织与领导模块的组织行为、消费者行为等,顾客与市场模块的劳动关系管理、社会保险等,过程管理模块的质量管理等,运营管理模块的人才测评等,文化管理模块的文化产业政策等,都可以使用这种教学策略。

3.2 讨论法

讨论法是针对基础理论或疑难问题,学生在教师的指导下独立思考,与教师共同讨论、辩论的教学组织形式及教学方法,可分组进行。基于该方法的特点,可选择的教学策略组合主要有讨论+语言+活动、讨论+语言/文字+阅读、讨论+文字/声像+活动三种。

3.2.1 讨论+语言+活动的教学策略适用的知识点

本策略适用于指导性、案例类知识点的教学。通过提供课前案例或话题,教师在课上以讨论的形式展开教学,在这一过程中建议教师多使用案例或热点话题。比如,管理学模块中的组织文化知识点,可通过华为的企业文化案例展开教学,或者让每个学生收集任意一个国内500强企业的企业文化案例,在课堂上展开讨论。再如,战略管理模块的战略性企业社会责任、品牌共鸣和品牌价值链、战略风险管理等知识点的讲解,可以通过案例分享或深入企业调研的方式进行。

3.2.2 讨论+语言/文字+阅读的教学策略适用的知识点

本策略适用于指导性、案例类知识点的教学。教师通过课前提供案例、课堂讨论、课后布置作业的形式展开教学,在这一过程中建议教师多使用案例。比如,组织与领导模块中的领导危机与管理知识点,可将中国管理案例共享中心的《空降之兵:危局中尽显领导艺术》案例作为课后阅读资料,教师对学生作业进行点评。再如,管理学模块中的品牌管理等知识点的讲解,可以通过学生对我国强国品牌战略规划的资料查阅和对我国企业典型案例的讨论进行。

3.2.3 讨论+文字/声像+活动的教学策略适用的知识点

本策略适用于案例类、归纳总结类知识点的教学。教师通过提供课前案例素材(视频类素材为主)、课堂讨论的形式展开教学,在这一过程中建议教师多使用声像类案例。比如,创新创业模块中的创业精神等知识点的讲解,教师可以在课堂上播放安徽卫视《我是演说家》节目中《不抱怨、靠自己》的视频片段,带领学生讨论演讲者崔万志作为创业者所具备的精神,并进行归纳总结。再如,文化管理模块的文化科技融合发展等知识点,可以通过我国数字敦煌平台进行展示;组织与领导模块的企业文化建设等知识点,可以通过观看海尔、华为等优秀企业文化短片或现场参观企业的形式进行讲解。

3.3 直观演示法

直观演示法是教师在课堂上展示各种实物、教具或进行示范性实验,让学生通过观察获得感性认识的教学方法。由于工商管理学科的特点,直观演示法可作为部分知识点的辅助教学方法。基于该方法的特点,可选择的教学策略组合主要有讲授+语言+练习、讲授+语言+活动两种。

3.3.1 讲授+语言+练习的教学策略适用的知识点

本策略适用于软件操作类知识点的教学。教师通过课堂讲授与软件演示,配合学生在课堂上进行实操,在这一过程中建议教师多使用讲授的方式。比如,管理学模块中的回归分析知识点的讲解,可通过教师对相应统计软件的展示和学生课堂练习的方式展开,同时,教师讲授回归思想与马克思主义哲学中关于事物因果联系的辩证关系,加深学生对马克思主义哲学的理解和认识。再如,管理学模块中单纯形法、排队论、对策论等知识点的讲解,可以通过教师的软件操作演示展开。

3.3.2 讲授+语言+活动的教学策略适用的知识点

本策略适用于可进行实物展示的知识点的教学。教师通过课堂实物、幻灯片(PPT)、动画展示的形式展开教学。比如经济学模块中的中国市场经济知识点,可通过在课堂上展示体现我国经济制度变化的图片来进行说明,如计划经济时代的各类票据(粮票、肉票等)图片和店铺(供销社等)图片,以及市场经济时代琳琅满目的商品和商场店铺图片等。通过直观的展示,进一步加深学生对中国特色社会主义市场经济制度的理解,增强制度自信。再如组织与领导模块中的商务谈判礼仪、沟通策略等知识点,可以通过国家领导人出访接待的视频等进行展示。

3.4 练习法

练习法是学生在教师的指导下巩固知识、运用知识、培养技巧的方法。基于该方法的特点,可选择的教学策略组合主要有讲授+语言/文字+练习、问答+语言/文字+练习两种方式。

3.4.1 讲授+语言/文字+练习的教学策略适用的知识点

本策略适用于基础应用类知识点的教学。教师通过在课堂中对基础应用理论的讲解和阐述，以及对案例的分析，配合学生的课后练习展开教学，在这一过程中建议教师多使用讲授、案例分析的方式。比如战略管理模块中的外部环境分析知识点，学生可通过课后对教师指定案例进行 PEST 分析来应用和巩固。再如组织与领导模块中的组织变革、领导危机与管理等知识点的讲解，可通过教师对相关理论的介绍结合学生对相关案例的阅读展开。

3.4.2 问答+语言/文字+练习的教学策略适用的知识点

本策略适用于逻辑推理类知识点的教学。通过教师的课堂讲解和学生互动展开教学，在这一过程中建议教师多与学生互动。比如经济学模块中的假设检验知识点，教师可以在课堂上对假设检验的两种错误类型进行逻辑推理，通过问答互动的形式与学生探讨在生活中存在的此类现象，进一步加深学生对人生观、价值观的理解，进而引导学生树立正确的人生观、价值观。再如管理学模块中的回归分析等知识点的讲解，可通过对理论产生背景的介绍、对生活中哲学的探讨进行展开。

3.5 读书指导法

读书指导法是教师指导学生通过阅读教科书、参考书来获取知识或巩固知识的方法。基于该方法的特点，可选择的教学策略组合主要是讲授+语言/文字+练习。

讲授+语言/文字+练习的教学策略适用于理论前沿类、概述类知识点的教学。通过教师在课堂中对理论前沿的讲述、学生对学术刊物的阅读和资料搜集展开教学，在这一过程中建议教师多使用讲授的方式。比如战略管理模块中的战略思维知识点，教师可在课堂上对我国发展战略的提出背景进行阐述，课后让学生对我国发展战略相关学术文献进行收集整理，使学生进一步理解我国的制度优势与制度特色，增强制度自信。再如管理学模块中的激励理论、科学管理等知识点的讲解，可以通过课后学生对前沿理论文献的阅读和教师课堂讲授相结合的方式进行。

3.6 任务驱动法

任务驱动法是教师给学生布置探究性的学习任务，学生查阅资料后对知识体系进行整理，再选出代表进行讲解，最后由教师进行总结的教学方法。基于该方法的特点，可选择的教学策略组合主要有讲授+语言/文字+练习、讨论+语言/文字+练习两种。

3.6.1 讲授+语言/文字+练习的教学策略适用的知识点

本策略适用于财务数据分析类、任务驱动类知识点的教学。教师在课堂中对概念、理论进行讲述，以项目任务的形式展开教学，不断跟进任务，在这一过程中，建议教师让学生多参与科研项目或数据分析任务。比如战略管理模块中的内部环境分析知识点，教师可以对具体案例企业的内部环境进行 SWOT 分析，通过学生参与、教师指导的方式，学生进一步理解科学的严谨性和学术研究的规范性。再如管理学模块中的所有者权益知识点，运营管理模块中的资产质量分析、资本结构质量分析、利润质量分析、现金流质量分析、合并报表分析等知识点，均可采用此教学策略。

3.6.2 讨论+语言/文字+练习的教学策略适用的知识点

本策略适用于任务驱动类、项目类知识点的教学。教师在课堂中对概念、理论进行讲述，以项目任务的形式让学生通过小组或个人的形式展开讨论和汇报，在这一过程中，建议教师挖掘学生对项目背后逻辑的理解。比如法学模块中合同法知识点的讲解，教师可对具体企业进行调研或对相关案例进行分析，学生探讨不符合法律规定的内容并提出解决方案，进而进一步增强法治意识，树立法治思维。再如绩效管理模块中的绩效衡量方法、绩效分析等知识点的讲解，教师可以引入具体案例，学生展开讨论，并结合案例企业的具体情况提出优化对策。

3.7 参观教学法

参观教学法是组织学生到相关基地（企业）进行实地观察、调查、研究和学习，从而让学生获得新知识或巩固已学知识的教学方法。参观教学法是一种以现场为中心，以现场实物为对象、以学生活动为主体的教学方法。基于该方法的特点，可选择的教学策略组合主要有讲授+声像+活动、讨论+声像+活动两种。

3.7.1 讲授+声像+活动的教学策略适用的知识点

本策略适用于运营管理类知识点的教学。教师带领学生深入企业参观，专业人员进行讲解和演示，使学生直观感受企业运营管理的过程，在这一过程中建议教师将学生参观的感受心得与思政要素相结合。比如运营管理模块中的库存管理与控制知识点，教师可以带领学生进入苏宁易购等相关仓储类企业的物流基地，使学生在现场感受现代化仓储管理对库存管理的作用；通过让学生汇报参观后的心得感受，进一步提升学生对专业理论知识和实践的理解。再如组织与领导模块的企业文化建设、变革等知识点，可通过带领学生深入相关企业参观学习的形式进行教学；文化管理模块的文化资产管理等知识点，可通过带领学生进入当地博物馆、文化教育基地等形式进行教学。

3.7.2 讨论+声像+活动的教学策略适用的知识点

本策略适用于历史思想类、运营管理类知识点的教学。通过带领学生进入名人纪念馆、博物馆，或者以深入企业的形式展开教学，在这一过程中，建议教师让学生多参与企业座谈会和历史资料搜集过程。比如管理学模块中的传统管理思想知识点，可通过对《三国演义》部分电视剧片段的展示，或者带领学生参观孔子等伟人的纪念馆，进一步加深学生对传统管理思想的理解，进而树立文化自信。再如，讲授经济学模块中货币相关的知识点时，可带领学生参观中国钱币博物馆，让学生感受货币发展的历程，加深学生对中国历史的了解，进而增强民族自豪感。

总之，教学方法因知识点和教师风格而异，本书对总结归纳的相关知识点思政融合教学策略进行了梳理，如表3-1所示。

表3-1 工商管理类课程思政教学方法示例

组团	模块	基本知识点示例	思政融合点示例	教学策略 媒介	教学策略 对话	教学策略 指导
基础理论与基本原理	经济学	价格与价值规律	正确的金钱观	▲	◇	＊
		人力资本	正确的职业观和就业观	■	△	○
		收入支出	效率与公平	◆	◇	○
		国际结算	国际视野	■	□	○
	管理学	管理理论的演变	文化自信和批判意识	◆	□	■
		科学管理	科学精神	▲	□	○
		组织管理	系统思维	▲	□	＊
	法学	劳动法	劳动者的权益	■	◇	＊
		合同法	诚信意识与社会主义核心价值观	▲	□	○
		公司法	正确的义利观	◆	△	■
决策、战略与市场	组织与领导	组织的使命、愿景与价值观	社会主义核心价值观：富强、文明 价值观、价值判断与价值选择	■	□	＊
		组织文化	社会主义核心价值观：敬业、诚信、平等、公正、友善 意识对物质的反作用	◆	◇	○
		组织治理	管理者的道德责任与法律责任	■	□	＊
		社会责任	公共责任、道德行为、公益支持	▲	△	■
	战略管理	战略制定	我国的国体：工人阶级领导的、以工农联盟为基础的人民民主专政的社会主义国家 企业利益与国家利益的关系 眼前利益与长远利益的关系	▲	□	■
		战略目标	唯物辩证法：联系的普遍性 矛盾论：对立统一的观点	■	◇	○
		战略部署	唯物辩证法：发展观	◆	◇	■
	顾客与市场	顾客与市场细分	矛盾论及矛盾的特殊性	◆	◇	○
		客户关系管理	社会主义核心价值观 正确的义利观 诚信意识	■	□	＊

(续表)

组团	模块	基本知识点示例	思政融合点示例	教学策略		
				媒介	对话	指导
资源、过程与运营管理	资源管理	胜任力模型	唯物史观：人民群众是社会历史的主体，是历史的创造者	▲	△	◇
		人力资源规划	职业平等观、多元就业观			
		员工培训	社会主义核心价值观 新发展理念			
		精神文化资源	马克思主义哲学观	◆	□	○
		物质文化资源	文化自信			
		文化资源数字化	中华优秀传统文化			
		信息源开发	意识对于物质的能动作用	■	□	*
		信息系统	马克思主义关于认识与实践的关系			
		知识管理				
		流程再造	网络文明观			
		组织变革	正确的职业观	▲	△	*
		岗位分析	社会主义核心价值观			
		工作分析	马克思主义哲学中的矛盾分析法 正确的人生观			
		岗位评价	"小我"与"大我"的统一			
		成本核算	强烈的社会责任观	■	◇	○
		资产评估	崇高的职业道德 法治意识和法治素养			
		企业价值评估	社会主义核心价值观			
	过程管理	甄选测试	国家用人观	▲	△	◇
		诚信测试	合理的职业生涯规划观 创新精神			
		录用决策	正确的职业观			
		质量设计与控制	社会责任感和国家认同感	◆	□	○
		质量改进	精益求精的工匠精神和严谨的职业精神			
		文化产业市场	习近平有关文化产业系列讲话	◆	□	*
		文化产业核心竞争力	社会效益和经济效益相统一 职业精神			
		文化产业项目管理	文化自信			
	运营管理	本量利分析	价值规律	■	□	*
		价格管理	新发展理念 勤俭节约的传统文化			
		质量成本管理	精益求精和艰苦奋斗的职业精神			
		资产质量分析	强烈的社会责任感	■	□	◇
		资本结构质量分析	诚信意识			
		利润质量分析	专业精神和科学素养			
		产品与服务设计	中国制造	■	△	○
		制造流程	精益生产 商业道德			
		服务流程	法治思维			
		审计证据	国家治理体系和治理能力现代化 强烈的社会责任感和职业精神	■	□	*
		内部审计	科学素养 法治意识			

（续表）

组团	模块	基本知识点示例	思政融合点示例	教学策略		
				媒介	对话	指导
绩效、创新创业与文化管理	绩效评估	关键绩效指标	马克思主义哲学中关于抓主要矛盾的方法和观点 正确的义利观	▲	◇	○
		定标比超	马克思主义哲学中关于绝对运动和相对静止的观点与方法	■	□	○
	创新创业	原始创新	辩证唯物主义关于意识对物质的反作用的原理、方法与观点 创新意识与社会进步 习近平的创新观	▲	◇	○
		集成创新				
		再创新				
		知识产权				
		创业活动	创新思维	◆	◇	○
		创业精神	意识对于物质的反作用	■	△	＊
		创业机会识别	主要矛盾与次要矛盾	◆	△	◇
		创业融资	联系的观点	▲	◇	○
		管理企业成长	发展的节点	■	◇	◇
		非营利组织创业	奉献意识与社会主义核心价值观	■	□	＊
	文化管理	文化产业的市场格局	文化自信 文化传承	◆	◇	○
		文化资产的价值实现				
		文化科技的融合发展				
		文化政策选择	四个自信 法治意识	▲	□	＊
		文化产业政策				

注：本表中对教学策略的分类方式参考了施良方、崔允漷主编的《教学理论：课堂教学的原理、策略与研究》（华东师范大学出版社，1998年版）。

本表中教学策略的符号含义如下：
对话策略——讲授□、问答△、讨论◇
媒介策略——语言■、文字▲、声像◆
指导策略——阅读＊、练习■、活动○

第4章 教学评价

2020年10月,中共中央、国务院印发《深化新时代教育评价改革总体方案》(简称《方案》),标志着中国教育评价改革进入了"深水区"。对于课程思政来说,要以更大的理论勇气、更高的实践创见和更有力的科学举措来承托和贯彻这一重大教育评价改革——基于对教育规律的遵循,深入贯彻《方案》提出的"坚持科学有效,改进结果评价,强化过程评价,探索增值评价,健全综合评价"的基本评价原则,以服务于培养担当民族复兴大任的时代新人与德智体美劳全面发展的社会主义建设者和接班人这一目标。因此,基于课程思政的特殊性,明晰课程思政评价的逻辑并逐步构建起课程思政评价的体系与机制,是今后一段时间需要研究领域和实践领域共同完成的重大课题。本章将从评价定位、评价机制、评价方式、评价指标体系等方面具体展开。

4.1 评价定位

课程思政的评价既与一般类型的教学评价有着相似的教育理论和教学原理,也在一些方面不同于一般性教学评价,主要体现在对象、功能、类型、方法上。

首先,在评价对象上,工商管理类专业课程思政强调学生的内省与自评。课程思政的实质性作用最终体现为学生在政治认同与理想信念、家国情怀与公民意识、职业精神与文化素养、法治意识与公共参与四个方面素养的养成情况,具体又可分为情感、态度和价值观三个层次。因此,工商管理类专业课程思政的评价尤其重视学生主体作用的发挥。在具体评价中,强调通过学生的自我省思,引导学生表达真情实感,做出实事求是的自我评价。

其次,在评价功能上,工商管理类专业课程思政尤其注重发挥评价的思想政治教育功能。工商管理类专业课程思政最重要的功能是通过专业知识与思政元素的有机融合,为学生思想素养的提升创造条件和机会。这一功能要求工商管理类专业课程思政的评价要将教育性原则放在首位,在具体评价中,应把学生的思想是否因课程思政的实施而有了实质性成长作为最关键的评价要素。

再次，在评价类型上，工商管理类专业课程思政重视实施生成性评价。对于工商管理类专业而言，课程思政对学生教育作用的发挥是一个稳定、持续、长期的过程。从每个知识点到每门课程，再到具体的专业和整体的学科知识体系，思政元素需要一以贯之。为此，工商管理类专业课程思政的评价需要切实着眼于学生的成长过程，使正确价值观的形成与专业知识的学习相伴相随。可见，课程思政既强调过程性评价，也重视生成性评价。

最后，在评价方法上，倡导工商管理类专业任课教师采用相对评价法。工商管理类专业课程设置丰富，学科知识体系比较庞杂。在课程思政的评价方法上，应当从每门课程的实际情况出发，具体问题具体分析，针对学科自身特点展开评价，而不应"一刀切"。

4.2 评价机制

工商管理类专业课程思政的教学评价是一个系统工程。由于这一教学评价系统对于开展高质量的工商管理类专业课程思政教学工作具有指挥棒作用，因此应努力建立完善的评价机制，促进工商管理类专业课程思政的常态化、高水平发展。

工商管理类专业课程思政教学效果的评价主要针对两个问题：一是各个专业、各门课程及各个知识点如何有效融入思政元素；二是这些承载着思政元素的知识点如何在课程教学中，经由师生双方的互动，使学生内化于心、外化于行。由于工商管理类专业课堂教学内容的多样性、教学现场的情境依赖性及教师教学风格的差异性，对于每个知识点所承载思政元素的教学效果如何作出评价将非常灵活。本书将在后续部分针对这些具体知识点如何体现思政元素给出概要说明和示例。无论课堂教学多么灵活，对于工商管理类专业课程思政教学评价而言，形成一套完善的评价机制，都是实现课程思政目标的基本保障。具体而言，工商管理类专业课程思政的评价机制由评价主体、评价内容和评价事项三个部分、八个层次构成。

在评价主体方面，工商管理类专业课程思政需要在坚强的组织领导和制度保障的前提下，广泛动员各级教学指导（督导）委员会、党委及政府相关主管部门、教务管理部门等组织参与，并充分激发教师和学生的积极性和主动性。

在评价内容方面，工商管理类专业课程思政既涉及学校高层将课程思政建设事项纳入常规议事范围的程度，以及学校教务管理部门对于课程思政入教材、入大纲、入教案的管理措施，又涉及学校人事部门将课程思政纳入教师考核的程度，以及教研室等基层教学单位把课程思政作为日常业务活动核心议题的程度。总之，工商管理类专业课程思政的教学内容涵盖从学校高层到基层教研单位在课程思政方面的举措与办法，是课程思政评价机制的核心。

在评价事项方面，工商管理类专业课程思政既涉及党委的组织领导，又包括业务指导、考核制度建设等外在条件保障，以及教师队伍建设、教材使用、课程管理等。

总之，评价内容、评价主体和评价事项三者相互支撑，共同构成了工商管理类专业课程思政的评价机制，确保了工商管理类专业课程思政的教学效果。此评价机制具体如图4-1所示。

评价主体	评价内容	评价事项
党委、政府相关主管部门	学校党委（常委）会、校长办公室每学期至少召开一次专题会议研究课程思政建设工作，研究部署课程思政整体推进、资源配置、经费投入等重要事项	组织领导
各级教学指导委员会	建立健全学校教务部门和教师工作部门牵头负责，院（系）具体负责，人事、宣传等相关部门直接参与的工作机制	业务指导
上级主管部门，校内相关管理部门	将课程思政纳入学校党委落实意识形态主体责任的重要内容，作为院（系）党政工作主要负责人年度述职评议考核内容，将结果和有关情况纳入干部目标管理和绩效考核体系 将课程思政建设情况作为教师职务评聘、评优奖励和津贴分配等的依据	考核建设
学校教务管理部门，院、系、所、教研室	开展经常性的典型经验交流、现场教学观摩、教师教学培训等活动 发挥工商管理各教研室、教学团队、课题组等基层教学组织的作用，建立工商管理类专业课程思政集体教研制度	教师队伍建设
校院两级教学指导（督导）委员会	基于学校办学定位和人才培养目标，围绕工商管理课程思政建设内容，全面修订工商管理类人才培养方案。以工商管理各专业为单位，建立课程思政操作规范	专业建设
校院两级教务管理部门，教学指导委员会	讲好、用好教育部马克思主义理论研究和建设工程重点教材。鼓励教师编写更多体现价值引领，兼具思想性、时代性、科学性的优秀教材	教材使用
校院两级教学指导（督导）委员会	将课程思政作为课程设置、教学大纲核准和教案评价的重要内容。落实到课程目标设计、教学大纲修订、教材编审选用、教案课件编写等方面	课程管理
校院两级教务管理部门，教学指导委员会	将课程思政要求贯穿于工商管理类专业课程课堂授课、教学研讨、实验实训、作业论文各环节，参考本书所制定的工商管理类专业课程思政评价标准，开展经常化、制度化、规范化的教学质量评估	教学管理

图4-1 工商管理类专业课程思政评价机制

4.3 评价方式

课程思政的教学效果可以体现在诸多方面，例如，教学内容中渗透核心价值观、教师教学态度的改善、教师本人的正能量对学生的积极影响等。要对课程思政效果作出科学评价，需要关注如下问题：能不能根据学生的反馈对课程思政教学方式和方法进行改进，提升课程思政效果？课程思政效果有哪些可行的量化评价指标？各门任课教师是否对课程思政认识到位？大学生对具体课程的思政教学反应如何？教师的教学态度是否变得更积极？对大学生的思政教育是否有效？在实际的课程思政教学效果评价中，重点采用以下三类评价方式。

4.3.1 生成性评价

生成性评价是在教学开始前对学生现有情况进行摸底了解，是评价的起始环节。课程思政是与时俱进的，不是一成不变的，要因时而变、因材施教。只有在教学开始前对学生情况进行充分了解，才能更好地展开教学，使专业学习更加全面完整。针对课程的现有发展情况，生成性评价应主要包括三方面内容：第一，专业知识与技能的了解情况；第二，职业生涯规划情况；第三，该专业应有的职业道德细则。

4.3.2 过程性评价

过程性评价主要采用师生自评与互评的方式，旨在帮助教师反思教学过程，并改进课程思政教学质量。从某种意义上说，过程性评价的过程也是师生自我鉴定、自我评估的纵向对比过程。具体使用方法是，学生在课堂听讲时，参照评价标准对教师融入的课程思政教学内容和采用的课程思政教学方法，以及自己听完后的收获进行打分。同样地，教师在结束一堂课后，参照评价标准快速回忆自己的思政教学行为是否一一完成，而对于思政教学效果的评价可以通过学生访谈获得。

4.3.3 终结性评价

与过程性评价的自评与互评不同，终结性评价可将施教主体和受教主体外的第三方，包括学校管理者、专家等纳入评价过程。通过各班课程思政教学质量的横向评比，改进学校整体课程思政教学质量。具体使用方法是，第三方在不同班级随堂听课并打分，测评教师教学的行为时可以参照评分标准进行打分，测评学生的学习效果时可以采用问卷或访谈的方法。

4.4 评价指标体系

工商管理类专业课程思政教学评价体系由6个一级维度、15个二级维度构成。其中，一级维度涉及工商管理类专业课程思政的目标、内容、主体、过程、方法和效果，二级维度则进一步明确这6个一级维度的具体评价内容（见表4-1）。

表 4-1 工商管理类专业课程思政教学评价体系

一级维度	二级维度
目标	顶层设计目标 专业课教学目标 课程教学目标
内容	教材内容 教师教学内容
主体	教师 学生
过程	生成性评价 过程性评价 终结性评价
方法	注入式 启发式
效果	顶层设计的目标是否达到 教师教学环节是否体现知识、技能、道德三位一体 学生的了解、理解、消化、融合是否每一环节都包含思政元素

资料来源：郑宇航. 高校课程思政教学评价指标体系构建研究[D]. 西南大学，2021。

工商管理类专业课程思政工作需要得到学校层面的支持与配合。从学校层面出发，工商管理类专业课程思政教学评价应从 6 项考察内容、12 个主要考察点进行评价（见表 4-2）。6 项考察内容分别是顶层设计、教师队伍建设、教学体系建设、教材建设、质量保障和成果产出，每个考察内容包括两个主要考察点。

表 4-2 学校层面课程思政教学评价指标体系构成

考察内容	主要考察点
顶层设计	机制建设 制度建设
教师队伍建设	教师培训 教研文化
教学体系建设	学科专业建设 课程建设
教材建设	教材选用 教材开发
质量保障	评估队伍 评估机制
成果产出	直接成果 影响力

资料来源：郑宇航. 高校课程思政教学评价指标体系构建研究[D]. 西南大学，2021。

为了让学校更好地自查、自评工商管理类专业课程思政的建设效果，在表 4-2 的基础上，表 4-3 对主要考察点的建设标准进行了明晰。

表4-3 工商管理类专业课程思政保障机制与影响力评价标准

一级指标	二级指标	建设标准
顶层设计	机制建设	坚持以习近平新时代中国特色社会主义思想为指导，全面贯彻党的教育方针，坚持社会主义办学方向，成立由校党委书记和校长担任组长的课程思政工作领导小组，把课程思政建设纳入学校重点工作，党政齐抓共管、统筹推进。相关学院成立由院党委书记和院长为组长的工作小组，具体推进专业课程思政建设
	制度建设	制定学校课程思政建设工作方案，责任明确、制度健全，强化管理，有序推进课程思政各项工作。学院出台具体实施细则，推进专业课程思政工作
教师队伍建设	教师培训	加强教师课程思政教学能力培训，选派教师参加国内高校工商管理类专业课程思政教学能力培训
	教研文化	开展经常性的集体教研、教学观摩、经验交流，形成一定数量的以名师为引领，年龄、职称、知识等结构合理的课程思政教学团队
教学体系建设	学科专业建设	将课程思政落实到课程教学全过程，包括大纲修订、教案编写、课堂讲授、实习实训等。创新教学模式，探索课程思政教育新模式、新方法、新载体
	课程建设	综合运用第一课堂和第二课堂，实现思政内容的有机融入，提高学生学习体验，调整工商管理类专业课程思政示范课建设比重
教材建设	教材选用	教师选用马克思主义理论研究和建设工程重点教材情况
	教材开发	教师主编或参与编写的工商管理类专业教材中思政融合情况
质量保障	评估队伍	将课程思政纳入督导检查范围，建立校院两级督导队伍，建立监督检查机制
	评估机制	统筹各类资源，加大经费投入力度，为课程思政建设提供资金保障。把课程思政建设成效作为学院绩效考核、教学评优评先的重要内容
成果产出	直接成果	建设省级以上课程思政样板课程、课程思政教学团队等示范点，形成一批高质量课程思政教科研成果
	影响力	形成较为完善的课程思政教育体系，特色鲜明、创新性强，具有示范引领作用。形成协同效应，有效促进各类课程与思政课程同向同行，学生获得感强，学习体验好，满意度高

课堂是工商管理类专业课程思政的主要载体，课堂教学质量直接关系到思政教学的效果。课程中的思政元素融合度是衡量工商管理类专业课程思政课堂质量的重要指标。为了能够进一步量化考核，工商管理类专业课程思政教学中思政元素融合度评价参照郑宇航（2021）所构建的量化指标构建了评分表，该评分表主要包含指标、指标说明、考核维度、考核点四大板块。具体如表4-4所示。

表 4-4　工商管理类专业课程思政课堂教学思政元素融合度评分表

任课教师：　　　　　课程：　　　　　班级：　　　　　日期：

指标	指标说明	考核维度	考核点	分值	得分
教学内容	应用思想政治理论教育的学科思维处理教材，组织教学内容，并深入挖掘爱国情怀、法治意识、社会责任、人文精神、仁爱之心等思政元素，激发学生在认知、情感和行为方面的认同，实现知识传授和价值引领相统一、教书与育人相统一 在专业知识讲解过程中融入思政元素讲解，切入自然、过渡得当、语言简练、逻辑性强	在课程内容中有机融入"家国情怀"的思政元素	课程内容与时政热点相结合；课程内容与国情和国家大政方针相结合；课程内容与党史国史内容相结合	14	
		在课程内容中有机融入"道德品质"的思政元素	课程内容与法律法规相结合；课程内容与职业伦理道德相结合；课程内容与社会主义核心价值观相结合	15	
		在课程内容中有机融入"文化素养"的思政元素	课程内容与中华优秀传统文化相结合	5	
教学方法	教学方法科学、先进，能满足人才培养的需要，注重体现启发式教学方法，培养学生创造性思维	教学中有机融入思政元素	教学内容中直接讲解思政内容，恰当运用多媒体直观展示思政内容	10	
		注重采用循循善诱的方法引导学生	教学案例恰当，蕴含德育元素；创设情境，引发道德思考；引导学生讨论价值观问题	16	
教学效果	重点难点突出，启发引导性强，符合认知规律，有利于激发学生主动学习；思路清晰，目标明确，对各类知识掌握程度要求明确、具体；授课中设置的问题能引导学生进行思考，师生间有交流互动	学生的家国情怀进一步增强	学生维护祖国统一与安全，具有服务意识、全球意识	14	
		学生的道德品质进一步提高	学生节俭、真诚、遵纪守法	12	
		学生的文化素养进一步提升	学生有知识、会思考、学习态度端正	14	

总分：

考核人：

考核意见：

注：本表部分参考了郑宇航. 高校课程思政教学评价指标体系构建研究[D]. 西南大学，2021。

工商管理类专业课程思政课堂教学思政元素融合度评分表对每个考核维度都明确了相应的考核点。例如在教学效果指标中，将学生的家国情怀进一步细化为维护祖国统一与安全、服务意识、全球意识。

较高的课程思政课堂教学思政元素融合度离不开教师对课堂的精心设计和组织，工商管理类专业课程思政课堂教学设计的评价指标由教学内容、教学方法、教学组织、教学效果4个一级指标，18个二级指标和具体评价标准组成，具体见表4-5。

表4-5 工商管理类专业课程思政课堂教学设计评价指标

一级指标	二级指标	评价标准
教学内容	法律法规	教师适时讲解法律法规的相关内容
	社会主义核心价值观	教师讲解专业知识时提及社会主义核心价值观的内容
	国际国内时事政治	教师讲解专业知识时适当加入国际国内时事政治的相关内容
	职业道德规范	教师结合所教专业讲授职业伦理道德规范的内容
	基本国情及国家大政方针	教师讲授专业知识时与基本国情及国家大政方针相结合
	党史国史	教师讲解学科史时与党史国史内容相结合
	中华优秀传统文化	教师讲解专业知识时融入中华优秀传统文化
教学方法	案例剖析	教师引用学科经典案例，组织学生分析案例中蕴含的道德价值
	直观演示	教师运用多媒体等直观教具向学生展现专业知识中蕴含的思政元素
	情境教学	教师创设具体的道德情境，引导学生进行道德思考；或者带领学生实地参观学习
	课堂讨论	教师安排学生对专业知识中具有价值争议的问题进行讨论
教学组织	教学过程完整	教学过程、时间安排合理，方法运用灵活、恰当，课堂应变能力强，教学设计方案体现完整
	启发教学	启发性强，能有效调动学生思维和学习积极性
	充分应用信息化手段	善于综合运用现代信息技术手段和数字资源把思政教育巧妙渗透到教学全过程
	讲授清晰	普通话授课，语言清晰、流畅、准确、生动，语速节奏恰当
教学效果	讲授效果	教师挖掘专业知识中蕴含的思政元素并传授给学生
	社会责任感	学生具有高度的政治认同和强烈的家国情怀，热心社会公益和志愿服务
	文化底蕴	学生具有除专业知识外的文化素养

注：本表部分参考了郑宇航．高校课程思政教学评价指标体系构建研究［D］．西南大学，2021。

教师自查是实现课程思政教学评价的重要途径。如表4-6所示，工商管理类专业课程思政教师层面的自查指标体系由教学大纲、教学内容、教学方法、学习成效、教学反思五个指标点组成，每个指标点下都有它具体的内涵，例如在教学大纲指标点的教学目标（学习目标）中，课程思政目标的设定具有适切性、可操作性，能够有效支撑培养方案目标的达成。

表4-6 工商管理类专业课程思政教师层面自查指标体系

指标点	内涵
教学大纲	教学目标（学习目标）中课程思政目标设定具有适切性、可操作性，能够有效支撑培养方案目标的达成
教学内容	课程思政与教学内容结合自然，课程思政元素宜精讲、讲透，而非浅尝辄止
教学方法	教学方法与教学内容匹配，注重信息化手段的运用，体现创新性的要求，能够激发学生学习的自主性 开展学情调查，过程中注重学生反馈，适时调整教学策略
学习成效	教师有预估的意识，并能采取有效手段对课程思政达成情况进行评价
教学反思	教师有反思的意识，善于进行教学总结，改进措施有深度并具有可行性

资料来源：郑宇航. 高校课程思政教学评价指标体系构建研究［D］. 西南大学，2021。

学生是课程思政教学过程中的主体，也是课程思政教学效果的最终落脚点。如表4-7所示，工商管理类专业课程思政学生层面的评价指标体系由全球意识、学习态度、批判能力、民族担当意识、诚实守信、勤俭节约、遵纪守法7个考核维度构成，每个考核维度下都有一条明确的评价标准，如全球意识考核维度的评价标准为学生积极主动关心人类共同面临的难题。

表4-7 工商管理类专业课程思政学生层面评价指标体系

考核维度	评价标准
全球意识	学生积极主动关心人类共同面临的难题
学习态度	学生对待学业兢兢业业、严谨认真
批判能力	学生能够独立提出有建设性的建议而不盲从
民族担当意识	学生自觉维护国家安全和祖国统一
诚实守信	学生能够做到真诚待人、信守承诺
勤俭节约	学生能够珍惜食物、爱惜钱财
遵纪守法	学生能够自觉遵守法律法规，坚决不触碰法律底线

资料来源：郑宇航. 高校课程思政教学评价指标体系构建研究［D］. 西南大学，2021。

近年来，各高校更加关注课程思政项目，支持更多的教师参与课程思政项目建设，主要有"示范课程""示范课堂"等项目。为了更好地评价工商管理类专业课程思政"示范课程"，可参照工商管理类专业课程思政"示范课程"评审指标体系（见表4-8），该评审指标体系由4个一级指标、11个二级指标组成，每个二级指标下面又有相应的评价标准。

表 4-8 工商管理类专业课程思政"示范课程"评审指标体系

一级指标	二级指标	评价标准	分值	评价等级 A 1.0	B 0.8	C 0.6	D 0.4
课程团队 (20分)	课程负责人	具备良好的师德师风，政治立场坚定，有强烈的家国情怀，思维新、视野广、自律严、人格正，注重为人师表，善于提炼课程中蕴含的育人因素，教学经验丰富、教学成果突出	10				
	教学团队	团队成员不少于3人，结构合理，均承担了实质教学任务。团队成员具备课程思政意识和能力，积极参与课程思政教学改革，建立课程思政集体备课和教研制度，探索课程思政建设新路径	10				
教学内容 (30分)	课程目标	能根据课程性质、特点及授课对象等，制定明确的课程思政教学目标，价值引领目标符合学校和专业人才培养要求，特色鲜明	10				
	课程设计	能根据授课目标、教材内容、教学对象等教学要素，找准课程思政切入点；在课堂讲授、教学研讨、实验实训、考核评价等各环节能有机融入课程思政的理念和元素，做到恰当合理、不生硬	10				
	课程资源	注重挖掘和开拓与本课程紧密相关的课程思政资源，形成丰富的课程思政资源库；能从最新国家时政要点、社会时事热点等内容中精选与专业教学相关的教育素材；编写和选用高质量配套教材	5				
	授课情况	①直接面向本科、专科生，教学工作总量（包括课堂教学与实践教学）原则上每学年教授不少于144学时，副教授不少于216学时，讲师不少于288学时 ②教学大纲、教学进度计划、教案、多媒体课件、平时成绩记录、卷面成绩、试卷分析、综合成绩记录等教学文件完备 ③课堂教学生动活泼，能充分调动学生学习的主动性和积极性 ④教学辅导、答疑、作业布置符合教学要求	5				

(续表)

一级指标	二级指标	评价标准	分值	评价等级 A 1.0	B 0.8	C 0.6	D 0.4
教学改革（30分）	教学形式	注重课程思政教学方法多样化，采取启发式、研究性、案例式、问题式学习（PBL）等教学方法帮助学生树立正确的世界观、人生观和价值观	10				
	教学手段	推动课程思政与现代教育技术深度融合，创新思政元素展现形式，增强课程思政的针对性	10				
	课程考核	课程思政元素充分融入过程考核和最终考核所涵盖的知识、能力与素质中	10				
教学成效（20分）	督导、同行、学生评价	督导评价优秀，同行认可度高，学生对教师师德师风评价高，学习满意度高，评教效果好	10				
	示范作用	课程思政教学理念、方法、手段及实施效果显著，具有一定的辐射和推广价值	10				
综合得分							分

注：本表参考了《中南大学"课程思政"示范课程评审指标体系》。

工商管理类专业课程思政"示范课堂"的评价从教师与学生的角度出发，给出了不同的评分标准（见表4-9）。教师角色评价中，在教学内容、教学方法、教学效果3个评价指标的基础上，增加了教师素养指标，具体包括4个评价指标和19条评价内容。学生角色评价主要从听、看、学三个角度出发，用6条评价标准来评价课程的质量和适用性。

表4-9 工商管理类专业课程思政"示范课堂"评分标准

评价对象	评价指标	评价内容	分值
教师角色	教学内容	①结合人才培养要求，有明确的、与学生毕业要求相适应的课程知识、能力教学要求 ②能紧密结合课程教学目标，将思想政治教育与专业知识技能教学有机融合，寓价值观引导于知识传授和能力培养之中，实现课程主战场、课堂主渠道作用 ③课程目标描述清晰、具体、可检测 ④教学内容与教学目标相适应，体现现代教育思想，符合科学性、先进性和教育教学规律 ⑤课程内容能有机融入理想信念教育、社会主义核心价值观、中华优秀传统文化教育、法治教育、劳动教育、职业理想与道德教育等内容，形成若干个典型的设计恰当的教学案例，思政元素丰富，能够实现知识传授与价值引领相统一，教书与育人相统一 ⑥选用教材符合课程思政教学要求，能为学生提供不同类型、格式，且与课程内容紧密结合、有学习价值的课程学习资源与参考资料 ⑦课程内容重点突出、条理清晰、资源丰富、润物无声	45

(续表)

评价对象	评价指标	评价内容					分值
教师角色	教学方法	①坚持学生中心理念，能根据学科特点、教学内容和学生特征采用合适的教学策略和教学方法 ②能有效调动学生思维和学习积极性，启发性强，体现师生互动和生生互动；能运用现代信息技术手段，教学过程自然流畅，组织合理，满足学生学习需求 ③注重多种教学方法的优化组合，挖掘课程教学方式中所蕴含的思政元素，巧妙地融入课堂授课、实验实训、作业评价等教学过程中，提高教书与育人的融合度 ④课程设计巧妙，教学进度适宜，方法运用灵活、恰当					30
	教学效果	①教学效果的测量和评价方法得当，能够体现生成性评价的要素 ②德育功能突出，感染力强，效果明显，能充分激发学生的认同感 ③学生对课程的满意度高、获得感强 ④注重思想理论教育和价值引领，让学生感觉"营养丰富味道又好"					15
	教师素养	①具有良好的专业素养、科学精神、人文关怀和马克思主义理论功底，善于提炼专业课程蕴含的育人因素 ②教态大方，精神饱满，亲和力强；思路清晰，逻辑严谨，综合素质高 ③教学投入，理论功底扎实、教学内容熟悉，教育理念先进，潜心教学研究与改革，注重思想理论教育和价值引领					10
学生角色	项目	听		看		学	
		容易理解（8分）	语言生动（7分）	演示生动（7分）	形象有趣（8分）	触动较大（8分）	富有启发（12分）
	评价标准	讲述清楚明白，知识容易消化	语言有吸引力，我的注意力始终都很集中	教学情境引人入胜，令我难忘	演示内容直观，激发了我的学习兴趣和热情	让人身临其境，提升了我的知识和能力	引发了我的深度思考，思想境界得到升华

4.5 不同层面的具体教学评价方式

本书中，将工商管理的学科知识体系划分为基础理论与基本原理，决策、战略与市场，资源、过程与运营管理，绩效、创新创业与文化管理四大组团，进而按企业组织管理的流程与要素，将四大组团分解为经济学、管理学、法学、组织与领导、战略管理、顾客与市场、资源管理、过程管理、运营管理、绩效评估、创新创业和文化管理十二个模块，然后将工商管理类专业的相关课程都分门别类地纳入这些模块之中。此外，本书还增加了课堂层面、知识点层面的思政教学评价，作为组团层面、模块层面、课程层面的补充。进行这种划分的主要目的，是在工商管理类专业课程思政实施过程中，教师既能有总体把握，又能具体到细节，从而保证宏观上的完整性和微观上的可操作性。

4.5.1 组团层面的思政教学评价

这一层面的思政教学评价以学生自我评价为主，主要采用学生撰写心得体会、调研报告、反思总结等形式展开，其评价周期为一个学期或一个学年，强调学生在阶段性的专业知识学习后完成课程思政教学效果的评估。例如，在基础理论与基本原理组团中，要求学生能够运用所学理论，对习近平新时代中国特色社会主义思想、马克思主义原理在中国的运用和发展做出理论分析，从而提高"四个自信"。

4.5.2 模块层面的思政教学评价

这一层面的思政教学评价以学生自我评价为主，主要采用目标取向的评价方式。这一层面的思政教学评价是一种结果性的评价，主要目标是对学生在专业知识模块学习中领会思政元素的最终能力作出评价。具体的评价方法包括档案袋法、测验法等。例如，在经济学模块中，要求学生具有应用经济学理论解析中国特色社会主义经济制度优越性的能力，并能结合经济学理论客观评价区域经济发展的优势与不足。

4.5.3 课程层面的思政教学评价

这一层面的思政教学评价是本书中课程思政评价的主体。课程是实施思政教育的基本载体，也是课程思政教学评价的核心。本部分评价将采用拉尔夫·W. 泰勒（Ralph W. Tyler）所发展的目标（objective）评价模式，具体分为如下六个步骤：

第一步，结合每门课程的属性，确定比较翔实的思政教育目标。例如，在微观经济学课程中，围绕市场机制，确定使学生提升社会主义市场经济制度自信的思政教育目标。

第二步，根据学生的学习行为和课程的内容对每一个思政教育目标进行归类解析。例如，将上述制度自信的思政教育目标归入"政治认同与理想信念"思政素养教育点。

第三步，确定思政教育目标的引入情境。例如，以中共中央宣传部组编的"创造信用监管新样本 激发营商环境新活力——福建打造'双随机、一公开'监管升级版"为案例，将学生带入我国政府注重市场潜力开发、打造良好营商环境的情境。

第四步，设计呈现思政教育情境的方式。例如，在微观经济学关于"市场机制"的教学中，将上述案例通过视频或文字的形式在课堂上展示出来。

第五步，设计获取学生对课堂中思政元素理解和掌握情况的记录方式。例如，在学生回答课堂问题或参与课堂讨论的过程中，对学生提及的制度自信方面的内容加以记录。

第六步，确定思政教学评价时使用的计分单位。例如，将上述记录转化为五分制，对学生在"市场机制"中"制度自信"思政元素的体验和理解进行赋分。

在课程层面上，本部分的评价将得到一个与专业知识评分相对独立的思政教学评分。本书建议，将这一评分纳入学生学业绩点的总体评价之中。

4.5.4 课堂层面的思政教学评价

课堂层面的思政教学评价是对课程层面思政教学评价的细化。具体地，根据上述课程层面思政教学评价的总体设计，基于每堂课的具体教学内容，对思政融合点进行分解，使每堂课中都体现出若干的思政教学点，并对其做出评价。

本部分思政教学评价将主要采用由马尔科姆·M. 普罗沃斯（Malcolm M. Provus）提出的差距（discrepancy）评价模式。差距评价模式旨在揭示本书所确定的课堂思政教学计划标准与学生在实际参与课堂过程中的表现之间的差距，以此作为改进工商管理类专业课程思政教学计划的依据。在具体的工商管理类专业课程思政实施过程中，差距评价模式包括五个阶段：

（1）设计阶段，即根据要求，确定课程思政教学效果评价的标准。

（2）装置阶段，即了解预期的课程思政教学计划与课堂教学实际效果相一致的程度。

（3）过程阶段（或称过程评价阶段），即了解在课堂教学过程中，预期的思政情境是否得以营造，学生是否实质性地参与了思政要素的探讨，并根据学生的实际反应做出适当调整。

（4）产出阶段（或称结果评价阶段），即评价所实施的课程思政教学计划的最终目标是否达成。

（5）成本效益分析阶段（或称计划比较阶段），目的在于呈现效果最好的课程思政教学计划，这一阶段需要对所实施的计划与其他各种计划进行比较。

4.5.5 知识点层面的思政教学评价

工商管理专业知识点是专业教育的基本单元，也是课程思政元素融入专业知识教学的基本依托。在本书的编写过程中，课题组已经基于广泛的调查研究，提取了工商管理各门主干课程中的关键知识点。工商管理类专业课程思政教学活动的实施，最终将落实到这些知识点之上。因此，对知识点层面的思政教学评价也是本书的重要组成部分。

知识点层面的思政教学评价形式比较灵活，可采用问答、讨论、辩论等形式展开，其具体组织形式是，教师将专业知识点和思政教育点相融合，在设计问题、练习及选择课堂讨论资料时，把思政元素融入专业知识点之中，实现思政元素启发与专业知识学习的融合。

综上所述，本书将工商管理类专业课程思政的教学评价设置在了从宏观到微观的多维层面上，由此构建了层次有序、有机联系的评价体系。这一体系既有纵向的逻辑结构，也有横向的交融互补，以期实现对工商管理类专业课程思政实施效果的准确判断。

第5章　代表性课程思政教学设计

5.1　经济学模块代表性课程思政教学设计

5.1.1　课程信息

课程名称：经济学原理。

使用教材：《经济学原理（第8版）》，N. 格里高利·曼昆著，北京大学出版社。

授课对象：工商管理类专业本科生。

教学内容：第29章货币制度第一节"货币的含义"。

思政素材来源：我国悠久的货币文化史；树立正确的金钱观，自觉遵守良好的职业道德规范；认清拜金主义的危害，反对拜金主义。

思政背景：正确的金钱观、高度的职业自律意识。

思政元素：职业精神、家国情怀。

课前准备：阅读5.1.4中的附件一、附件二。

5.1.2　课堂教学设计

（1）本章要点

本章节内容有如下要点：货币的含义、货币的产生、货币的重要性、货币需求的三大动机、货币的主要职能、货币的种类、货币供给（货币存量）、衡量货币供给量的概念。

（2）学习目标

［认知目标］

领会：了解和识记货币的基本含义和主要职能，体会货币的交换属性和衡量社会财富的属性。

应用：立足于工商管理学科理论，能够将货币发行及相应现象应用于企业组织的日常管理。

分析：能够对货币的各项职能加以分析。

创造：基于货币的基本职能，具备对资本市场、金融活动、融资渠道等专业问题加以分析的能力。

［情感目标］

自觉树立正确的金钱观，抵制拜金主义。

［态度目标］

形成看待金钱的正确态度，通过合乎道德与法律的正当途径挣钱。将钱用到有利于社会、有利于他人的地方。

［价值观目标］

价值判断：立足于正确的金钱观，对获取和支出金钱的各种方式的合理性做出自己的判断。

坚定信念：形成正确的金钱观，学会将钱用到有利于社会、有利于他人的地方，以及有利于自身全面发展、实现人生价值的地方。

（3）重难点

重点：货币的职能。

难点：货币作为价值尺度的职能。

（4）课堂导入

现实中，人们的生活和国家的运转都离不开货币。为什么人们愿意接受货币？货币为什么能够与物品和劳务进行交换？既然纸币是由国家发行的，而它又代表着财富，那么是否国家印制的纸币越多，社会财富就越多？为了回答这些问题，我们需要首先理解货币的含义和职能。

（5）讲授内容

知识要点一：货币的含义

［专业知识］

货币是一种具有普遍接受性的购买手段和能够清偿债务的支付工具。经济生活中，人们经常使用货币向其他人购买物品或劳务。

［板书］

［思政融合点］

货币不是神创造的，也不是圣贤发明的，而是商品交换发展到一定阶段的产物，货币的本质就是一般等价物。因此，要正确看待货币，摆脱拜金主义的桎梏。

［课堂活动］

针对以下材料，展开讨论：

古人说："有钱能使鬼推磨。""钱有两戈，伤尽古今人品。"

现代人说："金钱不是万能的，但没有钱是万万不能的。"

哲学家说："金钱是一个债主，借你一刻钟的欢悦，让你付上一世的不幸。"

史学家说："道德是永存的，而财富每天都在更换主人。"

每两位学生为一组，讨论分析金钱是什么、金钱是怎么出现的、金钱是"天使"还是"魔鬼"。

［思政教学效果评价］

引导学生从货币的定义出发，理解货币不过是一种购买手段和支付工具，只是一种从千千万万普通商品中被选择出来充当一般等价物的商品，因此，要反对拜金主义。对于得到上述理解与认知的学生，予以口头表扬或课程积分奖励。

知识要点二：货币的产生

［专业知识］

货币的出现与交换联系在一起，交换经历的两阶段：一是物物直接交换，二是通过媒介交换。在历史上，货币曾表现为多种形态，如牲畜、贝壳、金、银、铜、铸币、纸币等。注意：经济行为的演化与交易成本密切相关，节约是经济生活中最基本的规律。

［板书］

物物交换──通过媒介交换

［思政融合点］

我国悠久的货币文化史。

［课堂活动］

请学生阅读 5.1.4 中的附件一，并结合商朝以来我国货币的演化过程，分析我国货币的演化与当时经济行为和交易成本之间的关系，深刻体会人民在发展商业文化方面的智慧，形成浓郁的家国情怀。每个学生撰写 50—100 字的心得体会，然后选取部分学生在课堂上分享。

［思政教学效果评价］

对于体会比较深刻的学生，予以课程积分奖励。

知识要点三：货币的重要性

［专业知识］

没有货币，贸易就只能依靠物物交换来实现，即用一种物品或劳务交换另一种物品或劳务。交易要求双方的需求具有双向一致性，即双方都有对方想要的物品或劳务，双向一致性在现实生活中出现的概率较低。许多人都要花时间去搜寻愿意与其交易的其他人，显然，这是对资源的巨大浪费。有了货币之后，这样的搜寻就可以免去了。

［思政融合点］

我国先民如何用货币将价值暂时储存下来，以便用成本最低的方式获取自己想要的物品或劳务？这种思维体现了中华民族的哪些伟大智慧？

［课堂活动］

中国是一个多民族国家，在其璀璨的发展历史中有着无数的朝代更替，各类货币也随即而来。从新石器时代到夏朝，贝壳这个天然的货币出现，意味着人类迈向新的文明。据古籍的记载、青铜器的铭文和考古的挖掘，中国最早的货币是贝壳。贝壳最早出现在约公元前 2000 年，直到金属铸币广泛流通的春秋之后，贝壳才真正被铸币替代。从中国汉字中也可以看出贝壳作为货币长期存在的事实，与财富有关的文字如"货""财""贸""贱""贷""贫""账"等均体现了"贝"。

分析：中国的先民为什么会从物物交换的时代进化到以"贝壳"为交易媒介的时代？

［思政教学效果评价］

对于能准确地将媒介化的交换归结为商品价值的暂时储存，并能对以"贝壳"为媒介的交易智慧加以分析的学生，予以口头表扬或课程积分奖励。

知识要点四：货币需求的三大动机

［专业知识］

货币需求的三大动机，一是交易动机，即人们为了日常交易而持有货币；二是谨慎动机，即人们为了应对意外事件而持有货币；三是投机动机，即人们出于投机获利的需要而持有货币。

［板书］

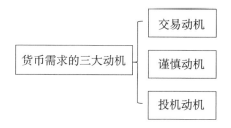

［思政融合点］

从个体在现实生活中对货币的依赖性出发，再到国家金融体系和银行等各类金融机构，分析货币需求的三大动机。理解货币本身只是一种交换工具，是为了便捷人们的交易行为而产生的，从而避免成为拜金主义者。

［课堂活动］

人为什么需要钱？就这一问题让学生展开自由讨论。

[思政教学效果评价]

对部分学生进行提问，对正确理解货币需求动机的学生给予肯定，对于不能准确把握货币需求动机的学生予以纠正。

知识要点五：货币的主要职能

[专业知识]

在发达的商品经济中，货币具有价值尺度（计价单位）、流通手段（交换媒介）、贮藏手段、支付手段和世界货币五种职能，其中最基本的职能是价值尺度和流通手段。

价值尺度：赋予交易对象以价格形态（以一定的货币金额表示的价格）的职能。

流通手段：货币在商品交换与流通过程中体现的职能。

贮藏手段：货币退出流通领域作为社会财富的一般代表被保存起来的职能。

支付手段：货币用于清偿债务，支付赋税、租金、工资的职能。

世界货币：由于国际贸易的发展，货币流通超出一国的范围，在世界市场中发挥作用，于是货币便有了世界货币的职能。世界货币必须脱去铸币及纸币的地域性外衣，以金块、银块的形态出现。原来在各国国内发挥作用的铸币及纸币等在世界市场中都无法流通。在世界货币市场中，金块取得了支配地位，主要由金块执行货币的价值尺度职能。

[板书]

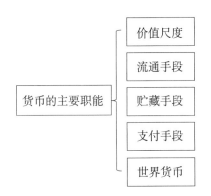

[思政融合点]

充分理解货币的五种职能，破除拜金主义。

[课堂活动]

放映电视剧《乔家大院》中的片段，简要展示山西票号的创立过程，并分析"汇通天下"的理念。就"乔致庸的经商理念是什么？""这种经商理念体现了货币的何种职能？"这两个问题展开讨论。

[思政教学效果评价]

引导学生从山西票号的事例中解读货币的价值尺度、流通手段、贮藏手段等职能，使学生在掌握专业知识的同时，深刻体察我国人民的智慧，形成浓郁的家国情怀。

知识要点六：货币的种类

［专业知识］

货币分为两类，一是商品货币，即以有内在价值的商品为形式的货币，如金币、香烟、鱼罐头；二是法定货币，即没有内在价值、由政府法令确定作为通货使用的货币，如人民币、美元。

［板书］

［思政融合点］

法定货币是政府法令确定的通货，因此，法定货币的流通与管理需要纳入法治体系。

［课堂活动］

讨论：为什么电影中那些"炫富"的人用纸币点烟的行为实际上是违法的？

［思政教学效果评价］

对于能够正确辨析商品货币与法定货币，理解其特点的学生，予以课程积分奖励。

知识要点七：货币供给（货币存量）

［专业知识］

有两类资产可以被看作货币供给，一是通货，即公众手中持有的纸币和铸币；二是活期存款，即储户可以随时支取的银行账户余额。

中央银行一般通过基础货币的发行和货币政策的实施来决定和调节一国的货币供给。商业银行一般是通过存贷款过程影响货币的供给。

［思政融合点］

中国人民银行是我国的中央银行，其职能是为社会主义市场经济的正常运行提供货币保障。

［课堂活动］

讨论：我们在城市的街头可以看到中国工商银行、中国农业银行、中国建设银行的营业网点，却看不到中国人民银行的营业网点？为什么？

［思政教学效果评价］

引导学生总结，中国人民银行是我国的中央银行，履行着管理金融市场、货币市场的职能，代表着国家和人民的利益。

知识要点八：衡量货币供给量的概念

［专业知识］

现金（M0）：一定时点上单位和个人所持有的现金，它随时可以直接作为流通手段和支付手段进入交易市场，是最直接和最活跃的购买力。

$$M0 = 现金$$

狭义货币供应量（M1）：M0加上单位和个人的活期存款。活期存款可以随时支取，所以它类同现金，具有较强的流动性。

$$M1 = M0 + 活期存款$$

广义货币供应量（M2）：M1加上准货币。其中，准货币包括单位和个人的定期存款、储蓄存款及其他存款。准货币在一定条件下也可以直接变为现金，但流动性较弱。

$$M2 = M1 + 定期存款 + 储蓄存款 + 其他存款$$

［思政融合点］

我国货币发行的原则和制度。

［课后作业］

阅读5.1.4中的附件三，对照中美两国在面对新冠疫情时所采取的不同货币政策，结合货币的含义及职能，从政治制度、国际责任、政府职能等维度展开对比分析。完成一篇课后心得体会，学生间进行交叉评分，并计入课程成绩。

［思政教学效果评价］

通过对案例作业的互评，学生加深对货币供给量的理解，并能够对互评中有关问题进行讨论。

（6）课堂总结

本节课学生完整地学习了货币的含义、职能，以及货币供应等知识点。本节课是后续教学内容的基础，需要学生深入理解相关概念，以便在后续学习中掌握货币政策与国家宏观经济运行的基本原理。

5.1.3 考核要求

本节课对学生有以下三点考核要求：一是课前能够熟悉案例；二是充分参与课堂讨论；三是能够结合所学的理论，将其应用于货币政策制订的实践。

5.1.4 附件

附件一：我国悠久的货币文化史

中国的货币不仅历史悠久，而且种类繁多，形成了独具一格的货币文化。先秦时期，各诸侯国实行不同的货币制度，不同地区使用形制各异的刀币、布币、环钱。秦朝统一六国后，货币以环钱为主要形制。到北宋时期，出现了世界上最早的纸币——交子。到明朝，白银成了最主要的流通货币。

商朝

在商朝，已经开始将贝壳作为货币使用。随着商品经济的发展，天然的贝壳作货币渐渐供不应求，于是出现人工贝币，如石贝币、骨贝币、蚌贝币等。到了商朝晚期，出现了用铜制造的金属货币。

春秋战国

到了春秋战国时期，贝币则完全退出了历史舞台，各地区因社会条件和文化差异而形成了不同形制的货币，如楚国的蚁鼻钱、黄河流域的布币、齐国的刀币和三晋两周地区的环钱。

秦汉

秦朝统一六国后，废除各国的布币、刀币等旧币，将方孔半两钱作为法定货币，中国古代货币的形态从此固定下来，一直沿用到清末。

汉承秦制，并允许民间自铸货币。西汉的铜钱仍然是以重量来命名的，但后来，名称也无法准确代表其重量。西汉的铜钱主要有半两、三铢、五铢三种形式。

西汉末年，王莽摄政和新朝统治时期，进行了四次大的币制改革，名目等级繁杂，其币制改革均以失败告终。

东汉所铸的货币都是五铢钱。

三国魏晋南北朝

三国魏晋南北朝时期社会动乱，金属货币的流通范围缩小，形制多样，币值不一，出现了重物轻币的现象。

三国时期曹魏实行实物货币政策，魏明帝时恢复铸行五铢钱，形制与东汉时期五铢钱相似。蜀汉和东吴大多铸行金额较大的货币。蜀币主要有直百五铢、直百等；吴币主要有大泉五百、大泉当千、大泉二千等。

西晋成立后主要沿用汉魏旧钱，兼用谷帛等实物货币；东晋成立之初则沿用吴国旧钱，后来出现了五铢小钱，相传是吴兴沈充所铸，所以又称沈郎五铢。

十六国期间成汉李寿铸行了中国最早的年号钱制；南北朝时期社会动荡，币制混乱，私铸现象严重。北朝从北魏开始，钱文逐渐摆脱纪重局限，逐步向年号钱制过渡。

隋唐五代十国

隋朝的建立使中国混乱的货币趋向于统一，隋文帝开皇三年铸行了一种合乎标准的五铢钱，并禁止旧钱流通。

唐高祖武德四年铸行了年号钱——开元通宝。以前的纪值纪重钱币一去不复返，取而代之的是宝文币制（主要是通宝、元宝和重宝）。开元通宝是唐朝的主要铸币，另外还铸有乾封重宝、乾元重宝、大历元宝、建中通宝、咸通玄宝，以及史思明所铸顺天元宝、得壹元宝等。

五代十国政治分裂割据，社会动荡，各国通过铸恶钱来增强自身实力，以达到削弱他国力量的目的，故钱币种类很多，但质量不高。

宋辽金西夏

宋朝是铸币业比较发达的时期，在数量和质量上都超过了前朝，是继"王莽钱"

之后的又一个高峰。宋朝货币以铜钱为主，南宋以铁钱为主。北宋以后，年号钱才真正开始盛行，几乎每改年号就铸新钱，钱文有多种书体。同时，白银的流通亦取得了重要的地位。在北宋年间出现了世界上最早的纸币——交子，其后陆续出现别的纸币：会子和关子。此外，对子钱、记监钱、记炉钱、记年钱亦应运而生。

辽国是由契丹族建立的国家，起初使用中原地区的货币，后来自铸币，以汉文作为钱文，铸币工艺大多不精细。

西夏曾铸行过两种文字货币，一种是西夏文钱，叫屋驮钱；另一种是汉文钱，形制大小与宋钱相似。西夏的钱币铸制精整，文字秀丽。

金国由女真族所建，曾统治过中国北方广大地区，其所铸钱币种类繁多，除用铜钱外，亦用纸币，均以汉文为币文。金国的钱币受南宋的影响较大。

元明清

在元朝，纸币在流通中成了主要的货币，铜钱的地位式微，与此同时，白银的流通量逐渐增多。元朝的统治者信奉佛教，因此铸行一些小型的供养钱、庙宇钱供寺观供佛之用。

明朝大力推行纸币（钞），明初只用钞不用钱，后来改为钱钞兼用，但明朝只发行了一种纸币——大明宝钞。白银在明代成为法定的流通货币，大额交易多用银，小额交易用钞或钱。明朝共有十个皇帝铸过年号钱，因避讳皇帝朱元璋的"元"字，明朝所有钱币统称为"通宝"，忌用"元宝"。

清朝主要以白银为主，小额交易往往用钱。清初铸钱沿袭两千多年的传统，采用模具制钱，后期则仿效国外，用机器制钱。清末，太平军攻进南京后，亦铸铜钱，其钱币受宗教影响较大，称为"圣宝"。

附件二：拜金主义的消极影响

金钱交易关系的普遍化所产生的最大负面影响就是拜金主义。这是马克思在《资本论》中深入阐述过的。

第一，拜金主义是金钱交易关系在意识形态中绝对化的表现。其特点就是把金钱看成是万能的，从而把人变成获取金钱的工具。这样，人就将自身异化了。这会在很大程度上抵消金钱交易关系在促进社会的个人本位形成方面的积极作用。不仅如此，拜金主义甚至会把上述金钱交易关系所产生的一切积极作用全部抵消掉。其实，在正常的金钱交易关系中，金钱本身不过是一种实现利益交换的工具而已。而金钱一旦成为人们崇拜的对象，成为价值的核心，物与物的关系就会代替人与人的关系，从而导致人的自身异化。一个拜金主义占统治地位的社会是一个物欲横流的社会，是人类的一切价值（包括人类自身的价值）都被极度贬低的社会，是霍布斯丛林（Hobbesian Jungle）①。人

---

① 指科学家托马斯·霍布斯设想的一种思想的自然状态。

们生活在这个丛林里,只能面临着与其他人的战争。人们为了避免这种战争状态便必须求助于权威,于是一个利维坦式①的集权怪物便会卷土重来。人们大约不会想到拜金主义与集权之间的这种可怕的联系,但这确实存在。

第二,与拜金主义相联系,人们追求利益的形式和手段也发生了变化。在人们的利益意识觉醒后的今天,一部分人追求利益时开始不择手段。在改革开放的初期,这种现象还比较少见。对于多数人来说,虽然对获取利益的渴望十分强烈,但基本上还是循规蹈矩的。可是到了今天,情况就发生变化了。我们会看到这样一种现象:当出台一项新的政策时,立即就会冒出一部分钻空子的人。当有一个可能获利的机会时,立即就会有一部分人争先恐后地去争夺。在正常生活轨道上的任何一件平常的事物,都有人挖空心思地去从中寻找能够获利的不正当手段。从而使得这种追求利益的行为达到了无以复加的程度,监督部门应接不暇。这种状况是"货币拜物教"即拜金主义泛滥的直接结果。

第三,拜金主义对行政权力的渗透,造成行政权力对社会资源的掠夺。行政权力代表国家对社会进行管理的权力。行政权力除代表国家和社会的利益外,不应有自己的特殊利益。但实际上,由于政府的工作人员在不同程度上具有"人"的特征,因此在行政机构中就滋生出某种特殊利益来,这些特殊利益进而导致国家利益和社会利益的矛盾。尽管如此,在正常情况下,国家利益和社会利益仍占主导地位。但是在拜金主义的影响下,行政机构的特殊利益往往会压倒国家利益和社会利益。在这种情况下,满足行政机构特殊利益的某些手段便会出现。于是"收费""罚款""摊派",以及收受"回扣""贿赂"等行为便发生了。这些行为实际上是对社会的掠夺,使人民群众怨声载道。

第四,拜金主义对社会道德和社会文化的冲击。拜金主义冲击社会道德,这是人们都普遍感觉到的。我们知道,金钱交易关系冲击旧的传统的社会道德是一种进步现象,它为新的道德的产生扫清道路。但是,在道路被扫清之后,新道德成长的过程中,拜金主义却起着阻碍的作用。它扭曲了平等的竞争,把正常交易中的互惠变成了利益的对立(即损人利己),从而使人们之间互相损害。这样,建立在互利基础上的市场道德的根基就被破坏了,新道德的建立过程变得十分艰难,人们也开始怀疑金钱交易关系对建立新道德的积极作用。拜金主义对文化的冲击主要是造成文化的低俗化。它既妨碍继承传统文化的精华,又妨碍吸收外来文化的优秀成果。人们总以为是金钱交易关系使文化变得低俗,其实这是一种误解。金钱交易关系只是把文化的供求关系引入市场,使供给与需求之间的联系变得简单而明了。这对文化的发展是有利而无弊的,并不会造成文化的低俗。真正造成文化低俗的是拜金主义,是把文化当作赚钱的工具,而不是把金钱作为文化发展的润滑剂或外部条件。所以拜金主义是反文化的。在我国向市场经济转变的过程中,道德滑坡和文化低俗化的出现往往使人们感到困惑,以为

---

① 指传说中的一种食人海兽,后被比作专制政府模式。

金钱交易关系和道德与文化的发展是对立的。这是没有弄清金钱交易关系与拜金主义之间的根本区别所致。

附件三：美国金融霸权"收割"世界，滥发货币害人害己[①]

根据美联储发布的数据，截至2021年8月，美元发行量达到20.8万亿美元（近18个月发行量占总发行量的26%）；如果以M0来看，这一比例更为惊人，2020年3月至2021年8月（横跨特朗普、拜登两届政府），美国印发了M0总量的45%——换句话说，美国两百多年来的所有美元，有将近一半是在近一年半的时间印发的！

如此一来，除美国外的世界各国，尤其是发展中国家因此"背锅"，疫情之下还得承受多重风险。

一是通货膨胀风险。美元滥发导致物价上涨，世界各国往往只能被动接受。除美国外，其他国家自然不能发行美元，但约60%的国际结算仍需使用美元。截至2021年二季度，根据国际货币基金组织（IMF）的数据，全球外汇储备有59.2%是美元，这也是美联储敢肆意滥发美元的原因之一。于是，许多国家（尤其是发展中国家）的物价不断上涨。民以食为天，粮价飞涨最令人担忧。2021年8月底，联合国粮食和农业组织（FAO）粮食价格指数上涨幅度同比达33%，绝对水平距离2008年、2011年的高点仅"一步之遥"。截至2021年8月，玉米价格涨幅接近70%（最高时曾超过100%），而小麦价格涨幅也接近50%。2021年以来大宗商品价格的迅速上涨，虽然对我国来说，中游企业承担了大部分相关成本，但传导至全球消费者只是时间和途径的问题。

二是金融系统风险。美元滥发基本等同于向其他国家输出不稳定因素，许多中小国家的美元资产贬值，进而引发本国货币贬值。这些国家往往产业链缺口很大，很多物资只能通过进口获得，于是只能以增发本国货币来应对。一个典型的例子是，在疫情背景下，美元滥发导致的结果往往是失业率暴增，人们手中的货币不再值钱——于是这些国家的经济和金融系统受到疫情、美元的双重打击。另一个例子是美国为"填坑"2008年次贷危机超发货币，埃及镑从2010年的高点（1美元=5.33埃及镑）一路贬值至2016年（1美元=8.88埃及镑），跌幅高达67.9%。不应忘记的是，当年货币滥发也间接导致了2010年"阿拉伯之春"的爆发。

三是资产"泡沫"风险。2020年世界主要经济体中只有中国实现了正增长，发达经济体和新兴经济体经济增速大幅下滑，然而包括美国股市在内的多国股市在此期间却一片向好。究其原因，美国滥发美元，却鲜有资金流入实体经济。相反，一部分资金流入美国股市，引发如游戏驿站（Gamestop）、AMC院线等散户抱团事件，制造了很大的经济泡沫。另一部分资金流入其他国家，推高消费者价格指数，造成别国股市泡

---

① 孙超，中国人民大学重阳金融研究院助理研究员。（案例链接：http://www.china.com.cn/opinion2020/2021-10/11/content_77800477.shtml）

沫或者其他资产泡沫。虽然科林·L. 鲍威尔（Colin L. Powell）等美联储官员还在口头维稳，但 2021 年下半年以来，美国股票的跌势已经初露端倪。一旦股市崩溃，美国本身会遭殃，其他国家也会受牵连。

此外，除了世界其他国家，美国的中低层民众也是受害者。美国政府制定政策，如发钱救济，看似给民众带来了福利，其实是埋藏了"隐患"。疫情期间，美国民众收到多笔救济金，多数失业者还会收到每周 600 美元（后降为 400 美元）的失业保障金。中低层民众工作辛苦，工资又低，但经过疫情期间的"圈养"——待在家里不用工作，居然能和上班赚得差不多（甚至更多）——必然有一部分人在恢复正常后不愿再做辛苦又不赚钱的工作。退一步说，人们也会需要更久的时间来适应重新启动的"上班人生"。

5.2 管理学模块代表性课程思政教学设计

5.2.1 课程信息

课程名称：管理学。

使用教材：《管理学（第五版）》，周三多主编，高等教育出版社。

授课对象：工商管理类本科一年级学生。

教学内容：第五章决策第二节"决策过程及影响因素"。

思政素材来源：习近平在中央政治局常委会会议上研究应对新型冠状病毒肺炎疫情工作时的讲话（2020 年 2 月 3 日）。

思政背景：2020 年年初，新冠疫情在中国武汉爆发，这是新中国成立以来发生的传播速度最快、感染范围最广、防控难度最大的一次重大突发公共卫生事件，同年 1 月 20 日，习近平总书记作出重要指示，要求把人民群众生命安全和身体健康放在第一位，制订周密方案，组织各方力量开展疫情防控，采取有效措施坚决防止疫情蔓延。国务院作出决定，将新冠肺炎纳入《中华人民共和国传染病防治法》规定的乙类传染病，实行甲类管理，这是控制疫情传播的必要环节、关键一步。面对这场没有硝烟的战争，习近平总书记亲自指挥、亲自部署，统揽全局、果断决策，为中国人民抗击疫情坚定了信心、凝聚了力量、指明了方向。在中国共产党的领导下，全国上下贯彻"坚定信心、同舟共济、科学防治、精准施策"的总要求，打响疫情防控的人民战争、总体战、阻击战，开展全方位的人力组织战、物资保障战、科技突击战、资源运动战，书写了人类抗疫历史的奇迹。一个个重大关头的重大决策，一次次以非常之举应对非常之事，中国迅速扭转疫情局势。正如世界卫生组织总干事高级顾问布鲁斯·艾尔沃德（Bruce Aylward）在中国实地考察后分析流行病学曲线时所强调的，"每一条线背后都是中国领导人了不起的政策决定"。

思政元素：科学决策、制度优势。

课前准备：阅读《人民日报》（2020 年 6 月 9 日）文章《艰辛历程，彰显伟大力量——瞩目抗击新冠肺炎疫情的中国行动》；观看纪录片《同心战"疫"》。

5.2.2 课堂教学设计

（1）本章要点

本章节内容有如下要点：决策过程模型、决策的影响因素。

（2）学习目标

［认知目标］

领会：了解决策过程及影响因素，体会决策过程的科学性和严谨性。

应用：立足自身，能够很好地对自己所处环境进行分析，做出合理、理性的决策。

分析：能够分析不确定性给决策带来的难度。

创造：能够结合环境以及决策的情形，合理应用决策过程，做出使自己满意的决策。

［情感目标］

自觉接受中国共产党的领导，了解党委会决策机制。

［态度目标］

自觉拥护中国共产党的领导，践行党的决策，始终同党中央决策部署保持一致。

［价值观目标］

价值判断：立足于对决策影响因素的认识，深刻理解中国共产党的决策机制，并坚决维护党中央的决策。

坚定信念：拥护党中央决策，做社会主义建设的接续者、奋斗者。

（3）重难点

重点：决策的过程。

难点：影响决策的因素。

（4）课堂导入

上节课讲授了决策理论，大家对决策的定义、原则、决策的依据以及决策理论有了一定的认识和了解，在了解这些内容的基础上，我们应如何制定"满意"的决策，为企业、组织、社会增加效益或者减少损失呢？制定决策时应该考虑哪些因素呢？带着这些问题，我们来学习今天的内容——决策过程及影响因素。

（5）讲授内容

知识要点一：决策过程模型

［专业知识］

决策过程通常包括识别问题、诊断原因、确定目标、制订备选方案、选择方案及实施监督六个阶段的工作。

第一阶段，识别问题。识别问题就是要找出现状与预期结果的偏离。管理者面临的问题是多方面的，有危机型问题、非危机型问题、机会型问题等。识别问题是决策的开始，识别问题不当，将直接影响决策效果。

第二阶段，诊断原因。识别问题不是目的，关键要根据各种现象诊断出问题产生的原因，这样才能考虑采取什么措施、选择哪种行动方案。可以通过询问、调查或利用鱼骨图等诊断分析工具发现原因，并将原因区分为主要原因和次要原因。

第三阶段，确定目标。找到问题及原因之后，应该分析问题的各个构成要素，明确各构成要素的相互关系并确定重点，以确定本次决策的最终目标。美籍华裔企业家王安博曾说过，"犹豫不决固然可以免去一些做错事的机会，但也会失去成功的机遇。"犹豫不决通常是目标模糊或不合理所致。

第四阶段，制订备选方案。目标确定后，决策者要找出约束条件下的多个可行方案，并对每个方案的潜在结果进行预测。

第五阶段，选择方案。决策者从方案的可行性、有效性和潜在结果三个方面来选择最优方案。

第六阶段，实施监督。一项科学的决策很可能由于实施方面的困难而无法获得预期效果。这一阶段主要包括宣布决策并为之制订计划、与管理人员沟通并分配任务、激励与培训、监督等。

［板书］

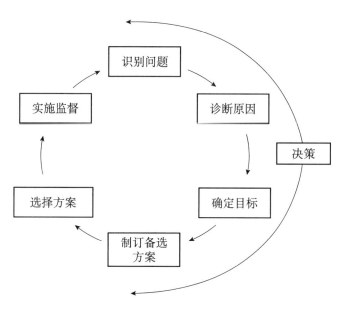

［思政融合点］

中国共产党的领导是中国特色社会主义最本质的特征，也是中国特色社会主义制度的最大优势。中国共产党作为中国的执政党，在带领中国前进的过程中面对各种问题，做出科学决策。

[课堂活动]

根据上述所讲内容，下面结合具体案例来讨论以习近平同志为核心的党中央，在面对疫情考验时是如何迅速、果断、科学地制定决策的。播放纪录片《同心战"疫"》第一集的内容，把学生带入疫情防控的决策现场中，让其感受决策制定的过程。结合一般的决策过程，讨论案例中决策过程每个环节的具体体现；结合案例决策环节，考虑决策过程中应该考虑的因素。

识别问题：面对新冠疫情这一人类从未遇到过的新生事物，以及其引发的疫情防控过程，人类对它们的认识是由浅入深的。疫情早期，病毒致病机理、致病原因、源头、传播途径、传播能力等处于未知状态。根据前期确诊病人数量可以看出，病毒传播速度不容小觑，在无法通过药物、科技手段有效阻断病毒传播链条的前提下，如何快速切断病毒传播链、防止病毒快速扩散成为疫情初期面对的最大难题。

诊断原因：客观实际往往处于纷繁复杂、关系多元的事物背后，这就需要我们揭开现象的层层面纱，找出隐藏在现象背后的客观实际。而如何透过现象看到本质，就需要通过开展调查研究，发现客观实际的全貌，把握问题的本质和规律，进而找到解决问题的思路和对策。习近平总书记强调："重视调查研究，是我们党在革命、建设、改革各个历史时期做好领导工作的重要传家宝。"在疫情攻坚战中，习近平总书记先后赴北京、湖北、浙江、陕西、山西等省市就疫情防控、经济复工复产调研考察。抗疫策略的每一次转变、每一次调整都是基于对客观实际详细调研、全面考量后做出的精准研判。正是通过一次次实地调查研究，摸清了疫情防控的实际情况、了解了百姓关切点，为调整疫情防控策略、复产复工决策等提供了第一手资料，还为全国人民打赢这场没有硝烟的战争注入了强大的信心。

确定目标：基于对问题的认识，在疫情初期，习近平总书记提出"坚定信心、同舟共济、科学防治、精准施策"的总要求，要求把人民群众生命安全和身体健康放在第一位，制订周密方案，组织各方力量开展防控，采取有效措施坚决防止疫情蔓延势头，坚持防控病毒扩散与救治确诊病人，两条战线协同作战、统筹推进。在常态化防控阶段提出"外防输入，内防反弹"的总体策略。

制订备选方案、选择方案：参照历史中人类防疫的经验，国家专家组最早会同湖北省卫生健康委员会制定《不明原因的病毒性肺炎诊疗方案（试行）》等九个文件，党中央高度重视，连续召开中央政治局会议研究部署，习近平总书记作出了一系列重要批示指示，果断决定武汉封城，全国进入疫情防控应急状态。然而，在武汉封城、全国人员暂停流动的情况下，如何保障人民的基本生活需求等一系列问题，党中央都做出了周密的安排和部署。

实施监督：国务院作出决定，将新冠肺炎纳入《中华人民共和国传染病防治法》规定的乙类传染病，实行甲类管理，这是控制疫情传播的必要环节、关键一步。为防止病毒扩散，在习近平总书记的指挥下，对武汉市、湖北省对外通道实施最严格的封闭和交通管制，延长春节假期，取消或延缓各种人员聚集性活动，推迟开学，等等，这一系列旨在迅速切断病毒传播链的举措有序展开。同时在疫情防控中，习近平总书记强调"打赢疫情防控这场人民战争，必须紧紧依靠人民群众""充分发动人民群众，提高群众自我服务、自我防护能力"。正是在这样的指示要求下，中国共产党充分相信、依靠人民群众，积极发挥人民群众的主观能动性，党的460多万个基层组织同人民群众一同构筑起一座座抗击疫情的坚强堡垒，全社会形成了"保护自己就是保护别人，就是为国家做贡献"的社会共识。实践是检验真理的唯一标准，在药物手段未能有效阻断病毒传播链条前，我国采取的防控措施是最有效、最科学的。

为了确保这场战疫的胜利，国家专家组、督导组、领导人先后深入武汉等地调研、督导疫情防控，不仅为疫情防控注入了信心，还加强了民生保障，为后续防控政策的调控提供了科学依据。同时，习近平总书记特别强调，对于疫情防控工作中出现的形式主义、官僚主义等脱离人民群众、脱离工作实际的现象要及时纠正、查处，注重在抗击疫情中检验为民初心和使命担当，严肃问责失职渎职、临阵脱逃的党员干部，大胆使用敢于担当的党员干部，形成了鲜明的用人导向。

在疫情防控进入常态化后，习近平总书记要求实施分级、分类、动态精准防控，实现防控策略的因地制宜、因时制宜。比如，疫情防控策略由2022年1月下旬"内防扩散、外防输出"到同年3月下旬"外防输入、内防反弹"的转变，其内在的根本逻辑就在于制定策略所依赖的客观实际发生了变化。再如，实施分区分级、精准施策防控策略，推行精细化、差异化防控。实践证明，因地制宜的精准化施策，在有效控制疫情的同时，最大限度地确保了人民群众的正常生活，同时有序做好经济建设和疫情防控两手抓。

面对疫情，人民群众最关心、最关切的就是生命安全和身体健康。如何维护好、发展好最广大人民的根本利益，如何及时、有效回应这一关切，如何把党全心全意为人民服务的根本宗旨落到实处，如何发挥好我国的制度优势打赢这场硬仗，是对我国治理能力、对党执政能力的一大考验。在习近平总书记的领导和鼓舞下，党、政、军、民、学、东、西、南、北、中，一切力量以雷驰般速度行动起来，书写了人类抗疫历史的奇迹。世界卫生组织总干事谭德塞对中国行动给予了高度评价："我一生中从未见过这样的动员。"中国行动速度之快、规模之大，世所罕见，展现出中国速度、中国规模、中国效率。

[思政教学效果评价]

对于熟悉案例、能够结合决策过程进行分析的学生，予以课程积分奖励。

知识要点二：决策的影响因素

[专业知识]

面对突发的新冠疫情，如何做出"满意"的决策，我们进行了深入讨论和分析，那么在打赢这场战疫的过程中,有哪些因素会影响决策呢?

我们可以想到以下因素:国外防疫策略;切断病毒传播的途径;保障人民群众健康的方法。在管理学中,我们将决策的影响因素归纳为环境因素、组织自身因素、决策性质因素以及决策主体因素。

[板书]

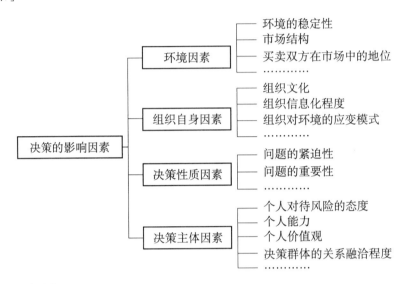

[思政融合点]

面对复杂的国际环境,中国共产党能够领导中国这艘东方巨轮平稳前进,展现出了巨大的制度优势。

[课堂活动]

结合中国新冠疫情防控的案例分别对以上因素进行解释,比如在环境因素方面,要考虑国外疫情防控政策和我国疫情防控政策的差异。在这场疫情面前,习近平总书记一开始就旗帜鲜明地把人民生命安全和身体健康放在第一位,将人民生命安全和身体健康作为部署疫情防控工作的根本出发点,这与部分西方国家领导人形成鲜明对比。在疫情失控的情况下,部分西方国家学习我国采取隔离政策,但获得民众支持甚少,很多人依然不戴口罩、到处走动,甚至举办"新冠肺炎感染者聚会",为病毒蔓延扩散制造机会。这些都说明,长期受西方所谓"自由""民主"等意识形态洗脑的部分西方民众,鲜有集体主义价值观,极端自私、不负责任的个人主义盛行,这种置公共利益、集体利益于不顾的行为,为病毒传播提供了温床。再如,在决策性质因素方面,做好疫情防控既具有时间紧迫性,又具有问题重要性。在问题重要性方面主要表现为:一是高层的高度重视,以习近平同志为核心的党中央连续密集召开中央政治局会议,2020年大年初一召开政治局会议,这属首次,习近平亲自部署、亲自指挥;二是集体的慎重决策,中央政治局会议多次专题研究,并不断听取专家的意见和建议。在时间的紧迫性方面主要表现为在面对人民生命健康安全被严重威胁的情况下,武汉封城,全国按下暂停键，以牺牲经济发展为代价，再一次体现出中国共产党的执政理念——以人民为中心。其他几方面的因素也同样可以从案例中找到说明和印证。

[思政教学效果评价]

对于能够清晰地对案例中决策影响因素进行归纳、整理的学生，予以口头表扬或课程积分奖励。

（6）课堂总结

本节课从中国疫情防控的案例入手，讲解了决策制定的过程和影响决策的主要因素，从以习近平同志为核心的党中央在面对新冠疫情的挑战时做出的科学决策中，我们学到如何面对环境、组织自身等因素的影响，以及如何通过问题的识别、诊断，目标的确定，方案的制定、选择、实施、监督等过程来科学合理地做出决策。虽然本案例是国家治理方面的内容，但学生应触类旁通，因为一个企业、组织在决策中同样要考虑这些因素，只不过各个阶段没有划分得那么清晰。

5.2.3　考核要求

本节课对学生有以下三点考核要求：一是课前能够熟悉案例；二是充分参与课堂讨论；三是能够结合所学知识，以企业决策为案例进行分析。

5.3　法学模块代表性课程思政教学设计

5.3.1　课程信息

课程名称：税法。

使用教材：《税法（第八版）》，安仲文主编，东北财经大学出版社。

授课对象：工商管理类会计专业本科生。

教学内容：第二章增值税法第一节"增值税法基本内容"。

思政素材来源：

2008年12月，中央经济工作会议上首次提出"结构性减税"政策，2015年提出实施减税政策，2016年指出要在减税、降费、降低要素成本上加大工作力度，2019年指出实施更大规模的减税降费，2020年《政府工作报告》中提出加大减税降费力度，2020年12月中央经济工作会议提出要完善减税降费政策，2021年年初全国财政工作会议上提出要持续推进减税降费政策。可见，近些年《政府工作报告》和各类工作会议对减税降费工作进行了周密的部署，减税降费政策力度的持续增加对社会经济发展产生了深远的影响。

2019年3月5日上午，时任国务院总理李克强代表国务院向第十三届全国人民代表大会第二次会议作《政府工作报告》（下称《报告》）。《报告》指出，2019年要实施更大规模的减税,将制造业等行业现行16%的增值税税率降至13%,将交通运输业、建筑业等行业现行10%的税率降至9%;6%一档的税率不变,但通过采取对生产、生活性服务业增加税收抵扣等配套措施,确保所有行业税赋只减不增,继续推进税率三档并两档、税制简化。

《报告》提出,普惠性减税与结构性减税并举,重点降低制造业和小微企业税收负担。结构性减税是有针对性的减税,是特定纳税人可以享受到的减税。例如针对小微企业的减税措施,对月销售额10万元以下的增值税小规模纳税人免征增值税等。对小微企业减免增值税,说明国家对小微企业给予了特殊关爱:一方面它们可以制定较低的价格从而扩大销路,另一方面它们可以维持原价从而扩大利润空间。与普惠性减税不同,结构性减税是一种精准减税。这次增值税普降税率,就是在结构性减税的基础上出台的普惠性减税措施。

减税降费有利于减轻企业负担,提振企业信心;有利于改善收入分配格局,完善税制结构;有利于促进实体经济健康发展,走出经济下行的困境;有利于激发市场活力,促进经济高质量发展。此次前所未有的大规模减税降费,能够为企业创造一个更好的发展环境,对于促进制造业、科技企业、小微企业等发展起到积极作用。

思政背景:社会主义核心价值观中社会层面的价值取向——让利于民,让利于企,法治进步;社会主义核心价值观中个人层面的价值准则——遵纪守法。

思政元素:法治意识、公民意识。

5.3.2 课堂教学设计

(1)本章要点

本章节内容有如下要点:增值税法的概念与发展过程,增值税的类型、特点及作用,增值税的计税原理、征税范围、纳税人、优惠政策。

(2)学习目标

[认知目标]

领会:掌握增值税的基本概念和主要特征,体会增值税的计税原理。

应用:立足于企业特征,能够正确计算企业应承担的增值税额。

分析:分析一般纳税人和小规模纳税人适用不同税率的原因。

创造:对增值税进行合理合法的纳税筹划。

[情感目标]

自觉接受税法的法律约束,形成良好的法治意识。

[态度目标]

深化对税法中所体现的法治理念、法治原则的认知,形成法治思维,遵纪守法,树立正确的企业法治观念和态度。

[价值观目标]

价值判断：立足于正确的义利观，从税法的法治约束角度形成符合社会主义核心价值观的价值观念，能够对企业是否遵守税法做出自己正确的判断。

坚定信念：形成正确的税法观念，深刻理解中国的税收原则——"取之于民，用之于民"，认同国家利益、集体利益、个人利益的一致性，养成遵纪守法的坚定信念。

（3）重难点

重点：增值税法的概念与发展过程。

难点：增值税法中的法治精神。

（4）课堂导入

上节课我们学习了税法的基本原理，对税法的概念、特点及作用，税法与其他法律的关系，税法的分类，税收法律关系的含义、特点，我国税法体系的建立与发展有了一定的认识和掌握，今天我们开始学习税法实体法中增值税法的主要内容。

（5）讲授内容

知识要点一：增值税法的概念与发展过程

[专业知识]

一般认为，增值税是对纳税人在生产经营过程中实现的增值额征收的一种税。在我国，增值税具体指对在中华人民共和国境内销售货物、进口货物或提供加工、修理修配劳务，以及销售服务、无形资产、不动产的单位和个人，以其实现的增值额为征税对象征收的一种税。

增值税法是国家制定的、用以调整国家与增值税纳税人之间征纳活动的权利和义务关系的法律规范。

自1979年我国试行增值税制度以来，增值税法的发展大致经历了五个阶段：

① 引进试点（1979—1993）：1979年，我国引进增值税，随后征收范围不断扩大，税制改革也在不断推进。

② 基本建立（1994—2003）：1994年，我国进行大规模工商税制改革，开始建立起生产型增值税制度。

③ 改革转型（2004—2010）：2009年，我国又进行了一次增值税转型改革，将生产型增值税制度改为消费型增值税制度。但此后又出现了增值税、营业税"两税并存"的局面，一定程度上造成了重复征税的问题。因此，持续扩大增值税征收范围、消除重复征税现象，成为我国增值税制度改革的又一重要目标。

④ 全面推开（2011—2016）：随着2011年"营改增"试点方案的出台，我国正式启动了新一轮税制改革。考虑到财政承受能力及不同行业的发展特点，此次试点采取了分地区、分行业的分步试点做法。2012年1月1日，上海市率先将交通运输业和部

分现代服务业纳入"营改增"试点范围,迈出了增值税税制改革的关键一步。2013年8月1日,"营改增"试点实行地区、行业双扩围,在全国范围内全面推行试点,同时现代服务业的范围增加了广播影视服务,试点行业范围变为"1+7"。2014年1月1日,铁路运输业和邮政服务业被纳入试点范围。同年6月,试点范围又扩大到电信业。2016年5月1日,试点行业进一步扩大到建筑业、房地产业、金融业及生活服务业,并将新增不动产纳入抵扣范围,实现了增值税彻底取代营业税的改革目标,是我国税制改革和发展史上的重大举措之一。2016年的全面推开"营改增"更是我国增值税改革史上一个重要里程碑。

营业税全面退出历史舞台后,我国税制正式进入了"后'营改增'时代",增值税在我国税制体系中的位置更加重要,主体税种地位得到进一步提升,与之相适应的深化改革也从未停止。

深化改革(2017年至今):2017年7月1日,国家取消13%的税率,由四档税率简并为三档税率。2017年12月1日,国务院正式废止《中华人民共和国营业税暂行条例》,同时对《中华人民共和国增值税暂行条例》进行了修改。2018年5月1日,下调增值税税率,将17%的税率下调至16%,将11%的税率下调至10%,同时对小规模纳税人的增值税纳税标准进行了统一。2019年4月1日,再次下调增值税税率,将10%的税率下调至9%,将16%的税率下调至13%,并将不动产分次抵扣改为一次性抵扣。

经过四十多年的改革与发展,目前我国增值税发展已逐步趋向现代化,与之相适应的税收管理也随着经济社会发展和科学技术进步而不断改进优化。

[板书]

[思政融合点]

我国是人民当家作主的国家。企业不仅是价值创造过程的参与者,也是价值分配过程的受益者。因此,在理解增值税法时,要正确理解个人利益与集体利益、企业利益与国家利益、眼前利益与长远利益之间的关系。

法治是社会主义核心价值观的重要组成部分。企业运营过程中,会产生各种各样的税费,学生应掌握增值税的征税范围和计算方法,包括销售额的确认、哪些进项税额准予抵扣、哪些进项税额不得抵扣,以及进项税额抵扣的时限要求。

增值税制度的改革方向是不断创新增值税征管体制,建立"公正、简明、高效"的增值税制度,简化税率档次、降低税负水平、统一计算方法、减少税收成本、实现增值税立法,探索符合我国国情的增值税制度。我国供给侧结构性改革中重要的一环是降低增值税税负,在减税降费的大背景下,完善增值税制度设计能够更有效地发挥减税效应。简并税率、完善抵扣链条、加强服务,完善增值税立法对我国经济社会发展有着深远影响。

[课堂活动]

教学案例:

现在市场上一件商品的零售价为100元,原来增值税为16%,价格中含有增值税额13.79元,不含税价是86.21元,现税率降低为13%,请大家计算现在的零售价。

课堂讨论:

① 请同学们根据政策内容和教学案例,讨论我国为什么数次调低增值税税率、扩大增值税税率进项税的抵扣范围,这对于国家的减税降费政策具有怎样的意义。

② 税率降低会使得零售价降低吗?这会给市场带来什么影响?如果不降价对零售商又有什么影响?

归纳总结:

① 当前中国经济下行压力加大,稳增长成为宏观调控的一个重要内容。从短期看,经济增长需要"三驾马车"拉动,尤其是消费。近年来中国消费的增长动力有所减弱,加之投资增速下降过快,内需明显不足。增值税税率下降后,企业在市场竞争压力下降价,东西便宜了,买的人也就自然多了,消费规模得到进一步扩大,从这个角度看,降低增值税税率,对国家的稳增长是有积极意义的。

② 零售价会降为97.42元。计算过程如下:

$$86.21 \times (1+13\%) = 97.42 (元)$$

零售价降低,买的人增加,老百姓可以享受到价格的优惠,同时国家促进了消费,拉动了内需。

如果零售商不降价,按原来的100元价格出售这件商品,但由于所有商品的增值税税率都降到13%,别的零售商有了降价空间,同样的商品别人卖97.42元而你卖100元,就失去了价格优势。

所以降低增值税税率后,只要是在充分竞争的前提下,商品的零售价迟早都会降低,老百姓可以完全享受到价格的优惠。

[思政教学效果评价]

对于能够对我国增值税改革的背景和发展历程进行梳理,并能够结合当时的国情进行分析的学生,予以课程积分奖励。

知识要点二:增值税的类型、特点及作用

[专业知识]

增值税分为生产型增值税、收入型增值税和消费型增值税三种类型。生产型增值税指在征收增值税时，只能扣除属于非固定资产的那部分生产资料的税款，不允许扣除固定资产的价值或已纳税款。收入型增值税指在征收增值税时，只允许扣除固定资产的当期折旧部分的价值或已纳税款。消费型增值税指在征收增值税时，允许将购置的用于生产的固定资产的价值或已纳税款一次性全部扣除。

增值税具有税不重征、普遍课征、道道征税、税负公平、价外计征的特点。

增值税具有如下作用：一是保证国家财政收入稳定增长；二是促进专业化协作生产的发展；三是促进对外经济贸易交往。

［思政融合点］

财政部网站2018年5月14日发布数据显示，4月份，全国一般公共预算收入18 473亿元，同比增长11%；1—4月，全国一般公共预算收入累计69 019亿元，同比增长12.9%。财政收入保持着较高增速，4月份财政收入创同期历史新高。

对于这个"历史新高"，至少可以从两个层面解读：一是从宏观经济层面来看，说明我国经济运行延续了稳中向好的态势，带动了增值税等收入快速增长，企业效益和居民收入持续改善，带动了企业所得税和个人所得税较快增长；二是财政收入增速仍大于居民收入、企业盈利、GDP增速，说明个人所得税、企业所得税可调节的空间仍然很大，财政收入应与居民收入、企业盈利增速等建立相应的联动机制。

财政收入出现10%以上的增速，说明国民经济出现了稳中向好的态势，增值税、消费税、企业所得税等主体税种保持较快增长，这也离不开来自个人消费、企业盈利等方面的支撑力量。总的来说，财政收入回归10%以上增速不失为一个经济转好的信号之一。

［课堂活动］

学生两人一组，讨论如下问题：

问题1：增值税是如何保证国家财政收入稳定增长的？

问题2：增值税是如何促进专业化协作生产发展的？

问题3：增值税是如何促进对外经济贸易交往的？

问题4：这两年国家为企业和个人减税的力度很大，但税收怎么越减越多呢？

归纳总结：

问题1：增值税具有普遍课征的特点，其课税范围涉及社会的生产、流通、消费等多个领域，凡从事货物销售、提供应税劳务和进口货物的单位和个人，只要取得增值额都要缴纳增值税，税基极为广阔，增值税在货物销售或应税劳务提供的环节课征，其税款随同销售额一并向购买方收取。纳税人不必"垫付"生产经营资金缴税，可以保证财政收入的及时入库。增值税不受生产结构、经营环节变化的影响，使收入具有稳定性。此外，增值税实行购进扣税法和发票注明税款抵扣，使购销单位之间形成相互制约的关系，有利于税务机关对纳税进行交叉稽核，防止偷税、漏税情况的发生。

问题2：随着科学技术的广泛应用，现代工业生产的分工越来越精细，工艺越来越复杂，技术要求越来越高，产品通常具有高、精、尖与大批量的特点，这就要求切实改进"大而全""小而全"的低效能生产模式，大力发展生产专业化、协作化。实行增值税有效地排除了按销售额计税所造成的重复征税弊端，使税负不受生产组织结构和经营方式变化的影响，始终保持平衡。因此，增值税不但有利于生产向专业化协作方向发展，也不影响企业在专业化基础上的联合经营，从而有利于社会生产要素的优化配置，调整生产经营结构。从商品流通来看，增值税负担不受商品流转环节多寡的影响，有利于疏通商品流通渠道，实现采购远销。

问题3：随着世界贸易的发展，各国之间商品出口竞争日趋激烈。许多国家政府为了提高本国商品的出口竞争力，大多对出口商品实行退税政策，使之以不含税价格进入国际市场。然而在传统间接税制下，出口商品价格所包含的税金因该商品的生产结构、经营环节不同而差别较大，因而给准确退税带来很大困难。实行增值税从根本上克服了这一弊端，这是因为一个商品在出口环节前缴纳的全部税金与该商品在最终销售环节或出口环节的总体税负是一致的，根据最终销售额和增值税率计算出来的增值税额，也就是该商品出口以前各环节已缴纳的增值税额。如果将这笔税额退还给商品出口经营者，就能做到出口退税的准确、彻底，使之以完全不含税价格进入国际市场。

对于进口商品，由于按增值额设计税率，要比按"全值"征税要高，并且按进口商品的组成价格计税，从而把进口商品在出口国因退税或不征税给进口企业带来的经济利益转化为国家所有，这样不仅平衡了进口商品和国内生产商品的税负，而且有利于根据国家的外贸政策，对进出口商品实行奖励或限制，保证国家的经济权益和民族工业的发展。

问题4：减税是实实在在的，但增值税、企业所得税、个人所得税近年来的税收都保持高速增长，一个很重要的原因就是征税刚性增强，即应征尽征，避税和逃税的空间由于征管部门科技力量的增强被大大压缩了。可以预见的是，未来税收刚性将进一步增强，我们所有人都处在高科技的监管条件下，无"税"可逃。显然，这将有助于实现社会公平，依法纳税也是现代社会的应有之义。也就是说，虽然国家不断加大减税力度，但企业和个人的实际税负总体上可能是增加的，这有助于实现公平的税负、国民收入分配的良性社会环境。

[思政教学效果评价]

对于能够明确回答上述问题的学生，予以口头表扬或课堂积分奖励。

知识要点三：增值税的计税原理、征税范围、纳税人、优惠政策

[专业知识]

增值税的计税原理是通过增值税的计税方法体现出来的。增值税以每一生产经营环节发生的货物、劳务、服务的销售额为计税依据，然后按规定税率计算出货物、劳务、服务的整体税负，同时通过税款抵扣的方式将外购项目在以前环节已纳的税款予以扣除，从而完全避免重复征税。增值税的计税原理具体体现在以下三个方面：第一，按全部销售额计算税款，但只对货物、劳务、服务中新增价值部分征税。第二，实行税款抵扣制度，对以前环节已纳税款予以扣除。第三，税款随着货物的销售逐环节转移，最终消费者是全部税款的承担者，但各环节的纳税人并不承担增值税税款。政府并不直接向消费者征税，而是在生产经营的各个环节分段征收。

在中华人民共和国境内销售货物，提供加工、修理、修配劳务，销售服务、无形资产和不动产，以及进口货物都属于增值税的征税范围。

增值税的纳税人为在中华人民共和国境内销售货物、进口货物或提供加工、修理、修配劳务以及应税服务的单位和个人。

小规模纳税人是指年应征增值税销售额在规定标准以下，且会计核算不健全，不能按规定报送有关税务资料的增值税纳税人。其认定规则主要包括以下两点：一是年应征增值税销售额（简称"年应税销售额"，包括一个公历年度内的全部应税销售额）在500万元及以下。二是年应税销售额超过小规模纳税人标准的其他个人，按照小规模纳税人纳税；非企业性单位、不经常发生应税行为的企业，可选择按小规模纳税人纳税。

我国增值税的优惠政策形式，主要包括直接免征、直接减征、即征即退、先征后退和先征后返五种形式。关于增值税优惠政策的适用情况，还有以下三条规定：一是纳税人兼营减免税项目的，应单独核算减免项目的销售额，未单独核算销售额的不得减免税；二是纳税人销售货物或应税劳务适用免税规定的，可以放弃免税，依照规定缴纳增值税，但放弃免税后36个月内不得再申请免税；三是增值税的减免税项目由国务院规定，任何地区、部门均不得规定减免税项目。

［思政结合点］

"税负平等"是社会主义核心价值观的应有之义。在现代社会，平等意味着人们在社会、政治、经济、法律等方面享有相等待遇。我国宪法明确规定，中华人民共和国公民在法律面前一律平等。

［课堂活动］

2019年上半年我国出台的增值税优惠政策，除小微企业普惠性税收优惠、深化增值税改革相关政策外，还有针对重点领域、重点群体创业就业及其他优惠政策，比如《财政部 税务总局关于明确养老机构免征增值税等政策的通知》（财税〔2019〕20号）、《财政部 税务总局 退役军人部关于进一步扶持自主就业退役士兵创业就业有关税收政策的通知》（财税〔2019〕21号）、《财政部 税务总局 人力资源社会保障部 国务院扶贫办关于进一步支持和促进重点群体创业就业有关税收政策的通知》（财税〔2019〕22号）、《财政部 税务总局关于延续供热企业增值税 房产税 城镇土地使用税优惠政策的通知》（财税〔2019〕38号）、《财政部 税务总局关于继续实行农村饮水安全工程税收优惠政策的公告》（财政部税务总局公告2019年第67号）、《财政部 税务

总局 科技部 教育部关于科技企业孵化器大学科技园和众创空间税收政策的通知》(财税〔2018〕120号)、《财政部 税务总局关于冬奥会和冬残奥会企业赞助有关增值税政策的通知》(财税〔2019〕6号)等都从不同层面给予一定的政策减免优惠,充分体现了中国共产党让利于民、执政为民的理念。

课堂讨论:

问题1:国家为什么要在增值税普遍课征的基础上给予特殊群体增值税税收优惠?

问题2:实行税收优惠政策就不能体现税负公平了吗?

归纳总结:

问题1:增值税税收优惠政策在不同时期、不同地域、不同行业是不同的。在不同行业/企业中,国家制定税收优惠政策的目的也是不同的。针对高新技术行业,目的在于促进企业更新设备,鼓励研发,增加产值,具体优惠政策包括对直接用于科学研究、科学试验以及教学的进口仪器、设备免征增值税。针对外企,目的在于促进各国吸引更多的外国直接投资。针对农业,目的在于减轻农民负担,增加农民收入,提高农民生活水平,缩小城乡收入差距,等等。但整体而言,增值税税收优惠政策是国家为了保民生、促发展,让利于民的伟大举措。

问题2:税收的本质体现着作为权力主体的国家,在取得财政收入的活动中,同社会集团、社会成员之间所形成的一种特定分配关系,它是社会中整个产品分配关系的有机组成部分,也是社会中整个生产关系的有机组成部分。

税收优惠政策是指税法对某些纳税人和征税对象给予鼓励和照顾的一种特殊规定。比如,免除其应缴的全部或部分税款,或者按照其缴纳税款的一定比例给予返还等,从而减轻其税收负担。税收优惠促进经济增长的作用机制,是指政府增加或减少税收所引起的国民收入变动的程度,体现为税收作用的力度。税收优惠政策是国家利用税收调节经济的具体手段,国家通过实施税收优惠政策,扶持某些特殊地区、产业、企业和产品的发展,促进产业结构的升级和社会经济的协调发展,具体体现在如下五个方面:

第一,税收优惠促进了区域经济发展。由于欠发达地区的区位优势差,产品远离市场,流通成本高,投资者无法获得超平均利润。而资本"嫌贫爱富"的本性决定了资本必然流向投资利润率高的地区。要缓解或改变这种天然劣势,就需要利用税收的调节功能,提高待开发地区的税后投资收益率,引导市场要素向这些地区流动,从而加速开发的进程。在同样的投资条件下,税收优惠政策落实更扎实有力的地方会更容易吸引资金;在同样的竞争环境下,税收优惠政策落实更坚决到位的地方也会成为企业壮大的摇篮。

第二,税收优惠加快了重点企业发展。税收优惠政策促进经济发展,在微观上表现为降低企业的投资成本,提高投资收益率,从而影响企业投资决策,实现产业协同,促进新型工业化发展格局的形成。

第三,税收优惠促进了非公有制经济发展。近年来,我国非公有制经济发展迅速,成为最具发展潜力和发展后劲的新经济增长点。税收优惠政策作为非公有制经济发展的重要推动力，在引导投资和产业发展等方面作用显著。

第四，税收优惠促进了就业和再就业。国家税务总局关于失业人员再就业的税收优惠政策缓解了失业人员的再就业问题，发挥了社会"稳定器"作用。

第五，税收优惠增强了小微企业的竞争力、存活力。小微企业的资金周转困难，常常陷入财务危机。针对小微企业的税收优惠政策对其来说可谓雪中送炭，大幅缓解了企业的资金周转问题，使企业在形势严峻的经济态势下仍能继续生存、壮大。

[思政教学效果评价]

同学们针对上述问题可以各抒己见，分小组讨论，进行交叉点评，教师对表现较好的小组予以口头表扬或课程积分奖励。

（6）课堂总结

本节课完整地学习了增值税的概念、发展、作用及优惠政策，并对增值税发展过程中税负公平、依法纳税等关键问题进行了概述。本节课是后续教学内容的基础，需要大家深入理解，以便在后续学习中掌握增值税相关的实操方法。

5.3.3 考核要求

本节课对学生有以下三点考核要求：一是课前能够熟悉案例；二是充分参与课堂讨论；三是能够结合所学的理论，参与增值税计算及缴纳的实践。

5.4 组织与领导模块代表性课程思政教学设计

5.4.1 课程信息

课程名称：组织行为学。

使用教材：《组织行为学（第14版）》，斯蒂芬·P. 罗宾斯、蒂莫西·A. 贾奇著，中国人民大学出版社。

授课对象：工商管理类专业本科生。

教学内容：第二章动机与激励第四节"在中国文化背景下的激励实践"。

思政素材来源：中国传统文化关于人的需要的论述及"民本思想"；毛泽东关于"鞍钢宪法"的批示及其管理意涵；中国共产党历次重要会议报告，我国党和政府领导人及学界关于分配政策的重要论述，特别是有关效率与公平关系的理论探索及科学定位。

思政背景：有效的激励措施是组织实现特定目标（如保持竞争力）的前提。激励的实质在于，根据员工需要设置某些目标，并通过引导，使员工出现有利于组织目标实现的优势动机并按组织所需要的方式行动。中国传统文化中蕴含着丰富的激励思想。

中华人民共和国自成立以来，在经济建设的过程中探索出了诸多行之有效的激励手段。本节课以企业管理中的激励实践为主要知识点，拟在教学过程中融入中国传统文化教育，使学生提高文化素养，并通过解析中华人民共和国成立以来党和政府在提高员工主人翁意识、调节效率与公平的关系等方面所采取的具体举措，增强学生的政治认同。

思政元素：中国传统文化中的"民本思想"、员工的主人翁意识、文化自信、制度自信、文化素养。

课前准备：阅读5.4.4中的附件一、附件二。

5.4.2 课堂教学设计

（1）本章要点

组织是人们为了实现一定目标，运用信念、理想、态度、知识、技能和其他要素互相协作结合而成的具有一定边界的集体或团体。企业组织作为一类以盈利为目的的社会组织，立足于员工的需求与动机，并据此设计符合企业发展战略的目标，通过有效的激励手段引导员工按有利于企业组织的目标而行动，实现企业组织的预期目标。本章节要点包括如下内容：个人目标与组织目标、物质激励与精神激励、外在激励与内在激励、正强化与负强化、按需激励的原则、公平民主的原则。

（2）学习目标

[认知目标]

领会：理解激励的一般原则，体会组织激励与员工动机的契合点及激励的作用。

应用：立足于员工的需求与动机，选择合理的激励手段。

分析：对物质激励与精神激励的思想、方法与工具加以区分。

创造：将员工的需求、动机与企业目标和我国传统文化、制度创新结合起来，参与企业管理的激励实践。

[情感目标]

自觉学习中国传统文化中关于人的需要与"民本思想"等精华，充分认同中华人民共和国成立以来党和政府在激励人民方面的举措。

[态度目标]

自愿接受符合中国文化背景、价值传统与基本国情的激励手段，并将其融入管理实践之中。

[价值观目标]

价值判断：立足于我国传统文化与正确的价值观念，对企业组织的各种激励手段与措施的合理性做出自己的判断。

坚定信念：对中国传统文化中的精华和中国特色社会主义形成稳定的、内在的认同意识，将文化自信和制度自信内化于心、外化于行。

(3) 重难点

重点：激励的一般原则及两种主要的激励形式（物质激励和精神激励）。

难点：物质激励与精神激励在激励实践中的应用。

(4) 课堂导入

前面几节课已对需要、动机、行为等基本概念进行了界定与解析，并对激励的需要理论、激励的过程理论、综合激励理论等本领域主要的理论流派进行了系统介绍。学习理论的目的，就是将其应用到企业的激励实践之中。本节课将重点介绍如何将前述理论应用于激励实践。

(5) 讲授内容

知识要点一：个人目标与组织目标

[专业知识]

激励的原则之一就是个人目标与组织目标相结合，这一原则的核心在于目标的设定与分解。在激励机制中，设置目标是一个关键环节，目标设置必须体现组织目标的要求，否则激励将偏离实现组织目标的方向。同时，目标的设置还必须满足员工个人的需求与动机，否则无法提高员工的目标效价，达不到满意的激励强度，也无法形成"奖励目标—努力—绩效—奖励—满意"以及从"满意"反馈回"努力"这样的良性循环。只有将组织目标与个人目标结合好，使组织目标最大程度地包含个人目标，才会收到良好的激励效果。

[板书]

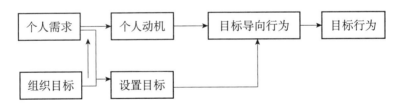

[思政融合点]

中华人民共和国成立初期，中国共产党引导工农群众发挥当家作主的主人翁意识，用参与感、荣誉感、成就感塑造爱国、爱企的员工队伍。主人翁意识是社会主义法律意识的本质体现，即社会主义性质的权利主体意识。广大劳动人民在剥削阶级占统治地位的社会里不可能成为权利主体，或只在形式上成为权利主体；只有在社会主义国家，才能真正成为平等的权利主体，才能成为国家法律的主人，享有权利、履行义务。中华人民共和国的成立，标志着人民当家作主的开始。在社会主义国家，主人翁意识意味着以和谐关系为导向，将个人利益与国家利益相结合，在满足个人需要的前提下强调集体主义精神，促进组织目标和国家利益的实现。"鞍钢宪法"就是此方面的典型事例。

[课堂活动]

请学生阅读"鞍钢宪法"相关资料（5.4.4中的附件一），回答如下问题：

问题1：毛泽东曾要求"在1960年一个整年内，有领导地，一环接一环、一浪接一浪地实行伟大的马克思列宁主义的城乡经济技术革命运动。"如何理解这个批示？

问题2："两参一改三结合"① 体现了怎样的精神？

问题3：美国麻省理工学院管理学教授罗伯特·托马斯（Robert Thomas）明确指出，"鞍钢宪法管理"是"全面质量"和"团队合作"理论的精髓，它弘扬的"经济民主"正是提高企业效率的关键之一。如何理解这种评价？

[思政教学效果评价]

对于能够结合专业知识回答案例问题的学生，予以课程积分奖励。

知识要点二：物质激励与精神激励

[专业知识]

员工存在物质需求和精神需求，相应的激励方式也应包括物质激励与精神激励。物质需求是人类最基础的需求，但它的层次也最低，导致物质激励的程度有限。因此，随着生产力水平和员工素质的提高，应把重心转移到满足较高层次需求（即社交、尊重、自我实现需求）上，以精神激励为主。过度的物质激励会导致拜金主义，过度的精神激励也会导致唯意志论或精神万能论，事实证明在这个问题上应避免走极端。

[板书]

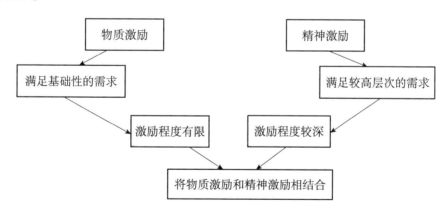

[思政融合点]

中国古代，有很多思想家曾对人的需求进行论述。例如，春秋时期，管仲把人的行为归结为"夫凡人之有为也，非名之则利之也"；战国时期，杨朱认为世人的奔忙是对寿（健康）、名（名誉）、位（地位）、货（财富）的追求；明末清初，思想家王夫之指出，人的四种需求分别是"声色""货利""权势""事功"。

---

① "两参"即干部参加生产劳动，工人参加企业管理；"一改"即改革企业中不合理的规章制度；"三结合"即在技术改革中实行企业领导干部、技术人员、工人三结合。

[课堂活动]

学生两人一组,结合上述材料进行简短讨论,并回答如下问题:上述三则论述中所体现的人的需求有哪些?如何结合这些需求进行有效激励?

[课后练习与作业]

学生四人一组,结合教材内容,列举在企业管理实践中物质激励与精神激励的具体方法,比较各个方法的优劣,并针对某种类型的企业,提出将二者相结合的具体方案。

[思政教学效果评价]

每一小组完成上述任务后,应用交叉打分法,邀请另一小组对本组的方案进行五分制的评分。要求两个小组不能互相评价,即评价者要将自己的方案交给被评价者之外的第三个小组评分。对得分最高的优胜者予以课程积分或其他形式的奖励。

知识要点三:外在激励与内在激励

[专业知识]

根据两因素理论(two factor theory),激励中存在两种因素——保健因素和激励因素。凡是满足员工生理、安全、社交需要的因素都属于保健因素,其作用只是消除不满,但不会使员工产生满意。这类因素如工资、资金、福利、人际关系,也称外在激励因素。满足员工尊重和自我实现需要的因素则属于激励因素,可以使员工产生满意,从而使员工更积极地工作,这些因素也称内在激励因素。由于内在激励因素的存在,员工可以从工作本身(而非工作环境)中获得很大的满足感;或在工作中感受到很大的乐趣、挑战性、新鲜感;或在工作中取得成就、激发潜力、实现个人价值。这一切所产生的工作动力远比外在激励要更加深刻和持久。因此,在激励实践中,领导者应善于将两种激励方式相结合,并且以内在激励为主,力求实现事半功倍的效果。

[板书]

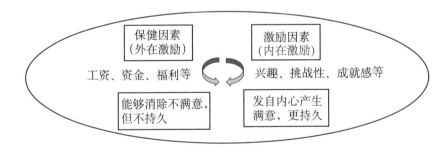

[思政融合点]

应用马克思主义哲学中关于内因与外因之间关系的原理,对内在激励和外在激励产生的不同作用加以分析。内外因辩证原理指事物的内部矛盾(即内因)是事物自身运动的源泉和动力,也是事物发展的主要原因,外部矛盾(即外因)是事物发展的次要原因;内因是变化的根据,外因是变化的条件,外因通过内因而起作用。

[课堂活动]

习近平总书记曾提出"五个更加自觉":第一,全党要更加自觉地坚持党的领导和我国社会主义制度,坚决反对一切削弱、歪曲、否定党的领导和我国社会主义制度的言行;第二,更加自觉地维护人民利益,坚决反对一切损害人民利益、脱离群众的行为;第三,更加自觉地投身改革创新时代潮流,坚决破除一切顽瘴痼疾;第四,更加自觉地维护我国主权、安全、发展利益,坚决反对一切分裂祖国、破坏民族团结和社会和谐稳定的行为;第五,更加自觉地防范各种风险,坚决战胜一切在政治、经济、文化、社会等领域和自然界出现的困难和挑战。

阅读上述"五个更加自觉"的材料,请学生回忆两因素理论,并尽可能多地写出激励因素和保健因素。应用内外因辩证原理,比较分析所列举的激励因素和保健因素在管理中的实际作用,进而分析"五个更加自觉"如何从国家发展的角度体现了内因对于我国经济和社会发展的重要性。

[思政教学效果评价]

对于列举因素最多且分类最令人信服的学生,予以课程积分奖励。

知识要点四:正强化与负强化

[专业知识]

根据强化理论,可把强化(即激励)划分为正强化和负强化。正强化就是对员工符合组织目标的期望行为进行奖励,使得这种行为更多地出现,提高员工积极性;负强化就是对员工违背组织目标的非期望行为进行惩罚,使得这种行为不再发生,使犯错的员工"弃恶从善"。显然正强化和负强化都是必要而有效的,不仅作用于当事人,而且会间接地影响组织中的其他人。但鉴于负强化具有一定的消极作用,容易使当事人产生挫折心理和挫折行为,应该慎用。因此,领导者在激励实践中应该把正强化与负强化巧妙地结合起来,并且坚持以正强化为主、负强化为辅。

[板书]

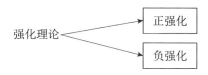

[思政融合点]

中国传统文化中关于赏罚的思想。

[课堂活动]

材料一:唐太宗李世民曾说,"赏当其劳,无功者自退;罚当其罪,为恶者戒惧。"

材料二:徐干在《中论·赏罚》中说,"赏轻则民不劝,罚轻则民亡惧,赏重则民侥幸,罚重则民无聊。"

分析上述两则材料中所体现的强化理论与激励思想,并结合你所了解的中国古代文化中的赏罚事例展开分析。

[思政教学效果评价]

对于积极参与课堂活动并做出高质量分析的学生，给予口头表扬。

知识要点五：按需激励的原则

[专业知识]

激励的起点是满足员工的需求，但员工的需求因人而异、因时而异，存在着个体差异性和动态性，并且只有满足员工最迫切的需求（主导需求），激励的效果才是最好的。因此，领导者在进行激励时，切不可犯经验主义错误。领导者必须深入地进行调查研究，不断了解本组织员工需求层次和需求结构的变化趋势，有针对性地采取激励措施，才能收到实效。一些组织出现"奖金越发越多，而员工出勤率越来越低"的现象，正是领导者违背激励原则而尝到的苦果。

[板书]

分析员工需求→识别主导需求→满足主导需求

[思政融合点]

马克思主义哲学唯物辩证法与矛盾论中关于抓主要矛盾的观点和方法。

[课堂活动]

毛泽东同志曾指出："任何过程如果有多数矛盾存在的话，其中必定有一种是主要的，起着领导的、决定的作用，其他则处于次要和服从的地位。"对员工的激励来说，其需求可能是多方面的，只有满足最迫切的需求（主导需求）的措施，其效价才高，激励强度才大。

学生两人一组，一人扮演公司的新员工，并列出自己的需求；另一人扮演公司的总经理，就这些需求加以分析，并对其中效价最高的需求设计激励方案。进而，双方展开讨论，分析所列需求中哪些属于主要矛盾，如何解决主要矛盾，解决主要矛盾的意义何在。

[思政教学效果评价]

对于积极参与课堂活动的学生，予以课程积分奖励。

知识要点六：公平民主的原则

[专业知识]

公平是激励的一个基本原则。如果激励措施不公平，赏不当赏，罚不当罚，不仅收不到预期效果，反而会造成许多消极后果。公平就意味着赏罚严明、赏罚适度，激励者铁面无私、不论亲疏、不分远近、一视同仁。赏罚制度应从实际出发，赏与功相匹配，罚与罪相对应，既不能小功重奖，也不能大过轻罚。民主是公平的保证，也是社会主义激励的本质特征。在国有企业，职工代表大会对企业的薪酬奖惩制度具有决定权，对企业负责人的奖惩具有建议权。

[板书]

[思政融合点]

中国共产党关于公平与效率关系的论述。

[课堂活动]

阅读5.4.4中的附件二，讨论中国共产党关于公平与效率的论述如何体现了"以人民为中心"的激励思想。

[思政教学效果评价]

对于论述完整、体会深刻的学生，予以口头表扬或课程积分奖励。

（6）课堂总结

本节课通过对激励的多个知识点的学习，将需求层次理论、强化理论等诸多经典理论应用于管理实践，实现了在中国文化背景下有效实施激励以提高管理水平的目的。

5.4.3 考核要求

本节课对学生有以下三点考核要求：一是课前能够熟悉案例；二是充分参与课堂讨论；三是能够结合所学的激励理论，将其应用于管理实践。

5.4.4 附件

附件一："鞍钢宪法"

1960年3月11日，中共鞍山市委向党中央提交了《关于工业战线上的技术革新和技术革命运动开展情况的报告》，毛泽东在3月22日对该报告的批示中高度评价了鞍山钢铁产业的经验，提出了管理社会主义企业的原则，即开展技术革命，大搞群众运动，实行"两参一改三结合"，坚持政治挂帅，实行党委领导下的厂长负责制，并把这些原则称为"鞍钢宪法"，在全国范围内推广。

"鞍钢宪法"的核心内容是"干部参加劳动，工人参加管理；改革不合理的规章制度；干部和工人在生产实践和技术革命中相结合。"对毛泽东批示的"鞍钢宪法"，后来被美国麻省理工学院托马斯教授评价为"全面质量管理"和"团队合作"理论的精髓。而到了20世纪70年代，以日本丰田为代表的全面质量管理和团队合作精神实际上就是毛泽东所倡导的"充分发挥劳动者个人主观能动性、创造性的'鞍钢宪法'精神"。

附件二：效率与公平关系的理论探索及科学定位①

我国改革开放前和改革开放初期，没有专门讨论过效率与公平的关系问题。从

---

① 资料来源：https://www.doc88.com/p-617721249844.htm？r=1（访问时间：2023年7月11日）。

1987年党的十三大报告起，到2007年党的十七大报告，效率与公平问题一直是中央文件和理论界关注的热点。十七大报告对该问题给予准确定位，作出了中国特色社会主义分配制度中处理好效率与公平关系的总结。

十三大报告提出我们的分配政策是"在促进效率提高的前提下体现社会公平"。十四大报告改为"兼顾效率与公平"。1993年党的十四届三中全会通过的决定做了重大改变：个人收入分配要"体现效率优先、兼顾公平的原则"，将分配公平放在一个从属的次要地位。十五大报告和十六大报告仍提用"效率优先、兼顾公平"，十六大报告还进一步说明："初次分配注重效率，发挥市场的作用……再分配注重公平，加强政府对收入分配的调节职能，调节差距过大收入。"这个问题的理论是非需要弄清。一般的解读是：强调效率优先与分配公平，是反对平均主义所必要的。平均是"干不干一个样，干多干少一个样，干好干差一个样"，实质上是干得少的、差的人侵占了干得多的、好的人一部分劳动成果，是很不公平的。分配不公，必然损害劳动效率和生产效率。所以，强调分配公平就意味着反对平均主义，十三大和十四大从"既重公平又重效率"的角度否定了平均主义。事实上，改提效率优先、兼顾公平，初次分配重效率，发挥市场作用，再分配重视公平，发挥政府调节作用，是从建立社会主义市场经济体制，由市场配置资源（包括劳动力资源）、提高效率着眼的，是体现市场管效率、政府管公平的一种理论观点。

但是，社会主义市场经济与资本主义市场经济有所不同，个人收入分配不能完全由市场机制自发调节。面对我国收入差距扩大的趋势及其导致的矛盾凸显，党的十六届四中全会提出："注重社会公平，合理调整收入分配格局，切实采取有力措施解决地区之间和部分社会成员收入差距过大的问题，逐步实现全体人员的共同富裕。"2005年10月，十六届五中全会再次提出：注重社会公平，特别要关注就业机会和分配过程的公平，努力缓解收入分配差距扩大的趋势。2006年，十六届六中全会又强调提出：更加注重社会公平，着力提高低收入者的收入水平，逐步扩大中等收入者的比重，促进共同富裕。

虽然中央转向了更加重视公平，但由于没有提出关于效率与公平关系调整后的新概括，有的学者依然在"效率优先"的框架中解读更加重视分配公平的新提法。十七大报告解决了这个问题，提出"初次分配和再分配都要处理好效率和公平的关系，再分配更加注重公平"，并且"把提高效率同促进社会公平统一起来"作为我国摆脱贫困、加快实现现代化、巩固和发展社会主义的十大宝贵经验之一，由此统一了全党和学界对这一问题的理解和认识——分配领域中的效率与公平是统一的，是相互促进的。

胡锦涛同志强调，提高居民收入在国民收入分配中的比重，提高劳动报酬在初次分配中的比重，初次分配和再分配都要兼顾效率和公平，再分配更加注重公平，多渠道增加居民财产性收入。

"兼顾效率和公平"在党的十八大报告中明确提出确实令人耳目一新，让我们看到了今后在收入分配中，效率和公平将处于同样重要的位置。这几个字的微妙变化，体现出缩小收入分配差距、坚持社会公平正义将成为今后工作的重要前提，广大居民尤其是低收入者必然会从中受益。

实践证明，在"效率优先、兼顾公平"的原则之下，我国经济发展驶入"快车道"，并跻身于世界第二大经济体，中华民族以更强大的姿态高耸于世界之林，人民的生活水平随之有了明显提高。然而不可否认的是，在经济快速发展的同时，出现了收入差距扩大、收入分配不公平等问题，劳动报酬低也造就了大量廉价劳动力，他们成为社会发展中的弱势群体，在就业、劳动条件、医疗、社保等多方面受到不公平待遇。因此，近年来在城市、农村、各行业之中，"涨工资"的呼声越来越强烈，中央也致力于研究探索收入分配改革方案。由此可见，要缩小收入分配差距、扩大普通居民收入，就必须在收入分配过程中更加注重公平，提升居民收入"短板"才能提升国民整体收入水平。

我们欣喜地看到，党的十八大对此作出了回应，明确提出"初次分配和再分配都要兼顾效率和公平，再分配更加注重公平"。无疑这是一种进步，是服务型政府务实工作的体现，是社会和谐发展的必然要求，是发展成果由人民共享的更好体现。可以说，"兼顾效率和公平"翻开了我国更加重视社会公平正义、更加重视低收入群体的新篇章。

党的十八大报告提出，调整国民收入分配格局，着力解决收入分配差距较大问题，使发展成果更多更公平地惠及全体人民，朝着共同富裕方向稳步前进。"更公平"三个字写进党代会报告，是以人为本理念的进一步深化，也是执政党将以更大力度改善民生和加强社会建设的明确信号。

党的十九大报告指出，必须始终把人民利益摆在至高无上的地位，让改革发展成果更多、更公平地惠及全体人民，朝着实现全体人民共同富裕的目标不断迈进。报告在论述提高保障和改善民生水平、加强和创新社会治理的部分，特别强调要提高就业质量和人民收入水平。同时，党的十九大报告指出，坚持在经济增长的同时实现居民收入同步增长，在劳动生产率提高的同时实现劳动报酬同步提高。既讲"同步"，也讲"同时"，课件十九大报告的表述丰富了以前"两个同步"的含义。

党的二十大报告指出，扎实推进共同富裕，完善分配制度，构建初次分配、再分配、第三次分配协调配套的制度体系。

5.5　战略管理模块代表性课程思政教学设计

5.5.1　课程信息

课程名称：战略管理。

使用教材：《企业战略管理（第三版）》，赵越春编著，中国人民大学出版社。

授课对象：工商管理类专业本科二年级学生。

教学内容：第七章企业总体战略第二节"差异化战略。"

思政案例来源：毛泽东思想中的"农村包围城市"和"压强原则"。毛泽东曾说：什么是知识？自从有阶级的社会存在以来，世界上的知识只有两门，一门叫作生产斗争知识，一门叫作阶级斗争知识。王沪宁在学习习近平总书记建党百年重要讲话精神中指出，要围绕重大理论与实践问题，着力领会讲话中的新提法、新论断、新理念、新观点，在学懂、弄通、做实上下功夫。

思政背景：崇尚知识和不断学习这两个特质令任正非拥有比别人更加丰富的知识背景，他从华为等企业每一次的成功和失败中吸取经验，从而避免在战略制定上因无知而犯错误，从一开始就提高了战略的精准度。例如，任正非对"农村包围城市"和"压强原则"的活学活用就体现了知识对战略制定的帮助。在创业初期，任正非在市场战略上落后于竞争对手，"农村包围城市"启发他从农村市场切入。当时，跨国公司主战场在城市，无暇顾及农村，而且跨国公司的经营模式不适合农村"低成本""低回报"的需求。任正非经过细致的调查，将自主研发的C&C08交换机投入农村市场，成功打开了局面。在"压强原则"的指导下，任正非采取专业化战略，重点打击竞争对手，以高于竞争对手的强度配置企业资源，使华为迅速获得市场认可。在业务战略上，华为坚持走专业化道路构建企业的核心竞争力；在企业文化建设上，华为以规范运作和职业管理取代狼性文化，辅助华为进行制度化的发展；在目标和愿景上，华为已经将"成为世界级领先企业"写入《华为基本法》，这是华为所有战略活动的最终导向。

思政元素：品牌强国、企业家精神、制度自信。

5.5.2 课堂教学设计

（1）本章要点

通过本章的学习，学生应理解战略的层次性与不同层次的战略，理解公司层战略的内涵及性质，了解公司创造价值的方式，掌握公司层战略管理的基本模式，能够分析纵向行业多元化战略、共享型行业多元化战略和不相关行业多元化战略的利弊，掌握行业多元化战略实施的动机、时机、速度和程度，并能够判断实践中企业实施多元化战略的动态调整趋势。此外，学生还应了解业务层战略的定义与适用范围，理解低成本、差异化和聚焦战略的性质及特点，掌握发现独特目标市场和顾客诉求的方法，能够对业务层战略进行取舍且持续创新。

（2）学习目标

［认知目标］

领会：掌握差异化战略的概念及类型，以及不同类型战略发挥的作用。

应用：能够将差异化战略应用到个人职业生涯规划中。

分析：能够对不同差异化战略类型进行分析。

创造：能够结合差异化战略的类型，根据实际将不同类型的战略结合使用。

［情感目标］

作为公民，自觉接受国家战略安排，与党中央战略决策保持高度一致；作为员工，与企业发展战略保持一致。

［态度目标］

在学习和实践中，积极投身于国家战略实践，在新时代的赶考路上做出自己应有的贡献。

［价值观目标］

价值判断：树立长远目光，不为眼前利益得失而犯错。

坚定信念：树立正确的人生观、价值观，具有坚定的信念和持之以恒的执行力。

（3）重难点

重点：差异化战略类型。

难点：管理者如何通过价值驱动因素增强战略差异化。

（4）课堂导入

前面我们学习了以价格为基础的战略，这节课我们接着学习竞争的差异化战略。

（5）讲授内容

知识要点一：差异化战略概念

［专业知识］

差异化战略是指企业为使产品、服务、企业形象等与竞争对手有明显的区别，进而获得竞争优势而采取的战略。

这种战略的重点是创造整个行业和所有顾客都认为独特的产品和服务。实现差异化战略，可以培养用户对品牌的忠诚。因此，差异化战略是使企业获得高于同行业平均水平利润的一种有效的竞争战略。企业必须清楚什么是买方的价值，如何提高买方的价值，这样才能保证企业竞争优势和品牌价值。

［思政融合点］

人们在认识事物的时候，既要看到事物相互区别的一面，又要看到事物相互联系的一面，把两者有机统一起来，以实现两者和谐发展的目的。差异化战略体现了目标实现路径的差异，正所谓"条条大路通罗马"。个人在发展中会遇到很多挫折或坎坷，有些可以克服，有些则无法克服，这就需要我们以不同的方式面对困难，换一个角度，换一种方式，正所谓"柳暗花明又一村"。

[思政教学效果评价]

对于能够思考如何在实践中实现差异化战略，并能够应用辩证的哲学观看待个人成长的学生，予以课程积分奖励。

知识要点二：差异化战略的四种类型

[专业知识]

差异化战略包括产品差异化战略、服务差异化战略、人事差异化战略和形象差异化战略四种类型。

产品差异化战略是指企业为使产品与竞争对手有明显区别，进而获得竞争优势而采取的战略。产品差异化战略又可细分为如下四种：

第一，产品质量的差异化战略，是指企业为向市场提供竞争对手不可比拟的高质量产品所采取的战略。质量优异会使产品具有较高的价值，进而提高销售收入，获得比对手更高的利润。例如，海尔冰箱以高质量形象进入国际市场，开箱合格率远高于竞争对手，从而赢得国外用户的信赖。

第二，产品可靠性的差异化战略，是指企业产品具有绝对的可靠性，甚至出现意外故障时也不会丧失使用价值。

第三，产品创新的差异化战略。拥有雄厚研究开发实力的高科技公司，普遍采用以产品创新为主的差异化战略。这些公司拥有优秀的科技人才，他们有执着的创新精神，同时建立了鼓励创新的组织架构和奖励制度，使技术创新和产品创新成为公司员工的自觉行动。例如，中国的联想集团、四通集团都以高科技为先导，为市场创造新颖、别致、适用、可靠、效率高的新产品，成为世人瞩目的高技术创新企业。实践证明，产品创新的差异化战略不仅可以使企业保持在科技领域的领先地位，而且可以大大增加企业的竞争优势和获利能力。

第四，产品特性的差异化战略。如果产品中具有某些顾客需要、而其他产品不具备的某些特性，就会使该产品在顾客心中产生别具一格的形象。

服务差异化战略是服务型企业面对较强的竞争对手时，在服务内容、服务渠道和服务形象等方面采取有别于竞争对手而又突出自己特征的战略。其目的是要通过服务差异化突出自己的优势，与竞争对手相区别。服务主要包括送货、安装、顾客培训、咨询等。

具体来说，服务差异化有以下一些做法：一是无形产品有形化，如向顾客赠送附有酒店广告的卫浴用品。二是将标准产品进行顾客化定制，如美容院向顾客提供个人设计师、果汁吧台及放松的环境。三是减少视觉风险，如汽车修理店可以专门安排时间向顾客普及汽车修理的知识，这将会在无形中与顾客建立起信赖关系，并让顾客愿意额外付出金钱来购买服务。四是员工培训，服务主要是由员工提供的，如果实施高质量的员工培训计划，就可以促进服务质量的提高，建立独特的竞争优势。五是高水准的质量管理，服务产品比较容易被竞争对手模仿和复制，相比之下，高水准的质量管理能力不容易被复制，因为其涉及员工培训、程序管理、技术开发等复杂内容。

人事差异化战略是指通过聘用和培训比竞争者更优秀的员工以获取差别优势。训练有素的员工应该具备以下六个特征：胜任、礼貌、可信、可靠、反应敏捷、善于交流。市场竞争归根到底是人才的竞争。企业需要培养专业的技术人员、管理人员和销售人员，从而增强企业整体的软实力。从产品的设计与研发到营销策略的制定，再到向顾客交付产品，专业的团队会使得整个流程更为规范化。

形象差异化战略是指在产品的核心部分与竞争者类同的情况下塑造不同的产品形象以获得差别优势。产品形象包括名称、颜色、标识、标语、环境、活动等。形象差异化战略具体包括以下两种形式：一是产品名称（品牌）的差异化战略。如果能通过市场的检验，产品名称或品牌也可能成为企业最重要的竞争优势。二是CI战略（corporate identity strategy）。CI战略是企业参与国际竞争的一种"差别化"战略，它体现在企业识别系统的各个方面。视觉识别系统中的企业标志应该简洁、明快、有意义、有民族特色；理念识别系统中的企业精神概括，应体现共性与个性的统一，有特色、文化魅力和文化底蕴。

［板书］

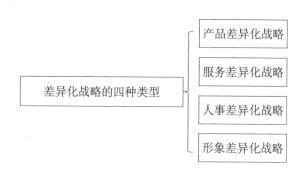

［思政融合点］

正确的人生观：实现人生目标的道路不止一条，但只有目光长远、具备大局意识，才能实现人生目标。

企业家精神：不管应用什么战略，产品质量是底线，不能为了利益而损害消费者的权益。

［课堂活动］

播放华为获央视年度荣耀品牌、首届中国品牌强国盛典压轴大奖的视频，链接为https：//www.bilibili.com/video/BV18J411k7ja/？spm_id_from=autoNext（访问时间：2023年7月7日）。讨论视频中差异化战略的具体体现。

归纳总结：

华为的战略一切以顾客为中心，在产品上积极了解并快速响应客户需求，不断适应市场，同时将自有产品与竞争对手产品形成差异化，以占领并巩固市场份额。

产品差别化战略是从产品质量、产品款式等方面实现差异化。在产品质量方面，华为以"做一个世界级的、领先的电信设备提供商"为发展目标，特别重视研发投入。这使得华为的通信系统经受住来自欧美国家的一些移动运营商十分苛刻的检验，为华为手机优良的产品性能提供有力的保障。在产品款式上，华为以流线型的设计为主，辅以超大的显示屏，这也是华为手机受到消费者喜爱的主要原因。

服务差别化战略是向目标市场提供与竞争者不同的优质服务。在市场营销和客户服务方面，华为力争离客户近一点、服务更细致一点。华为高层反复强调，企业要活下去，永远只有一条途径，那就是"关注客户需求"。华为还不断推出包括白金服务、金牌服务、银牌服务在内的一系列服务，供客户选择，同时根据客户的需要进行个性化定制，为客户提供个性化的服务解决方案。因此，华为的业务发展获得了中国电信、中国移动和中国联通等电信运营商的长期支持。

人事差异化战略是通过聘用和培训比竞争者更为优秀的员工以获得差别优势。截至 2020 年年底，在华为的员工队伍中，技术研究及开发人员占 46%，市场营销和服务人员占 33%，管理及其他人员占 9%，生产人员占 12%。这说明研发和市场营销在华为的发展中占据着极为重要的地位。

形象差异化战略是在产品的核心部分与竞争者类同的情况下塑造不同的产品形象以获取差别优势。经过和移动运营商在通信系统领域内的多年合作，华为已经和联通华盛通信有限公司建立了良好的合作关系，这使得华为手机能较顺利地进入移动运营商手机定制的范围，从而通过运营商的网络将产品推向消费者。

华为手机既具备本土化、创新能力强、服务体系完善等优势，又存在融资渠道单一、价格偏高等劣势。随着经济的快速发展，客户的个性化需求逐渐增强，5G 通信也带来全球市场增长点，这些都是华为发展的新机遇。与此同时，国内手机市场竞争白热化，消费者隐私保护意识、信息安全意识的增强也成为华为必须面对的挑战。所以华为是"中国制造"的一个靓丽品牌，也是中国形象的一张新名片。华为的成功是中国梦的一个缩影。

[思政教学效果评价]

对于能够结合案例，分析差异化战略具体类型的学生，予以课程积分奖励。

(6) 课堂总结

本节课通过对差异化战略概念及四种战略类型的学习，有助于将差异化战略的四种类型及措施应用于管理实践，帮助企业在中国文化背景下有效参与市场竞争。

5.5.3 考核要求

本节课对学生有以下三点考核要求：一是课前能够熟悉案例；二是充分参与课堂讨论；三是能够结合所学知识分析企业经营的差异化战略。

5.6 顾客与市场模块代表性课程思政教学设计

5.6.1 课程信息

课程名称：市场营销。

使用教材：《市场营销》，王永贵编著，中国人民大学出版社。

教学内容：第8章产品及其管理第一节"产品整体概念"。

授课对象：工商管理类专业本科二年级学生。

思政案例来源：我国影视作品中的爱国、历史题材作品；在我国的发展历程中，也诞生了很多世界领先的技术和产品，比如高铁、空间站等一系列展现中国速度、中国高度、中国强度的技术和产品；习近平总书记在庆祝中国共产党成立95周年大会上的讲话中强调，全党要增强政治意识、大局意识、核心意识、看齐意识，切实做到对党忠诚、为党分忧、为党担责、为党尽责。

思政背景：马克思主义哲学观：坚持一切从实际出发；正确的价值观：个人利益服从集体利益，要有大局意识；大国担当：在国际社会中，体现大国担当和国际人道主义。

思政元素：中国"智造"、民族自信、文化自信。

5.6.2 课堂教学设计

（1）本章要点

在全员营销成为时代背景的前提下，在深入理解价值的基础上，针对目标顾客的动态需求，与目标顾客共同创造出独特的价值，是任何成功的营销管理者必须做到的。

产品是价值的载体，它能够为顾客带来使用价值。产品开发与投放是企业经营活动的核心任务之一，但并非任何产品都能为企业带来期望的经济利益。只有满足顾客需求、能够体现较高价值的产品，才能够赢得顾客、赢得市场、赢得竞争，从而给企业带来相应的经济利益。通过学习，学生应对市场营销策略中的重要因素——产品及其管理形成较为深入的认识。

（2）学习目标

[认知目标]

领会：掌握产品整体概念，以及产品整体概念的五个层次。

应用：能够利用产品整体与核心产品营销策略针对不同产品制定不同的营销策略。

分析：能够分析产品整体概念五个层次的内涵和关系。

创造：能够基于对整体产品概念的把握制定更有针对性的营销策略。

[情感目标]

自觉接受马克思主义理论指导，用马克思主义武装头脑。

[态度目标]

利用马克思主义指导实践，积极学习马克思主义中国化理论。

[价值观目标]

价值判断：立足马克思主义哲学观，客观分析产品的特性，从本质上把握事情发展的规律。

坚定信念：树立正确的人生观、价值观；感受中国速度、中国高度，增强爱国情怀和民族自豪感。

（3）重难点

重点：产品整体的概念。

难点：产品整体的内涵及意义。

（4）课堂导入

前面所学习的知识为我们理解创造价值打下了理论基础，企业通过"STP"① 选定目标市场并有了市场定位，后续的4P② 策略是在目标市场中实施的。而4P策略的基石是产品策略，因此本章重点介绍产品整体概念、产品生命周期策略、新产品开发流程及品牌、包装策略。这节课我们首先学习产品整体概念。

（5）讲授内容

知识要点一：产品整体概念

[专业知识]

人们通常理解的产品是指具有某种特定物质形态和用途的物品，是看得见、摸得着的东西，这是一种狭义的看法。而市场营销学认为，广义的产品是指人们通过购买而获得的、能够满足某种需求和欲望的物品的总和，它既包括具有物质形态的产品实体，又包括非物质形态的利益，这就是产品的整体概念。

---

① 指 segmentation（市场细分）、targeting（目标市场）、position（市场定位）。
② 指 product（产品）、price（价格）、promotion（推广）、place（渠道）。

［板书］

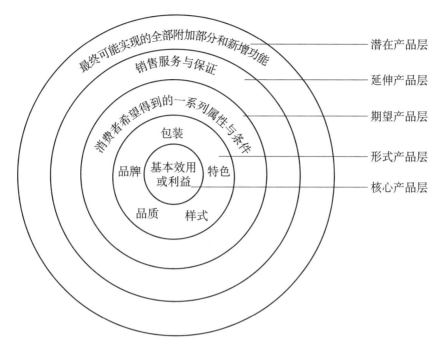

［思政融合点］

习近平总书记在庆祝中国共产党成立95周年大会上的讲话强调，全党要增强"四个意识"，其中就有大局意识，这也进一步明确了个人价值观：个人利益服从国家利益，有大局观和系统思维。

［思政教学效果评价］

对于通过产品整体概念联系到个人与集体关系的学生，予以口头表扬。

知识要点二：产品整体概念的五个层次

［专业知识］

产品整体概念的五个层次依次为核心产品、形式产品、期望产品、延伸产品和潜在产品。

核心产品（又称实质产品）是指消费者购买某种产品时所追求的基本效用或利益，是消费者真正要买的东西，因而在产品整体概念中也是最基本、最主要的部分。消费者购买某种产品，并不是为了占有或获得产品本身，而是为了获得能满足某种需要的基本效用或利益。例如，买自行车是为了代步，买汉堡是为了充饥，买化妆品是为了增加魅力。因此，企业在开发产品、宣传产品时，只有明确地向消费者传达产品能提供的基本效用或利益，产品才具有吸引力。

形式产品是核心产品借以实现的形式，即企业向市场提供的实体物品和服务的形象。如果产品是实体物品，那么它在市场上通常表现为包装、特色、样式、品质和品牌。产品的基本效用或利益必须通过某些具体的形式才得以实现。市场营销者应首先着眼于消费者购买产品时所追求的利益，以求更完美地贴合消费者需要，从这一点出发再去寻求利益得以实现的形式，进行产品设计。例如，对于冰箱来说，制冷功能处于核心产品层，包装、特色、样式、品质、品牌等处于形式产品层。

期望产品是消费者购买某种产品通常所希望得到的一系列属性和条件。一般情况下，消费者在购买某种产品时，往往会根据以往的消费经验和企业的营销宣传，对想购买的产品形成一种期望，比如入住旅店的客人，他的期望通常是干净的床、香皂、毛巾、热水、电话和相对安静的环境等。消费者所得到的，是购买产品所应该得到的，也是企业在提供产品时应该提供给消费者的。对于消费者来说，在得到这些产品基本属性和条件时，并不会因此感到特别满意，但是如果消费者没有得到这些，那么他就会感到非常不满意。例如中国高铁，我们希望更快、更舒适、更安全，同时还希望有更多贴心服务。

延伸产品（又称附加产品）是消费者购买有形产品时所获得的全部附加服务和利益，包括提供信贷、免费送货、质量保证、安装、售后服务等。延伸产品的概念来源于企业对市场需要的深入认识，因为消费者的目的是满足某种需要，所以他们希望得到与满足该需要有关的一切。美国学者西奥多·莱维特（Theodore Levitt）曾经指出："新的竞争不是发生在各个公司的工厂生产什么产品，而是发生在其产品能提供何种附加利益（如包装、服务、广告、顾客咨询、融资、送货、仓储及具有其他价值的形式）。"

潜在产品是指一个产品最终可能实现的全部附加部分和新增功能。许多企业通过对现有产品的附加与扩展，不断提供潜在产品，不仅让消费者感到满意，还让消费者感到喜悦和物超所值。因此潜在产品指出了产品可能的演变，也使消费者对于产品的期望越来越高。潜在产品要求企业不断寻求满足消费者需求的新方法，不断将潜在产品变成现实的产品，这样才能使消费者得到更多的意外惊喜，更好地满足消费者需求。例如在部分城市，中国高铁联动城市地铁，创造了出行便捷、无须换乘等一系列中国奇迹。

[思政融合点]

一切从实际出发要求我们认清现状，抓住主要矛盾要求我们认清事物本质，而产品整体概念的五个层次恰恰反映的是产品的内在特征和外在特征的统一，我们不能只顾产品的外在形式或消费者的期望值，而忽略了产品的真正价值，即核心产品。

[思政教学效果评价]

对于通过产品整体概念联系到事物的本质与主要矛盾的学生，予以课程积分奖励。

知识要点三：五个层次的营销策略

[专业知识]

企业在充分认识产品整体概念的基础上，应努力在五个层次上开展营销活动，尽可能地增加产品价值，只有这样，企业才能抵抗国内外同行的竞争。五个层次的营销策略如下：

① 开发核心产品，满足不同细分市场的消费者需求。对消费者进行市场细分，根据不同细分市场消费者需求存在的差异，开发不同的产品，在精准定位的基础上有效地满足不同消费者对产品的需求。

② 设计形式产品体现产品核心需求。产品的核心部分需要通过有形部分体现出来，因此，产品应在包装、品牌等有形部分体现产品的核心部分，并有效地传递产品的核心利益。

③ 准确把握期望产品，提升消费者满意度。产品的期望部分是消费者对产品的内在判断、要求和期望，是消费者购买产品时对产品核心部分、形式部分、延伸部分和潜在部分的标准。消费者的满意程度主要取决于消费者感知价值和消费者期望之间的对比关系，消费者感知价值越接近于甚至超出消费者期望，消费者满意度越高，反之越低。因此，企业应在准确把握消费者期望产品的同时，通过形式产品提高消费者的感知价值，从而提高消费者满意度，在此基础上进一步培养消费者对企业的忠诚。

④ 拓展延伸产品，增加消费者感知价值。企业可以通过增加产品的延伸部分，给消费者以惊喜，增加消费者的感知价值，提高消费者满意度。一方面，消费者会对该企业的产品形成依赖，形成消费者忠诚；另一方面，消费者会对该产品进行口头的免费宣传，从而为企业的经营赢得主动权。

企业在正确理解产品整体概念的基础上，针对不同部分开展研发、设计、生产、营销等活动，会有效地提高产品价值，从而增强产品竞争力，为企业的生存和发展创造良好的机会。

［思政融合点］

普遍和个体的关系，特殊和一般的关系。针对不同的产品、不同的特征，我们应区别对待，如进行市场细分等。

［课堂活动］

播放中央电视台电影频道视频：复映影片赏析之《战狼2》，链接为 http：//tv.cctv.com/2020/07/29/VIDEfncgUEEQnbbbyheWsmnr200729.shtml（访问时间：2023年7月10日）。

课堂讨论：结合产品整体概念，讨论电影《战狼2》中产品五个层次内容的具体体现。

归纳总结：

《战狼2》的成功正是因为它着力打造了核心产品———电影内容本身。而核心产品、形式产品和延伸产品三个层次上的综合考量也是该电影成熟产品思维的体现。

《战狼2》是一部军事动作片，这一类型契合了上映档期"八一"建军节的爱国氛围，又凭借相对过硬的剧情内容，形成观影热潮。但任何成功的产品定位都绝非偶然，《战狼2》完善的影片类型定位和导演吴京的个人转型有关，更与香港及内地的电影类型化土壤息息相关。结合军事题材和动作类型，《战狼2》既体现了符合主流价值观的家国情怀，又深具成熟的类型片运作体系。

《战狼2》借鉴好莱坞叙事模式，线索清晰，情节推动有力，节奏明快，是一部合格的叙事电影，也是一款成功的产品。在整个影片中，不断出现各种带有中国印记的符号，尤其最终当导弹的按钮被按下的一刻，个体的英雄形象就和国家形象连接在了一起，激发了观众强烈的爱国情怀。同时他们从多方面构建立体渠道，开发品牌价值。一是衍生品开发，北京"玩酷"工作室获得《战狼2》的衍生品授权，并且以众筹的方式在淘宝旗舰店进行售卖，包括帽子、模型、徽章、双肩包等军事题材产品；二是进一步的版权出售，包括互联网播映权、电视播映权及音像制品授权等；三是"战狼"品牌的进一步开发，包括《战狼3》的筹拍等。

从《战狼2》影视产品的价值观念表达、传播与影响力来看，娱乐类型产品在营造积极向上的氛围和正确的价值观方面具有重要作用，尤其是对青年的价值观形成具有积极影响。《战狼2》产品整体概念的五个层次如表5-1所示。

表5-1 《战狼2》产品整体概念的五个层次

产品层次	主要内容
核心产品	观众去影院最主要就是想看《战狼2》讲述"犯我中华者，虽远必诛"的故事，以及良好的3D视觉效果
形式产品	《战狼2》投资1.5亿元人民币，上映三个月累计票房56.94亿元人民币，这些都成为《战狼2》的宣传卖点；此外，《战狼2》还有区别于其他电影的形式、特色
期望产品	观众去电影院观看《战狼2》时期望有一个安静的环境、舒适的座椅、一副能够观赏电影的3D眼镜，并能够在观影过程中感受到祖国的强大、民族精神等
延伸产品	在看完电影之后，观众会得到片方赠送的海报，部分电影院还会有凭票赠送爆米花、注册公众号打折等活动
潜在产品	吴京凭借《战狼1》的成功获得了极高的知名度，因此当我们知道《战狼2》由他主演，题材是弘扬爱国精神、展现中国故事时，就会以极高的热情去观影。可以说《战狼2》是《战狼1》的一个潜在产品，因为《战狼1》的成功为《战狼2》奠定了很好的基础

(6) 课堂总结

营销组合策略中，最核心的策略是产品策略，要求产品须有独特的卖点，企业必须从消费者需求出发，对产品进行准确的定位。本节课我们从《战狼2》案例入手，了解了产品整体概念。虽然本案例是影视作品，但是大家可以触类旁通。企业的市场活动是以满足消费者需求为中心，而消费者需求的满足必须通过获得某种产品或服务来实现。因此，企业的一切生产经营活动都是围绕产品进行的，企业如何开发满足消费者需求的产品，并将产品迅速、有效地传递到消费者手中是营销策略的重要组成部分。

5.6.3 考核要求

本节课对学生有以下三点考核要求：一是课前能够熟悉案例；二是充分参与课堂讨论；三是能够结合所学知识，分析企业产品整体概念。

5.7 资源管理模块代表性课程思政教学设计

5.7.1 课程信息

课程名称：资产评估。

使用教材：《资产评估》，姜楠主编，东北财经大学出版社。

授课对象：工商管理类会计专业本科生。

教学内容：第四章资产评估行业管理第二节"资产评估执业质量管理"。

思政素材来源：2020年，中国政府和中国人民遭遇严峻的考验，面对突如其来的新冠疫情，在以习近平同志为核心的党中央的坚强领导下，不畏艰险，始终把人民生命安全和身体健康摆在第一位，按照"坚定信心、同舟共济、科学防治、精准施策"的总要求，坚持全民动员、联防联控、公开透明，打响了一场抗击疫情的人民战争。短时间内，我们集全国之力，建医院、调物资、抽调医务人员，救治病患，并采取有效措施控制疫情。对于这些急调物资（包括各种有形资产和无形资产）的价值，我们可以通过资产评估中的各种技术方法（如市场法、成本法、收益法等）评估出来，但是贯穿于救援物资以及抗疫行动中的责任心、信心和爱心，决断力、执行力和凝聚力，价值几何？又如何估算呢？不平常的2020年中，许多不平常的人、不平常的事、不平常的价值估量，引发我们对资产评估的深度思考。

思政背景：正确的价值观；社会主义核心价值观中社会层面的价值取向——公正法治；社会主义核心价值观中个人层面的价值准则——爱国诚信。

思政元素：公正、法治、爱国、诚信，正确的"义利观"。

5.7.2 课堂教学设计

（1）本章要点

本章节主要包括监督管理、机构管理、人员管理和质量管理的内容。

（2）学习目标

[认知目标]

领会：了解资产评估行业政府管理和自律管理的主要内容，熟悉资产评估从业人员管理的内容以及资产评估协会会员的权利和义务。

应用：掌握资产评估机构的分类、设立条件和资产评估执业质量管理的主要内容。

分析：能够分析资产评估行业管理要求的变化。

创造：具备资产评估从业人员的专业水平和道德素养。

[情感目标]

自觉接受资产评估师的职业道德要求，形成诚实守信、实事求是、求真务实的思想意识。

[态度目标]

自觉遵守资产评估行业法律法规，深入贯彻落实习近平总书记关于坚持和完善党和国家监督体系的重要指示精神，加强财会监督工作，使资产评估行业行政监管和行业自律有机融合、协同推进，把资产评估行业监管制度优势更好地转化为治理效能。

[价值观目标]

价值判断：立足正确的义利观，从资产评估角度形成符合社会主义核心价值观的价值观念。

坚定信念：形成正确的效能观，以高度的责任心应对工作，以无限的上进心提升专业素质，以强烈的事业心贯彻职业生涯信念。

（3）重难点

重点：资产评估行业管理和机构管理的主要内容。

难点：资产评估执业质量检查的主要内容。

（4）课堂导入

前述章节已对资产评估的技术方法进行了介绍，我们进一步了解了市场法、成本法、收益法，以及这些资产评估技术方法在实务中的应用。从本章开始，我们将对资产评估行业管理、机构管理、人员管理等方面进行学习。

（5）讲授内容

知识要点一：资产评估行业的发展

[专业知识]

1993年12月，我国成立了中国资产评估协会。1995年，中国资产评估协会代表中国资产评估行业加入了国际评估准则委员会。1999年，中国资产评估协会当选国际评估准则委员会常务理事，并成为其专业技术委员会的委员。2005年，中国资产评估协会加入世界评估组织联合会并成为其常务理事。2016年7月2日，全国人民代表大会常务委员会发布《资产评估法》，自2016年12月1日起实施。

资产评估行业的发展是从无到有、奋进发展的过程。财政部为全国资产评估主管部门，依法负责审批管理、监督全国资产评估机构，统一制定资产评估机构管理制度。各省、自治区、直辖市财政厅（局）负责对本地区资产评估机构进行审批管理和监督。资产评估协会负责对资产评估行业进行自律性管理，协助资产评估主管部门对资产评估机构进行管理和监督检查。

《资产评估法》第六章监督管理相关条款明确规定：国务院有关评估行政管理部门组织制定评估基本准则和评估行业监督管理办法；设区的市级以上人民政府有关评估行政管理部门依据各自职责，负责监督、管理评估行业，对评估机构和评估专业人员的违法行为依法实施行政处罚，将处罚情况及时通报有关评估行业协会，并依法向社会公开。

2017年4月21日，财政部制定印发了《资产评估行业财政监督管理办法》（以下简称《办法》），自2017年6月1日起施行。

2021年3月，为加强财会监督工作，使行政监管和行业自律有机融合、协同推进，把资产评估行业监管制度优势更好地转化为治理效能，促进资产评估行业持续健康发展，财政部监督评价局、中国资产评估协会制定了《加强资产评估行业联合监管若干措施》，财政部印发《财政部办公厅关于印发〈加强资产评估行业联合监管若干措施〉的通知》（以下简称《通知》）。

[思政融合点]

资产评估是现代高端服务业，是经济社会发展中的重要专业力量，是财政管理中的重要基础工作。在财政部党组集中统一领导下依法实施行政机关、行业协会联合监管，有利于统筹监管资源、提高监管效率、减轻基层负担，是促进资产评估行业提升执业质量的重要保障。

[课堂活动]

课堂讨论：

①《办法》的出台有什么意义？

②《通知》的出台有什么意义？

归纳总结：

① 从总体上看，《办法》对提升资产评估行业行政管理水平、促进资产评估行业健康发展具有以下三点重要意义：

一是构建了财政部门对资产评估行业的行政监管体系。按照中央深化改革的精神，《资产评估法》等法律法规的要求和国务院的有关规定，资产评估行业的管理思路、监督管理对象、机构设立和管理方式、监督检查和调查处理内容以及法律责任在新形势下都有了新的要求。《办法》按照新要求构建了新的资产评估行业监督管理体系，建立了行政监管、行业自律与机构自主管理相结合的管理新原则，明确了对评估专业人员、评估机构和评估协会的监管内容和监管要求，划分了各级财政部门的行政监管分工和职能，细化了资产评估法律责任的相关规定。新监管体系的建立，厘清了资产评估行业有关主体的运行规则，使资产评估行业有关主体在规则的框架内运行。

二是建立了资产评估行业健康发展的制度保障。《办法》对评估专业人员、评估机构和评估协会如何保障权利、履行义务和承担责任作出明确规定，有利于激发全体评估专业人员的创造力和创业热情，推动评估行业践行"大众创业，万众创新"的活力。

《办法》明确资产评估机构自主管理和备案管理的内容，将组织形式和设立条件、质量控制和内部管理、独立性、集团化、职业风险金等纳入机构自主管理范围，在备案管理中充分利用信息化手段提升管理效率，挖掘资产评估机构自身潜力，加强资产评估机构质量和风险防控，鼓励资产评估机构多元化发展和做优做强做大。《办法》明确资产评估协会作为资产评估机构和资产评估专业人员的自律性组织，充分发挥行业协会参与和实施社会治理的重要作用。

三是提供了适应市场经济发展的评估领域协调体制。《资产评估法》立足我国评估行业实际，创新性地按照各行政管理部门分别管理的现行体制，将不同专业评估管理统一在一部法律框架之下予以规范，要求对行业发展中产生的新问题，建立沟通协作和信息共享机制，共同促进评估行业健康有序发展。《办法》在明确财政部门按职责分工对资产评估行业进行监督管理的基础上，特别注重资产评估财政监督管理与其他评估领域行政监管的协调。在备案管理方面，规定备案信息管理系统要与其他相关行政管理部门实行信息共享。在行政检查方面，规定有关财政部门可以联合其他相关评估行政管理部门进行检查。在投诉举报处理方面，对投诉、举报事项同时涉及其他行政管理部门职责的，建立会同处理机制。协调制度的设计不仅满足了行政管理"不冲突、不越位"的基本要求，更有利于落实《资产评估法》的要求，有利于整个评估市场的协调发展。

②《通知》就财政部监督评价局、中国资产评估协会加强资产评估行业联合监管工作提出明确要求，一是加强党的领导，在财政部党组的集中统一领导下共同履行法定监管职责，在联合检查组中建立临时党支部；二是建立联合监管工作机制，按照"统一检查计划、统一组织实施、统一规范程序、统一处理处罚、统一发布公告"的原则实施年度执业质量检查，联合处理投诉举报；三是夯实联合监管基础，构建资产评估行业监管一体化管理信息平台，加大联合检查典型案例的公开力度，切实加强一线监管力量；四是要求地方财政部门及资产评估协会建立完善本区域相关工作机制，并与当地监管局密切合作，形成监督合力。

《通知》是继2020年顺利实施注册会计师行业联合监管之后，财政部围绕加强财会监督、对主管行业实施行政机关与行业协会联合监管的"第二单"。至此，财政部对注册会计师行业、资产评估行业实现联合监管"全覆盖"。

[思政教学效果评价]

对于能够结合我国资产评估行业发展历史对我国国情、国策有更深刻认识的学生，予以课程积分奖励。

知识要点二：资产评估行业的自律管理

[专业知识]

中国资产评估协会是一个自我教育、自我约束、自我管理的全国性资产评估行业组织。资产评估协会的建立，标志着我国资产评估行业建设进入了一个新的历史发展阶段。

资产评估协会的宗旨是加强行业自律管理，指导、监督会员规范执业；维护会员合法权益和社会公众利益，服务于会员、服务于行业、服务于市场经济；帮助会员提高专业技能和职业道德素养，提高行业的社会公信力；协调行业内外关系，扩大行业国内外影响力；全面促进行业持续健康发展。

资产评估协会的职责是制定行业发展目标和规划，并负责组织实施；制定资产评估执业准则、规范和行业自律管理规范，并负责组织实施、监督和检查；负责组织注册资产评估师及分专业全国统一考试；负责注册资产评估师注册和会员登记管理；负责对会员执业资格、执业情况进行检查、监督，对会员执业责任进行鉴定，实施自律性惩戒，规范执业秩序；组织开展资产评估理论、方法、政策的研究，负责资产评估行业教育培训工作；编辑出版协会刊物，组织编写、出版与行业发展相关的书籍、资料，对资产评估行业和评估专业进行宣传；负责向政府各界和市场主体反映会员意见、建议及有关需求，维护会员合法权益；为会员提供专业技术支持和信息服务；协调行业内外关系，改善外部执业环境；代表行业开展对外交流、国际交往；参与行业有关的法律、法规、规章和规范性文件的研究、起草工作；推动行业文化建设，组织行业党建工作；指导地方协会工作，领导本会专业分会及地方派出机构；办理法律、法规规定和国家机关授权或委托的有关工作；承办其他应由本会办理的事项。

［思政融合点］

我国有越来越多的企业"走出去"，资产评估行业开始在规范境外并购经济主体、引导资源在全球范围内的合理配置、服务境外国有资本管理、维护公共利益等方面发挥其重要作用。

"一带一路"的巨大成果不仅为国际贸易和投资搭建起新桥梁，也为资产评估行业走出国门提供了新的平台，为评估机构国际业务拓展、国际化发展带来了新的契机。

［课堂活动］

课堂讨论：

学生两人一组，讨论如下问题：资产评估行业的发展是如何增强国家话语权的？

归纳总结：

我国跃居世界第二大经济体，意味着我国在企业发展、市场运行、国际合作等各领域正发生着一系列的深刻变化，资产评估的需求属性和运行环境也随之改变。

企业是资产评估服务的基本对象，企业发展的轨迹和专业需求属性决定着资产评估行业的发展方向。企业赖以生存和发展的市场，从行业来看，有不同细分领域的市场；从空间来看，有属地市场、区域市场、全国市场、跨国市场、全球市场。

在资本市场，由于市场经济内在的机理，要求资产评估为资本定价提供公平、公开、相关信息,解决市场有效性问题,因而从本质上说,资产评估是市场机制的内在要素。

资产评估还面临着国际合作、全球化的趋势。我国每年有巨大的进出口总额和外资投入,国际资本流动中资本资产定价是国际合作和谐有序进行的重要环节。改革开放以来,我国实施"引进来"战略,评估应对中外合资、合作、合营及外方独资企业的资本资产定价,具有属地化的优势,满足了国际合作的要求。但随着"走出去"战略的推进,资产评估如何解决在投资接受国的资本资产定价问题,面临国际化的全新挑战。

[思政教学效果评价]

对于能够结合我国资产评估自律管理的现状思考自己应该具备什么样的品质的学生,予以课程积分奖励。

知识要点三:资产评估机构执业质量控制

[专业知识]

资产评估机构执业质量控制包括以下内容:

① 基本要求。我国资产评估机构应当结合自身规模、业务特征、业务领域等因素,建立资产评估质量控制体系,保证资产评估业务质量,防范执业风险。资产评估质量控制体系包括资产评估机构为实现质量控制目标而制定的质量控制政策,以及为政策执行和监控而设计的必要程序。资产评估机构制定的质量控制政策和程序,应当形成书面文件。资产评估机构应当记录这些政策和程序的执行情况。资产评估机构对资产评估业务进行质量控制的具体做法,应当符合《资产评估机构业务质量控制指南》。

② 质量控制责任。资产评估机构应当合理界定和细分质量控制体系中控制主体承担的质量控制责任,并建立责任落实和追究机制。控制主体通常包括最高管理层、首席评估师、项目负责人、项目审核人员、项目团队成员、评估机构其他人员。

③ 职业道德。资产评估机构应当制定政策和程序,保证全体人员遵守资产评估职业道德准则。资产评估机构应当按照《资产评估职业道德准则》的要求,恪守独立、客观、公正的原则。

④ 人力资源。资产评估机构聘请专家和外部人员协助工作的,应当制定利用专家和外部人员工作的政策和程序,以确保其工作的合理性。资产评估机构在制定项目团队成员配备的政策和程序时,应当要求项目团队成员具备下列条件:必要的职业道德素质,能够保持独立性;必要的专业知识、执业能力、专业经验;遵守评估机构业务质量控制政策和程序的意识。

⑤ 资产评估业务受理。资产评估机构应当规定业务洽谈人员所具备的条件。业务洽谈人员在洽谈业务时,应当了解下列事项:一是资产评估业务基本事项;二是法律、行业法规、资产评估准则的要求;三是拟委托内容;四是被评估单位的情况。在订立资产评估委托合同之前,资产评估机构应当考虑与资产评估业务有关的要求、风险、

胜任能力等因素，正确理解拟委托内容，初步识别和评估风险，以确定是否受理评估。

⑥ 评估业务计划。资产评估机构应当制定评估业务计划的控制政策和程序，以确保项目团队成员了解工作内容、工作目标、重点关注领域；项目负责人有效组织和管理评估业务；管理层人员有效监控评估业务；使委托方和相关当事方了解评估计划的内容，配合项目团队工作。

⑦ 评估业务实施和报告出具。资产评估机构应当制定评估业务实施和报告出具环节的控制政策和程序，以保证相关法律法规、评估准则得以遵守，满足出具评估报告的要求。资产评估机构在制定不同特征资产（企业）的现场调查、收集评估资料、评定估算以及编制评估报告的控制政策和程序时，通常考虑现场调查方案的可行性，评估资料的真实性、合法性和完整性，评估方法的恰当性、评估参数的合理性，评估报告的合规性等要素。资产评估机构应当制定控制政策和程序，要求项目负责人对项目团队成员的工作进行指导、监督。

⑧ 监控和改进。资产评估机构应当制定政策和程序，对质量控制体系运行情况进行监控。监控应当重点关注质量控制体系是否符合指南的要求、是否符合评估机构的实际，质量控制体系是否达到质量目标，质量控制体系是否得到有效的实施和保持。

⑨ 文件和记录。资产评估机构应当制定文件控制政策和程序，确保质量控制体系各过程中使用的文件均为有效版本，防止误用失效或者废止的文件和资料。资产评估机构应当制定政策和程序，保持业务质量控制的相关记录并及时归档。记录控制的政策和程序，应当规定记录的标识、储存、保护、检索、保存期限和超期后的处置所需的控制。业务质量控制记录主要包括人力资源管理记录、评估业务工作底稿、监控和改进记录、质量控制体系评审记录。资产评估业务质量控制记录，应当根据重要性和必要性设计其内容，以符合法律法规、评估准则及相关要求。

［思政融合点］

培养一批德才兼备和忠诚于资产评估行业、具有良好社会声誉和职业道德的人才队伍，不仅可以提高资产评估行业的知名度和影响力，还能提升行业整体形象以及核心竞争力。

诚信是社会主义核心价值观的重要内容之一。在一般意义上，"诚"即诚实、诚恳，主要指个体真诚的内在道德品质；"信"即信用、信任，主要指个体"内诚"的外化。"诚"更多指"内诚于心"，"信"则侧重于"外信于人"。"诚"与"信"一组合，就形成了一个内外兼备、具有丰富内涵的词，其基本含义是诚实无欺、讲求信用。千百年来，诚信被中华民族视为自身的行为规范和道德修养，形成了其独具特色并具有丰富内涵的诚信观。这样的诚信观在当今的市场经济和构建社会主义核心价值体系中具有极其重要的示范作用。

［课堂活动］

思政案例：浙江省新资产评估师职业道德与党史学习教育培训班侧记。

浙江省评估协会考试培训部主任夏烨能面对新入行的资产评估师们殷切嘱托："希望你们能树立正确的执业价值观,恪守作为评估人的道德底线,提升干事创业能力,成长为一名合格的资产评估师。"

根据年度培训计划,自 2021 年 5 月以来,浙江省注册会计师协会、资产评估协会分期逐批组织新注册(登记)的"两师"行业新会员开展职业道德与党史学习教育培训。

恪守职业道德

诚信宣言是新注册会计师、资产评估师最庄重的誓言。"诚实守信是行业立足之本。第一课讲诚信宣言,让每一位新入职的执业人明白诚信为本的担当。"培训课程牢牢抓住"引领全省行业人员坚守以诚信为核心的职业道德和职业精神"要求,设置"学习百年大党的成功之道,提升干事创业的能力水平""品谈苏轼作品,点亮职业道德""如何成为一名合格的注册会计师、资产评估师"等文化精神引领方面的主题课程,对新资产评估师的培训重点放在"诚实守信"层面上,在职业理想、专业能力、职业职责、职业态度和职业纪律等方面开展培训。

近年来,一些审计失败的案例触目惊心,不断警示从业人员恪守职业道德的重要性。新时代下,行业对评估从业人员在恪守职业道德守则等方面有新的要求。2020 年,中国注册会计师协会发布新版《职业道德守则》和《非执业会员职业道德守则》,不仅完善了职业道德概念框架,还对一些规定进行了明确。新版《职业道德守则》要求注册会计师应当运用职业道德概念框架来识别、评价和应对对于职业道德基本原则的不利影响。

新版《职业道德守则》全面梳理原守则中关于应对不利影响的防范措施,对原守则中不具有针对性的防范措施进行修改,用举例方式列举能够应对不利影响的防范措施,更加强调不利影响与可采取防范措施之间的对应联系,使防范措施与不利影响能够更好地匹配。

新版《职业道德守则》还将原守则中"礼品和款待"部分改为"利益诱惑"部分,将该部分适用范围从礼品和款待扩展到包括娱乐活动、捐助、工作岗位、商业机会、特殊待遇等多种利益诱惑,并针对注册会计师的近亲属提供和接受利益诱惑作出规范。

"无论注册会计师还是资产评估师,都要具备职业操守,恪守诚信底线。'两师'工作涉及职业判断较多,如在资产评估时,评估师可以有多种方案,如果评估师迁就甲方要求,采用使甲方获利、违背职业操守的方法,会为双方埋下巨大隐患。"上海国家会计学院审计系副教授宋德亮认为,评估师面对甲方有悖职业操守要求时要予以回绝。

成为一名合格的资产评估师

恪守诚信底线是成为合格资产评估师的第一步。

"资产评估行业发展要紧抓国家政策方针,服务科技创新价值评估,服务绿色发展、自然资源管理和乡村振兴,服务新经济、新业态。"马洪明分析说,要紧跟财税体制改革,服务财政中心工作,如服务公共财政资产配置均等化、预算绩效评价、地方政府债务管理、政府资产管理等。

打铁还需自身硬。对资产评估师个人而言，既要有融合会计、审计、财务管理、税务等方面的专业知识，又要具备交际、沟通、市场开拓等专业技能。对资产评估机构而言，要全面提升资产评估行业信息化水平及服务能力，夯实资产评估行业信息化基础，搭建高质量信息化共享平台，推进行业智能化执业体系建设，推介和宣传资产评估机构信息化成果和经验。

"以高度的责任心应对工作，以无限的上进心提升专业素质，把强烈的事业心贯彻职业生涯，这就是资产评估师行业'工匠精神'。"评估师要秉持匠人精神，以高标准要求自己，在团队协作中尽展光芒。同时，马洪明提醒学员要有危机意识，尽其所能创造价值，切勿被时代所淘汰。

学党史悟评估职业魅力

建党百年之际，如何将"两师"职业道德与党史学习教育相结合是浙江省注册会计师协会、资产评估协会思考的重点。

"实事求是、求真务实、实践创新等品质，都是百年来中国共产党积累的财富。作为资产评估行业的一员，同样要坚守这些品质。"

"不忘初心是党史教育的重要一课，对资产评估行业而言，同样如此。新入职的资产评估师要夯实社会诚信基础，牢记入行初心使命，更好地服务经济社会建设。"

课堂讨论：

针对上述材料，结合社会主义核心价值观，对资产评估师在资产评估中的重要作用进行分析。

[思政教学效果评价]

对于言之有理、分析深刻的学生，予以口头表扬或课程积分奖励。

（6）课堂总结

本节课完整地讲述了资产评估行业管理和资产评估执业质量管理，并对资产评估师的职业道德和人力资源要求进行了解读。本节课是后续教学内容的基础，需要学生深刻理解、掌握相关知识点。

5.7.3 考核要求

本节课对学生有以下三点考核要求：一是课前能够熟悉案例；二是充分参与课堂讨论；三是能够结合所学的理论，将其应用于资产评估的实践中。

5.8 过程管理模块代表性课程思政教学设计

5.8.1 课程信息

课程名称：质量管理。

使用教材：《质量管理（第7版）》，詹姆斯·R. 埃文斯著，机械工业出版社。

授课对象：工商管理类专业本科三年级学生。

教学内容：第五章质量控制与成本第一节"质量成本"。

思政素材来源：信用制度加速了生产力物质上的发展和世界市场的形成，这使二者作为新生产形式的物质基础发展到一定的高度。诚信是现代经济规律之一，一切节省流通成本的方法都是以信用为基础的；由于信用缩短了流通或商品形态变化的各个阶段，进而资本形态变化的速度加快了，整个再生产过程也加快了。

质量强则国家强，质量兴则民族兴。开展质量提升行动，关键在于"行动"。全社会应凝聚共识形成合力，发扬"撸起袖子加油干"的精神，以及"一锤一锤钉钉子"的作风，加快实施质量强国战略，真正走出一条中国特色质量发展道路。

思政背景：著名质量管理专家约瑟夫·M. 朱兰（Joseph M. Juran）曾说："21世纪是质量的世纪，质量将成为和平占有市场最有效的武器，成为社会发展的强大驱动力。"在这场质量竞赛中，我国经过长期不懈努力，质量总体水平不断提升，有力支撑了经济社会发展，但目前总体水平还不够高，部分产品和服务档次偏低，出口商品国际竞争力不强，缺乏世界知名品牌和跨国企业，相对落后的质量供给水平和人民群众日益升级的质量需求之间的矛盾依然突出。

当前世界经济仍处在复苏中，我们面临着不少困难和挑战，经济社会的稳定发展需要调整结构，而调整结构就必须提升质量。只有树立强烈的质量意识，建立坚实的质量技术基础，只有掌握先进的质量方法工具，才能以质量的升级推动产品和产业升级，才能支撑新技术、新产业、新业态的发展，才能增加高质量、高水平的产品和服务供给，进而全面提升经济社会的发展质量，让人民享受更多质量发展的成果。从这个角度来说，质量就是效率，质量就是价值，质量决定发展。因此，以质量为中心的企业管理，即质量管理，越来越受到企业的重视。而产品或服务要靠人来生产或提供，产品或服务质量的好坏归根结底取决于企业员工的技术和素质水平。通过理解高质量与成本的关系，思考在保证质量的基础上企业怎样才能提高利润空间，对产品赢得市场竞争有着重要的意义。

本节课以质量成本为主要专业知识点，拟在教学过程中融入"工匠精神"，激发学生的爱国主义情怀，增强青年学子的责任感和使命感。培养学生诚实守信、严谨认真的工作态度。

思政元素：诚实守信、严谨认真的工作态度，"三观"教育，家国情怀，科学精神。

课前准备：

① 学生分为两组，每组选派四人组成正反辩论组，准备关于"高质量是否等同于高成本"的辩题。

② 阅读案例《激流勇进，"质"成传祺：广汽研究院质量成本引领之路》（学生可

在中国管理案例共享中心自行下载)。

5.8.2 课堂教学设计

(1) 本章要点

本章主要包括以下要点:质量成本及其构成、企业质量成本管理的组织与职责、质量成本控制的步骤。

(2) 学习目标

[认知目标]

领会:掌握质量成本的概念和构成,理解质量成本构成内容之间的关系。

应用:能够利用质量成本控制的步骤,合理降低质量成本。

分析:能够对质量成本构成内容之间的关系进行分析。

创造:能够利用质量成本构成内容,分析影响质量成本的关键环节或内容,进一步进行成本控制。

[情感目标]

质量是产品的底线,为了保证产品质量付出成本是不可避免的;做人也是一样的,诚信是基础,每个人都应自觉接受社会主义核心价值观。

[态度目标]

正确理解质量成本,积极践行社会主义核心价值观。

[价值观目标]

价值判断:立足社会主义核心价值观,形成正确的人生观、价值观。

坚定信念:基于质量成本观,树立为实现更高质量的人生目标不断奋斗的信念。

(3) 重难点

重点:质量成本的概念和构成。

难点:质量成本最优值的内涵。

(4) 课堂导入

前面我们学习了质量管理相关概念、全面质量管理、质量管理体系、质量控制与改进方法等,我们也知道,在质量管理过程中会产生成本,那么到底哪些成本是必要的?哪些成本可以通过合理的方法进行控制呢?这都是关于质量成本的内容,本节课我们来学习质量成本相关的内容。

(5) 讲授内容

知识要点一:质量成本及其构成

[专业知识]

质量成本是指企业为了保证和提高产品质量而支付的一切费用,以及因未达到质量标准而产生的一切损失费用,这两方面费用的总和构成了质量成本。通常来说,世界顶尖公司的质量成本占其总产值的7%—9%。

质量成本包括预防成本、鉴定成本、内部损失成本和外部损失成本。国内质量成本科目一般均设立这四个大科目,其下再设二十个明细科目,具体内容如下:

① 预防成本,指用于预防生产不合格品与故障等所需的各项费用,包括:

质量工作费:企业质量体系中为预防、保证和控制产品质量,开展质量管理工作所发生的办公费,如收集情报、制定质量标准、编制质量计划、开展质量管理小组活动、开展工序能力研究等产生的费用。

质量培训费:为达到质量要求、提高员工素质,对有关员工进行质量意识、质量管理、检测技术、操作水平等方面的培训所产生的费用。

质量奖励费:为改进和保证产品质量而支付的各种奖励,如产品质量小组成果奖、产品升级等创优奖、质量信得过集体和个人奖、有关质量的合理化建议奖等。

产品评审费:设计评审方案、组织产品质量评审等发生的费用。

质量改进措施费:为建立质量体系、提高产品及工作质量、改变产品设计、调整工艺、开展工序控制、进行技术改进所产生的费用(属于成本开支范围)。

工资及附加费:质量管理科室和车间从事质量管理人员的工资及附加费。

② 鉴定成本,指评定产品是否满足规定的质量要求所需的费用,包括:

检测试验费:对进场的材料,外购、外协件,配套件,以及生产过程中的半成品、在制品及产成品,按质量标准进行检查、测试,设备的维修、校正所发生的费用。

工资及附加费:指检验人员、计量人员的工资及附加费。

办公费:为检测、试验所发生的办公费用。

检测设备折旧费:用于质量检测的设备折旧及修理费用。

③ 内部损失成本,指产品出厂前因不满足规定的质量要求而支付的费用,包括:

废品损失:无法修复或在经济上不值得修复的在制品、半成品及产成品报废而造成的净损失。

返修损失:对不合格的产成品、半成品及在制品进行返修所耗用的材料费、人工费。

停工损失:由于质量事故引起的停工损失。

事故分析处理费:对质量问题进行分析处理所发生的直接损失。

产品降级损失:因产品外表或局部的质量问题,达不到质量标准,又不影响主要性能而降级处理的损失。

④ 外部损失成本,指产品出厂后因不满足规定的质量要求,导致索赔、修理、更换或信誉损失等而支付的费用,包括:

索赔费用:产品出厂后,由于质量缺陷而赔偿用户的费用。

退货损失:产品出厂后,由于质量问题而造成的退货、换货所发生的损失。

保修费：根据合同规定或在保修期内为消费者提供修理服务所发生的费用。

诉讼费：消费者认为产品质量低劣，要求索赔，提出申诉，企业为处理申诉所支付的费用。

产品降价损失：产品出厂后，因低于质量标准而进行降价造成的损失。

［板书］

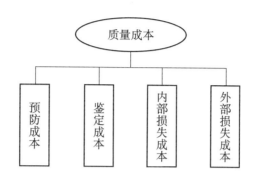

［思政融合点］

① 防患于未然的忧患意识。习近平总书记在总结建党百年伟大成就历史经验的讲话中指出，我们要看到过去的成就，也要有忧患意识，居安思危。

② 严谨认真的科学精神。质量管理的每个环节都很重要，不能将最初的错误留到最后，这样会造成更大损失，所以每个环节都必须严谨认真。

［课堂活动］

学生辩论：

学生就"高质量是否等同于高成本"这一辩题展开辩论。

辩论总结：

对学生的表现进行点评，并总结得出质量的高低不等同于成本的高低。

［思政教学效果评价］

对于通过质量成本的学习联系到工作中应具备防患于未然、科学严谨的态度的学生，予以课程积分奖励。

知识要点二：企业质量成本管理的组织与职责

［专业知识］

质量成本核算工作就是将企业在生产经营过程中，为了保证和提高产品质量所发生的费用，以及由于产品达不到质量标准所造成的损失费用，进行归集、整理、核算、汇总、分析，针对出现的问题，提出解决的方法或建议，为企业领导决策提供依据。进行质量成本核算的目的在于用货币形式综合反映企业质量管理活动及其结果，为企业全面质量管理工作提供数据。其实际意义表现在以下几方面：

第一，反映和监督企业在生产经营过程中开展质量管理活动的各项费用支出以及各种质量损失，使企业更有效地推行质量管理工作，减少质量损失。通过质量成本核算，揭示技术、管理等方面存在的问题，以及企业各部门、各单位甚至个人在质量管理中存在的薄弱环节。

第二，正确归集和分配各项质量费用，计算产品的总质量成本和单位质量成本，为编制质量成本计划、进行质量成本分析和考核、实施质量成本控制提供准确、完整的数据资料。

第三，通过质量成本核算，探求企业在一定的生产技术、管理条件下最经济的质量水平，找出质量合格率和质量成本间的变化关系，以改善质量成本结构，降低质量成本，提高企业质量管理的经济性。

[思政融合点]

习近平总书记指出："实事求是是马克思主义的根本观点，是中国共产党人认识世界、改造世界的根本要求，是我们党的基本思想方法、工作方法、领导方法。"在进行质量成本核算时必须坚持实事求是的原则，这样才能更好地反映企业真实的经营情况，为决策提供重要依据。

[思政教学效果评价]

对于能够结合所学，分析企业管理人员应具备的品质的学生，予以课程积分奖励。

知识要点三：质量成本控制的步骤

[专业知识]

质量成本控制一般分为三个步骤，即事前确定、事中监督和事后查明。事前确定质量成本控制的标准；事中监督质量成本的形成过程，这是控制的重点；事后查明造成实际质量成本偏离目标质量成本的原因。

[思政融合点]

在讲授质量成本控制相关知识点时，引导学生思考不断创新和精益求精的工作态度对产品赢得市场竞争的意义和重要性。结合近期时事热点问题，帮助学生理解习近平总书记指出的"推动中国制造向中国创造转变、中国速度向中国质量转变、中国产品向中国品牌转变"，对改变我国制造业"大而不强"现状的重要意义，激发学生的爱国主义情怀，增强青年学子的责任感和使命感。

[课堂活动]

案例视频：

根据上述所讲内容，结合具体案例来讨论广汽传祺的质量成本。播放视频《精工极致之路》，链接为 https://v.qq.com/x/page/h3126axopox.html（访问时间：2023年7月11日）。

案例引导：

目前许多产品进入微利时代，更有甚者出现亏损。在这种情况下，开展质量成本管理具有重大意义。通过质量成本管理，可以降低产品成本，提高产品的价格竞争力，扩大市场占有率。制造型企业开展质量成本管理已取得不错的效果，而研发型企业在质量成本管理方面实践较少。本案例以广汽研究院的项目管理为背景，重点描述其在研发项目质量成本管理中积极探索和创新的过程。案例反映了研发项目在进度和成本管控完全达标的背景下项目质量亟待提升的困境。

［思政教学效果评价］

对于能够思考并讲述如何在质量管理中体现中国工匠精神的学生，予以课程积分奖励。

（6）课堂总结

本节课完整地学习了质量成本的概念和构成，以及企业质量成本管理的意义及质量成本控制的步骤。本节课是后续教学内容的基础，需要学生深入理解，以便在后续学习中能够掌握质量成本控制的具体方法。

5.8.3 考核要求

本节课对学生有以下三点考核要求：一是课前准备辩论材料；二是积极参与课堂辩论；三是能够结合所学知识，分析企业质量成本管理的主要原因及成本控制的步骤。

5.9 运营管理模块代表性课程思政教学设计

5.9.1 课程信息

课程名称：审计。

使用教材：《审计学》，胡淑娟主编，东北财经大学出版社。

授课对象：工商管理类会计专业本科生。

教学内容：第一章审计概述第二节"审计的分类及产生和发展"。

思政素材来源：现代公共受托责任体现了民主思想，国家的审计职能成为推动民主和法治的工具，从根本上说，审计是为了实现人民的利益。而对政府机构及企事业单位的公共受托责任通过国家审计机关代表人民的意志进行审查，在根本上体现了人民的意志。

思政背景：2018年，中国共产党中央审计委员会正式成立，由习近平总书记担任中央审计委员会主任，李克强、赵乐际担任中央审计委员会副主任，标志着中国国家审计开创了党领导国家审计的新的审计模式。

习近平总书记在主持召开中央审计委员会第一次会议时发表重要讲话，指出审计是党和国家监督体系的重要组成部分。审计机关成立三十多年来，在维护国家财政经济秩序、提高财政资金使用效益、促进廉政建设、保障经济社会健康发展等方面发挥了重要作用。特别是党的十八大以来，为促进党中央令行禁止、维护国家经济安全、推动全面深化改革、促进依法治国、推进廉政建设等做出了重要贡献。中央审计委员会要强化顶层设计和统筹协调，提高把方向、谋大局、定政策、促改革的能力，为审计工作提供有力指导。审计机关要坚持以习近平新时代中国特色社会主义思想为指导，深入学习贯彻党的二十大精神，完整、准确、全面贯彻新发展理念，聚焦全局性、长远性、战略性问题，加强审计领域战略性谋划与顶层设计，进一步推进新时代审计工作高质量发展，以有力、有效的审计监督服务和保障党和国家工作大局。

思政元素：制度自信、文化自信、依法治国。

5.9.2 课堂教学设计

（1）本章要点

审计是由专职机构和人员依法对被审计单位的财政财务收支及其有关经济活动的真实性、合法性、效益性进行审查并评价经济责任，借以维护财经法纪、改善经营管理、提高经济效益、促进宏观调控独立性的经济监督行为。本章主要对审计的分类、我国审计的发展历程、我国注册会计师审计的发展历程、内部审计的发展历程等进行系统介绍。本节课作为本章的第二节，旨在基于第一节审计基本概念的学习，了解审计的分类以及审计在我国的发展历程，为后续学习打好认知基础。

（2）学习目标

［认知目标］

领会：了解和识记审计的分类，深刻认识国家审计、内部审计、注册会计师审计。

应用：了解注册会计师行业的从业现状。

分析：结合未来的职业规划，了解不同审计的不同职能。

创造：将审计与我国制度创新进行有效组合，初步认识自然资源资产离任审计。

［情感目标］

高度认同国家运用国家审计方式发现舞弊、打击腐败和规范权力的做法。

［态度目标］

高度认同国家审计在促进权力规范运行方面和反腐倡廉方面的作用。

［价值观目标］

价值判断：理解审计工作是国家行使监督权力的重要手段和方式，并能够结合我国制度进行审计分析和研判。

坚定信念：理解审计工作的专业性、权威性，加强专业学习，形成严谨、科学、实事求是的职业精神和为国家审计事业奋斗的信念。

（3）重难点

重点：审计在不同阶段的不同目标。

难点：审计的分类和不同类型审计的职能。

（4）课堂导入

上节课我们学习了审计的概念，了解了审计是由专职机构和人员依法对被审计单位的财政财务收支及其有关经济活动的真实性、合法性、效益性进行审查并评价经济责任，借以维护财经法纪、改善经营管理、提高经济效益、促进宏观调控独立性的经济监督行为。我们还学习了审计关系中三个必不可少的基本要素：审计主体、审计客体、审计授权人或委托人，以及审计产生的客观基础是伴随着人类社会经济的发展出现的受托经济责任关系。本节将在上节课的基础上继续深入学习审计的分类、审计在我国的产生和发展过程等知识。

（5）讲授内容

知识要点一：审计的分类

[专业知识]

根据审计主体的不同，审计可分为国家审计、内部审计和注册会计师审计三类。

国家审计是由国家审计机关代表政府依法进行的审计活动，主要检查监督各级政府及其部门的财政收支及公共资金的收支和运用情况。国家审计具有单向独立性特征，属于强制审计，审计结果具有权威性。国家审计在公共治理中的作用在于：重视政府绩效审计，发挥国家审计增值功能；建立政府公共财政审计，实现国家审计对宏观调控的保证功能；完善政府经济责任审计，实现国家审计对权力的制约作用；完善审计信息公告制度，为实现国家审计功能提供制度保障。

内部审计是由各单位或部门内部进行组织或管理的审计活动，主要检查监督本单位及所属单位的财政财务收支、经营活动、内部控制、风险管理等，目的在于纠错防弊，促进单位完善治理、改善经营管理，提高经济效益。内部审计在公司治理中的作用在于：内部审计是解决信息不对称的有力措施，是完善公司治理机制的重要内容，是创造公司价值的重要载体，是实现内部控制的关键要素。

注册会计师审计是由注册会计师组成的会计师事务所进行的审计活动。注册会计师审计在公司治理中的作用在于：保护股东权益，降低信息风险，提高代理人的收益，约束控股股东行为。

[思政融合点]

发挥审计工作在推进党的自我革命中的独特作用，进一步推动新时代审计工作高质量发展。

[课堂活动]

课堂讨论：

讨论国家审计、内部审计与注册会计师审计的关系。

归纳总结：

国家审计、内部审计与注册会计师审计的工作方法具有一致性，国家审计和注册会计师审计的结果对内部审计具有指导作用,审计结果可以互相利用。

不同类型的审计各有侧重点。国家审计侧重于经济监督活动;注册会计师审计侧重于对财务报表的鉴证活动;内部审计侧重于经济活动的鉴证和咨询活动。三者具体的区别详见表5-2。

表5-2 国家审计、内部审计与注册会计师审计的区别

序号	区别	国家审计	内部审计	注册会计师审计
1	审计目标不同	审查评价被审计单位财政财务收支的真实性、合法性和效益性	审查评价财政财务收支、经营活动、内部控制、风险管理的真实性、合法性和有效性	审查评价被审计单位财务报表的合法性和公允性
2	审计标准不同	《中华人民共和国审计法》、国家审计准则	《审计署关于内部审计工作的规定》、内部审计准则	《注册会计师法》、注册会计师审计准则
3	审计独立性不同	单向独立	单向独立	双向独立
4	审计服务有偿性不同	无偿	无偿	有偿
5	审计方式不同	授权	授权	委托
6	审计实施手段不同	依法强制执行	根据单位相关规定进行	没有行政强制力

[思政教学效果评价]

对于积极参与讨论的学生,予以课程积分奖励。

知识要点二:我国审计的发展历程

[专业知识]

我国是世界上最早产生审计的国家之一,审计最初的形态是官厅审计。早在3000年前的西周时期,中国出现了带有审计职能的官职——宰夫,这是国家审计的萌芽;春秋战国时期,出现了我国历史上最早的一套完整的审计监督制度——"上计制度",对经济活动的监督有所加强;隋唐时期,刑部之下设"比部",这是我国历史上第一次设置独立审计机构;公元992年,宋代设立审计院,是中国审计机构定名之始,"审计"一词正式出现;元、明、清三代均未设立专门的审计机构,大部分审计职能并入御史监察机构;1911年,辛亥革命以后,北洋政府和南京国民政府也先后设立了审计院,颁布了《审计法》。

第二次国内革命战争时期,中国共产党领导下的革命根据地也实行了审计监督制度。1932年,中央革命根据地成立了中华苏维埃中央审计委员会;1934年,中华苏维埃共和国临时中央政府颁布了《审计条例》,明确规定了中华苏维埃共和国审计机关的职权、审计程序、审计规则等。这是中央革命根据地第一部完整的审计法律文献。

1949年10月至1983年8月,中华人民共和国一直未设立独立的国家审计机关,

对国家财政收支的监督工作主要由财政部门内部的监察机构完成。1982年12月颁布的《中华人民共和国宪法》规定了中国实行独立的审计监督制度；1983年9月，中华人民共和国审计署成立，县级以上地方各级人民政府也相继设立审计机关，审计工作在全国范围内逐步展开。审计署成立后，全国各级审计机关不断建立健全审计法规，拓展审计领域，规范审计行为，改进审计方法，审计工作逐步走上了法治化、制度化、规范化的轨道。1994年8月31日，《中华人民共和国审计法》正式颁布，自1995年1月1日起施行；1997年10月21日，国务院发布了《中华人民共和国审计法实施条例》。2006年2月28日，修订后的《中华人民共和国审计法》正式颁布，自2006年6月1日起施行；2010年2月2日，修订后的《中华人民共和国审计法实施条例》正式颁布，自2010年5月1日起施行。

［思政融合点］

在西周时期，奴隶社会中的监督委托人实质上是最高统治者，受托人为官吏，二者形成了委托代理关系，最高统治者为了更好地巩固其统治地位、管理财政、控制官吏，便实行定期审计，审计对象包括国家的财政财务收支。此外，最高统治者还会考察、评价官吏在治国理政方面的功过得失。奴隶社会中，国家审计的目的是加强奴隶主专制主义。

在封建社会，社会民众有了人身自由权，统治者作为受托责任关系中的委托人，为了建立强有力的中央集权专制，对接受任命的下级官吏（即受托人）进行审计监督，同时附带审计评价。审计存在的根本目的，是巩固和加强统治者的地位，维护统治者的政治利益和经济利益，以达到控制民众的目的。

在民国时期，公共受托经济责任的委托人是一定范围内的部分社会公众或纳税人，这是与奴隶社会和封建社会的根本区别。在北洋军阀政府时期，政府当局及其首脑作为受托者；而在广东国民政府时期，受托人为陆海空机关。这主要是由当时的特殊现实决定的，当时全国处在战乱之中，政治和经济极不稳定，审计工作是在非常军事时期开展的，尤其是在广东国民政府时期，重点审计对象是受托人陆海空机关在营缮工程、财务采购和军事方面的支出。由于各项规章制度不健全，整个国家的民主意识淡薄，审计工作主要体现在当局领导为了各自政权在内部实施的监督，以应付当时的特殊之需。

在革命根据地时期，审计工作在中国共产党的领导下开展，这开辟了我党审计工作的新纪元，为后续审计工作提供了许多可以借鉴的经验。当时的社会公众是委托人，仅限于革命根据地范围内的社会公众，由他们让渡一定权力组成共产党领导下的政府。先是打击日本帝国主义侵略者，而后又是国内抗战时期，根据地作为战争的后防，为部队提供补给。在这种背景下，根据地成立审计机构，其主要工作是围绕"发展经济，保障供给"这一总方针以及统筹统支的财政政策，以克服财政混乱状况、制止贪污浪费行为、充分保证军政供给、巩固和发展革命根据地。因此，审计的对象主要是各根据地、解放区和军队系统,这也符合当时的实际情况,此时,审计主要体现的是监督职能。

中华人民共和国成立之后,我国审计工作可划分为两个阶段:

第一阶段,1949—1983年,属于审计的酝酿时期。中华人民共和国成立之后,由于战争对国内的经济、社会环境造成很大创伤,全国各族人民在中国共产党的领导下,独立自主,自力更生,各项事业处在恢复阶段。为了在短期内发展经济,我国当时实行的是完全计划经济体制,国家对一切国有资源具有使用和调配的权力,成立了大量的国有企业,这些国有企业占据了国家的绝大部分资源。与革命根据地时期相比,国家战略从全面抗战转移到发展经济,审计作为社会体系中的一个重要组成部分,也受到相当大的重视。委托人为全国的社会公众,受托人则为使用国家资源和资财的各级地方政府、国有企业及事业单位,审计机构隶属于财政部监察部门行使审计职能,此时,审计工作的主要任务是进行财政财务监督,查处违反财经法律等问题,审计体现出了揭示、认证、执法功能,但审计功能性职能主要体现在认证和执法方面。

第二阶段,1983年之后,属于审计的发展时期。1983年审计署的成立标志着我国独立审计机构的建立,审计事业的发展迎来了新局面。第一,经济体制改革不断深入,从计划经济体制到有计划的商品经济体制,一直到现在的市场经济体制改革;另外,改革开放政策打开了国门,国外先进的审计理念和审计成果为我国审计事业发展提供了一些依据,国内学者研究审计的浪潮愈演愈烈。第二,政治体制改革稳步进行,公众的民主意识逐渐提高,对审计工作提出了更高的要求。第三,一些不良社会现象的出现,促使审计发挥内在的潜在职能,起到调节社会经济发展的润滑剂作用。第四,《中华人民共和国宪法》和《中华人民共和国审计法》赋予审计的权威性,使得审计工作的开展有了法律保障,并且得到社会公众的认可。党的十五大报告提出"两个根本转变",分别指经济体制从计划经济到市场经济的转变,以及经济增长方式从粗放式到集约型的转变。党的十六大报告和十七大报告也提到发挥审计在监督和制约权力方面的作用。这些因素使公共受托责任关系不断深化并向多元化发展,这里的公共受托责任可细分为财务责任与管理责任,前者包含"合规"或"合法"、"真实"或"公允"的标准,后者包括"经济""效率""效果""公平""环保"等标准。当前我国国家审计的核心业务是财政财务审计、企业审计和金融审计、经济责任审计和国家安全审计,审计目标为绩效、经济责任和国家信息安全、环境安全等方面。

从我国国家审计的发展历史来看,审计从"向上负责"的受托责任演变为向"向下负责"的受托责任。

自党的十六大起,国家一直非常重视国家审计对权力的监督和制约作用。审计工作归根结底是为了保障国计民生,维护国家安全,国家审计职能成为推动民主和法治的工具。从根本上说审计是为了实现人民的利益,而对政府机构及企事业单位的公共受托责任通过国家审计机关代表人民的意志进行审查,在根本上体现了人民的意志。

[课堂活动]

学生四人为一个小组，结合我国国家审计的发展阶段讨论以下问题：在我国不同的历史时期，审计的委托人、受托人是谁？审计的服务对象是谁？审计的内容有什么变化？国外是否有经济责任审计、领导干部离任审计、自然资源离任审计？这三项审计属于国家审计还是属于内部审计？

[思政教学效果评价]

每一小组完成上述任务后，应用交叉打分法，邀请另一个小组对本小组的方案进行评价，并给出一个五分制的得分。要求两个小组不能互相评价，即评价者要将自己的方案交给被评价者之外的第三个小组评分。对得分最高的优胜者予以课程积分或其他形式的必要奖励。

知识要点三：我国注册会计师审计的发展历程

[专业知识]

1918年，日本留学归来的谢霖向北洋政府提议建立会计师制度，北洋政府农商部颁布了我国第一部独立审计法规——《会计师暂行章程》，谢霖创办了第一家会计师事务所"正则"，成为我国第一位注册会计师。

1921年，谢霖开设了正则会计师事务所。

1927年，潘序伦在上海创立了潘序伦会计师事务所。

改革开放后，为吸引外资，按照国际惯例，应提供审计业务。

1980年12月，《关于成立会计顾问处的暂行规定》颁布。

1986年7月，《中华人民共和国注册会计师条例》颁布。

1994年，《中华人民共和国注册会计师法》实施。

[思政融合点]

注册会计师审计也称民间审计、独立审计、社会审计。会计师事务所是依法独立从事委托审计业务和咨询业务的社会中介组织。

注册会计师行业是最早拥有专门立法的专业服务业。自《中华人民共和国注册会计师法》颁布以来，行业确定了以诚信建设为主线的发展思路。习近平总书记也多次对行业发展作出重要批示和指示，为行业健康发展指明了方向。

从"十三五"时期的数据来看，注册会计师行业发展总体向好，取得了显著成就，在经济社会发展全局中的地位和作用日益凸显，为我国经济发展质量变革、效率变革、动力变革提供了有力的专业支撑。

2021年8月23日，国务院办公厅发布了《关于进一步规范财务审计秩序促进注册会计师行业健康发展的意见》（国办发〔2021〕30号）（以下简称《意见》），为行业的健康发展"号脉"立规。这是改革开放以来首次由国务院办公厅直接印发的指导我国注册会计师行业改革与发展的纲领性文件，充分体现了党中央、国务院对注册会计师行业发展的高度重视和寄予的殷切期望。《意见》的出台，是党中央、国务院在新的历史时期，为加强财会监督、推动注册会计师行业发展做出的强有力举措。《意见》提出的工作原则，第一位就是"诚信为本，质量为先"，会计师事务所只有始终坚持质量至上的发展导向，牢牢守住诚信建设这条生命线，才能做好市场经济的"基石"，以践行完善市场经济体制、促进经济社会健康发展的初心使命。这不仅是自身做强、做大、做优的根本遵循，更是行业长远发展、构建诚信社会的重要基础。

[思政教学效果评价]

对于能够结合我国国情、国策分析我国注册会计师审计的发展历程的学生，予以课程积分奖励。

知识要点四：内部审计的发展历程

[专业知识]

内部审计经历了如下三个发展历程：

① 建立起步阶段。1982 年，《中华人民共和国宪法》修订，为加强财政经济监督，我国开始实行独立的审计监督制度，致力于解决对外开放和经济体制改革过程中的问题。这一阶段内部审计工作的中心指导思想是增强企业活力，将提升经济效益作为党和政府工作的重心。因此，该阶段内部审计的主要特征是：第一，加快组建内部审计工作机构；第二，规范和完善内部审计工作，并用于指导交流；第三，以内部审计任务为中心，提高财务效益，维护财务工作和审计纪律；第四，内部审计学会成立，为学术交流和研究提供平台。

② 巩固提高阶段。我国以公有制为主体的多种经济成分共同发展的格局初步形成，国有企业经济体制改革，计划经济体制逐步下线，社会主义市场经济体制崭露头角。十四大决议建立社会主义市场经济体制，为这一阶段内部审计发展奠定了总基调。决议指出：建立社会主义市场经济体制，建立现代企业制度，转变国有企业发展路径，转换政府职能，宏观引导企业的生产经营活动。该阶段内部审计的主要特征是：第一，国有企业转变经营发展方式、建立完善现代企业制度，是当前内部审计的主要工作；第二，转变内部审计的行业管理方式；第三，按照非国有经济发展的要求，进一步修订内部审计规定；第四，发展政府部门内部审计，改革政府机构。

③ 转型发展阶段。我国开始更多借鉴和采用国际内部审计发展新理念，2001 年国际内部审计师协会（Institute of Internal Auditors，IIA）对内部审计定义进行了修订，还在会计职业和证券市场监管、公司治理等方面制定了许多新规定，对全球内部审计的发展产生了深刻的影响。2003 年 10 月，中共十六届三中全会明确提出了该阶段的目标和任务：完善社会主义市场经济体制，国有企业深化改革，国有资产管理体制进一步完善，在巩固和发展公有制经济的基础上，引导非公有制经济发展。这些举措均推动了我国内部审计的转型与发展。该阶段内部审计的主要特征是：第一，内部审计行业

管理日益规范，中国内部审计协会的作用也日益明显；第二，内部审计在风险管理的加强、组织治理、股份制改造、发展方式转变、现代企业制度建立等方面的作用日益重要；第三，内部审计重心发生转变，财务合规性审计为主转向风险管理、内部控制为导向的管理审计为主；第四，出台审计规范，强化对内部审计的监督。

2010年，财政部、证监会、审计署、银监会、保监会联合发布了《企业内部控制配套指引》，标志着适应我国企业实际、融合国际先进经验的中国企业内部控制规范体系基本建成。

［思政融合点］

内部审计由组织内部实施，向管理监督部门负责，独立于第三方检查，负责审查与监督本企业的管理活动。内部审计主要评估内部控制流程和执行进程是否有效，公司绩效是否达标，内部审计人员的工作是否有效控制企业风险。内部审计规范的范围广泛，包括财务报告审查、舞弊及欺诈事件、涉及法律法规的相关事项。独立性是内部审计的主要特征。

审计人员作为企业内部的独立第三方，监督审查组织内部相关活动。组织领导者的高度重视是内部审计独立性的必要保证，内部审计部门的组织架构需要科学合理，在充分发挥其监督作用的同时不能增加组织层级，延缓组织工作效率，其他部门及领导无权干涉内部审计人员执行的监督工作和权限，以充分发挥内部审计的监督审查职能作用。企业内部人际关系是内部审计工作的重要组成部分，因为内部审计工作需要其他部门的配合，基础是相互间有效的协调，要求同层级、不同部门工作人员上下一心，各尽其职，以保证企业形成管理闭环，高效运行。

［思政教学效果评价］

对于能够清晰认识内部审计从业者应具备的素质的学生，予以课程积分奖励。

（6）课堂总结

本节对审计的内涵、审计在我国的发展历程进行了介绍，希望学生在本节课的基础上加深理解，后续能够结合经济、政治环境进行更深入的分析。

5.9.3 考核要求

本节课对学生有以下三点考核要求：一是课前能够熟悉案例；二是充分参与课堂讨论；三是掌握三种审计制度的关系，以及我国实行这三种审计制度的战略意图。

5.10 绩效评估模块代表性课程思政教学设计

5.10.1 课程信息

课程名称：绩效管理。

使用教材：《绩效管理》，李浩主编，机械工业出版社。

授课对象：工商管理类专业本科生。

教学内容：第三章绩效计划第一节"绩效计划概述"。

思政素材来源：

绩效计划的编制，既要有利于企业和员工创造价值的需要，也要体现如何将有限的资源加以合理分配，以兼顾国家、社会、企业、员工的利益。在绩效计划的编制过程中，需要秉持正确的义利观。义利之辩是中国伦理学思想中的一个核心命题，"重义轻利""舍生取义""以义制利"体现了历代思想家对"义"与"利"的理性思考，正确的义利观成为中国古代社会的主流伦理思想，重义轻利是每个中国人耳熟能详的道德准则。

企业绩效计划是正确义利观的一个微观体现，从宏观层面看，义利观也体现了国家的外交理念。党的十八大以后，习近平总书记提出了正确义利观。正确义利观继承了中国外交的优良传统，体现了中国特色社会主义国家的理念，是新时期中国外交的一面旗帜。十九大报告的第三部分"新时代中国特色社会主义思想和基本方略"中，习近平总书记提到"坚持正确义利观，树立共同、综合、合作、可持续的新安全观，谋求开放创新、包容互惠的发展前景，促进和而不同、兼收并蓄的文明交流，构筑尊崇自然、绿色发展的生态体系，始终做世界和平的建设者、全球发展的贡献者、国际秩序的维护者。"从微观层面看，绩效计划体现了企业与员工之间的一种契约关系。契约精神是本节课应当关注的重要内容，而契约精神背后的法治意识则是本节课重要的思政着眼点。

思政背景：社会主义义利观；社会主义核心价值观中社会层面的价值取向——法治；社会主义核心价值观中个人层面的价值准则——敬业。

思政元素：法治意识、公民意识。

课前准备：阅读5.10.4中的附件一、附件二、附件三。

5.10.2 课堂教学设计

（1）本章要点

本章是本课程第二篇"绩效管理实施流程"的第一部分，主要内容包括绩效计划的含义、类型的概述，以及绩效计划的制订与设计。本节是本章的第一节，主要内容涉及绩效计划的含义、特征及绩效目标设立原则。

（2）学习目标

［认知目标］

领会：了解和识记绩效计划的基本含义和主要特征，体会绩效计划的契约属性。

应用：立足企业特征，设计合理的绩效计划。

分析：对绩效计划的各要素加以分析。

创造：将员工的需要与企业目标和绩效计划进行有效融合，具备开展高质量绩效计划设计与实施的能力。

［情感目标］

感受绩效计划中的契约精神，形成良好的法治意识。

［态度目标］

深化对绩效计划中所体现的法治理念、法治原则的认识，能够运用法治思维和法治方式维护自身权利，同时形成参与社会公共事务的正确态度。

［价值观目标］

价值判断：立足正确义利观，从绩效计划的角度形成符合社会主义核心价值观的价值观念，能够对企业组织绩效计划的合理性做出自己的判断。

坚定信念：形成正确的绩效观，正确处理个人利益与企业利益、国家利益的关系。

（3）重难点

重点：绩效计划的含义与分类。

难点：绩效计划中的契约精神。

（4）课堂导入

前述章节已对绩效管理的起源与发展进行了介绍，我们了解了绩效管理在企业管理中的重要位置。今天我们主要学习绩效计划的含义、特征及绩效目标设立原则。

（5）讲授内容

知识要点一：绩效计划的含义

［专业知识］

从静态角度看，绩效计划是一个员工和企业关于工作目标和标准的契约；从动态角度看，绩效计划是管理者和员工共同讨论以确定员工评估期内应该完成什么工作、实现何种绩效的过程。

［板书］

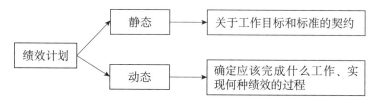

［思政融合点］

我国是人民当家作主的国家。员工不仅是企业价值创造的参与者，也是社会财富的拥有者。为此，在理解绩效计划时，要正确把握个人利益与企业利益、国家利益的关系，以及眼前利益与长远利益的关系。

敬业是社会主义核心价值观的重要组成部分。在绩效计划的制订过程中，关于员工"应该完成什么工作"和"应该实现何种绩效"都需要考虑敬业这一因素。

［课堂活动］

关于绩效计划的制订，有以下四种观点：

观点一：制订绩效计划应当基于"高目标＋高绩效"标准。

观点二：制订绩效计划应当基于"低目标＋高绩效"标准。

观点三：制订绩效计划应当基于"高目标＋低绩效"标准。

观点四：制订绩效计划应当基于"低目标＋低绩效"标准。

你支持哪种观点？为什么？你所支持的这种观点实现了国家、社会、企业、个人哪一方的利益最大化？这种利益最大化实现的是眼前利益还是长远利益？

归纳总结：

对持相同观点的学生加以分组，请一位学生为代表，陈述本组的观点。之后，教师对四种观点分别加以评析，突出个人利益与企业利益、国家利益的关系，眼前利益与长远利益的关系，以及敬业精神等思政融合点。

［思政教学效果评价］

对于小组观点阐述清晰的学生，予以口头表扬或课程积分奖励。

知识要点二：绩效计划的特征

［专业知识］

绩效计划是关于工作目标和标准的契约。契约精神是指存在于商品经济社会，由此派生的契约关系与内在的原则，是一种自由、平等、守信、救济的精神。契约精神不是单方面强加或胁迫的霸王条款，而是各方在自由平等基础上的守信精神。绩效计划中，契约体现了企业与员工之间在"做什么""做到什么程度"等问题上达成的一致，反映了二者权、责、利的统一。绩效计划一旦制订完成，就具有法律意义上的约束效力，各方都必须加以执行和落实。

［板书］

做什么＋做到什么程度──契约

［思政融合点］

党的十八届四中全会通过的《中共中央关于全面推进依法治国若干重大问题的决定》中提到，推动全社会树立法治意识，增强全社会厉行法治的积极性和主动性，形成守法光荣、违法可耻的社会氛围，使全体人民都成为社会主义法治的忠实崇尚者、自觉遵守者、坚定捍卫者，对于全面推进依法治国、建设社会主义法治国家具有重要意义。

［课堂活动］

学生两人一组，讨论如下问题：绩效计划如何体现企业的集体利益？绩效计划如何体现员工的个人利益？绩效计划要实现个人利益与集体利益的契合，需要什么样的机制？

[思政教学效果评价]

对于明确分析契约精神与法治意识的小组，予以口头表扬或课程积分奖励。

知识要点三：绩效目标设立原则——平等

[专业知识]

从动态的角度看，绩效计划是一个管理者与员工双向沟通的过程。同时，绩效计划又是一个关乎员工和企业双方利益的契约，那么绩效目标的设立就需要双方充分、平等地沟通，以获得双方的充分理解与支持。

[思政融合点]

"平等"是社会主义核心价值观中的应有之义。在现代社会，平等意味着人们在社会、政治、经济、法律等方面享有相等待遇。我国《宪法》明确规定，中华人民共和国公民在法律面前一律平等。《宪法》还在社会、政治、经济生活等诸多方面明确规定公民平等地享有权利。我们在教育、社会保障等方面的平等还有较大的提升余地，这也是建设社会主义和谐社会、使广大人民共享改革和发展成果的题中应有之义。

[课堂活动]

阅读 5.10.4 中的附件三，讨论企业与员工双方如何通过沟通来达成一致的绩效计划。

[思政教学效果评价]

分小组讨论，进行交叉点评，并对表现较好的小组予以口头表扬或课程积分奖励。

知识要点四：绩效目标设立原则——参与和承诺

[专业知识]

大量的研究发现，人们坚持某种态度的程度和改变态度的可能性主要取决于两种因素：一是他在形成这种态度时的参与程度；二是他是否为此进行了公开表态。在绩效计划阶段，让员工参与计划的制订，并且签订非常正规的绩效契约，也是让员工对绩效计划中的内容进行公开承诺，这样他们就会更加倾向于坚持这些承诺，履行自己的绩效计划。

[课堂活动]

针对下述材料，结合社会主义义利观和敬业意识，对"参与"和"承诺"在绩效计划制订阶段的重要作用加以分析。

员工的工作态度一般可分为如下几类：

① 拿多少工资做多少事，额外工作一概不做。不能亏啊！

② 客户没有投诉、老板没有批评就好，以最低标准要求自己。差不多行啦！

③ 不关我的事我不管，谁爱管谁管。能闪就闪吧！

④ 事情总会有人做。为什么是我来做呢？

⑤ 多一事不如少一事。枪打出头鸟嘛！

［思政教学效果评价］

对于言之有理、分析深刻的学生，予以口头表扬或课程积分奖励。

知识要点五：绩效目标设立原则——与组织战略相承接

［专业知识］

绩效计划的核心是确保各个部门和工作团队中员工的绩效目标与组织的战略目标协调一致。因此，绩效目标的设立应与组织战略相承接。

［课堂活动］

作为管理者，为什么需要关心员工的敬业度呢？因为敬业的员工总是竭尽全力做好他们的工作，员工的敬业度对企业的最终绩效有重大影响。敬业的员工给组织带来新思想，给团队注入活力与承诺，把企业人才的流失率降到最低。

强烈的责任心和敬业度是每位员工做人做事最基本的准则之一，是每个人人生观、价值观的直接体现，是每个人做好工作、获得上司认可和创造价值的前提条件，更是一个人能力得到良好提升的全面反映。

结合上述材料，写出自己对绩效期望的看法。

［思政教学效果评价］

学生分享各自的看法，教师对其中表现优秀者予以口头表扬或课程积分奖励。

知识要点六：绩效目标设立原则——面向评价

［专业知识］

在绩效计划环节必须解决好"评价什么"和"多长时间评价一次"这两个关键问题。其中，"评价什么"的问题不仅涉及具体业绩评价指标的设计，还涉及对员工工作态度的评价。"多长时间评价一次"主要涉及企业所在行业的特征与评价周期、职位（职能）类型与评价周期、行政职能人员的评价周期、绩效管理实施的时间与评价周期。

［思政融合点］

千百年来，诚信被中华民族视为自身的行为规范和道德修养，形成了其独具特色并具有丰富内涵的诚信观。这样的诚信观在当今的市场经济和社会主义核心价值观体系中具有极其重要的道德作用。

［课外练习］

查询一份企业的绩效计划，并具体分析其绩效计划中对"做什么"和"做到什么程度"分别是如何评价的。

［思政教学效果评价］

对于能够独立完成课外练习的学生，予以课程积分奖励。

（6）课堂总结

本节课完整学习了绩效计划的含义及其特征，并对绩效目标设立的关键问题进行了概述。本节课是后续教学内容的基础，需要大家深入理解，以便在后续学习中能够掌握绩效计划具体的制定方法。

5.10.3 考核要求

本节课对学生有以下三点考核要求：一是课前能够熟悉案例；二是充分参与课堂讨论；三是能够结合所学的理论，将其应用于绩效计划制定的实践。

5.10.4 附件

附件一：社会主义义利观

第一，在道德与物质利益的关系上，社会主义义利观不仅肯定物质利益是道德的基础，而且强调道德对物质利益的调节作用。所以，社会主义义利观充分肯定人们重视和追求正当物质利益的合理性，彻底抛弃旧社会封建道学家所崇尚的空谈性命、空谈道德、利字不出口、君子不言钱的虚伪说教，鼓励和保护公民追求正当的合法利益。与此同时，社会主义义利观强调人们要讲道德、讲理想，有高尚的精神追求。

第二，在公利与私利的关系上，社会主义义利观强调"把国家和人民利益放在首位而又充分尊重公民个人合法利益"。国家和人民的利益是社会主义义利观中"义"的基本内涵，是最大的义。把国家和人民的利益放在首位，也就是把义放在首位。这一点树立起来了，每个公民追求个人合法利益的行为就有了准绳。在把国家和人民的利益放在首位的前提下，要充分尊重公民个人的合法利益，鼓励和引导每一个公民维护和争取自己的合法利益。每一个公民个人的合法利益增加了，也意味着国家和人民的利益增加了。把国家和人民的利益放在首位而又充分尊重公民个人合法利益的社会主义义利观，从根本上区别于资产阶级的个人主义义利观，而且既区别于历史上重利轻义、尚利去义的义利观，又区别于历史上重义轻利、尚义去利的义利观。

第三，社会主义义利观强调义利的统一，还体现在以义导利、以义取利、见利思义等要求上。在社会主义市场经济条件下，要求人们正确处理竞争与协作、自主与监督、效率与公平、先富与共富、经济效益与社会效益的关系，做到公平竞争又相互协作，自主经营又接受监督，讲究效率又兼顾公平，努力先富又促进共富，追求经济效益又讲究社会效益，反对见利忘义、唯利是图以及各种形式的不道德和非法的牟利行为。

社会主义义利观体现了社会主义道德的集体主义原则的根本精神，两者是完全一致的。社会主义道德的集体主义原则，是以社会主义公有制为基础的经济、政治关系所决定的，它把国家利益、集体利益和个人利益辩证地统一起来，在肯定每一个人追求正当的合法利益的同时，要求每一个人把国家利益、集体利益放在更加重要的位置上，国家利益最为重要，集体利益次之，个人利益再次之。个人利益只有在不违背国家利益和集体利益的前提下才是正当的，才是受保障的，才是可以追求的。这种逻辑就要求把国家利益和集体利益放在首位，同时要求尊重公民个人的正当、合法利益，主张在国家利益、集体利益的基础上，把个人利益和国家利益、集体利益有机地结合起来。这实质上就是社会主义义利观所要求地把国家和人民利益放在首位而又充分尊重公民个人合法利益。

社会主义义利观所指的"国家和人民利益"，就是集体主义原则所指的国家利益、集体利益；社会主义义利观所指的"公民个人合法利益"，就是集体主义原则所指的"个人利益"。

社会主义义利观是针对从义利关系方面违背集体主义原则的现象提出来的，它的内容是借用被改造过的传统"义利"范畴所表达的集体主义原则。坚持社会主义道德的集体主义原则，就是坚持义利统一、义利并重，反对以利害义和以义害利。

社会主义道德的集体主义原则，就是主张义利统一、义利并重的社会主义义利原则；集体主义原则所内含的关于国家利益、集体利益和个人利益的关系，以及关于正确处理三者关系的基本观点，就是社会主义义利观。

附件二：社会主义核心价值观——敬业

企业中经常会有一小部分人，始终说自己很忙，但是你却发现他经常上班踩着钟点、下班跑得最快！最成问题的是一件小事儿他能给你拖上一周，当然"责任"不是他的，因为他已经"安排"过了，是第三方出了问题，没有能够按时交差！更有甚者，将办公室作为"网吧"与他人聊天、玩网络游戏。当然，如果是个别人行为也就罢了，就怕这些人集体"炒股"，那就热闹了，办公室马上就会变成"证券大厅"！

作为社会主义核心价值观的一部分，敬业是一种理念、一种行为模式、一种可以实施的公司绩效计划，敬业成就卓越。

敬业精神体现了人们对自己所选择职业的高度认同和热爱，它是一种职业素质，是全心全意、尽职尽责、坚定信念和探索及奉献精神的代名词。培养一大批具有高度敬业精神的员工，是现代企业生存和发展的关键所在。

员工缺乏敬业精神，往往是因为缺少心灵沟通，没有人告诉员工如何在其岗位上做到"感恩、敬业、精业、专业"；也没有人告诉员工对企业忠诚对员工自己有什么好处，如何才能积极主动地完成工作，如何进行团队的高效协作。

没有不重要的工作，只有不敬业的员工！无论学历高低、工作如何，只要走进职场，你就应该以敬业精神来要求自己，用心做好自己的本职工作。那些动不动就抱怨、偷懒、敷衍、投机取巧的人，注定要承受职业生涯尴尬甚至失败的结局。

附件三：宏正公司的市场部总经理林总（以下简称"林"）与销售部经理王红军（以下简称"王"）关于制订绩效计划的沟通过程

林：前几天，在总经理办公会上制定了今年下半年的业绩目标，因此接下来这几天我会分别与你们这几位部门经理进行一次交流，落实我们市场部下半年的工作目标。

今年上半年成立大客户部主要是为了能有一批人专注地为大客户服务，因为大客户是我们公司重要的资源，这从销售额上也可以体现出来，目前的大客户有十几个？

王：13个。

林：但这13个大客户的销售额却占了整个公司销售额的20%，而且今后这个比例还会更高。这半年来，你们工作有什么问题吗？

王：我觉得目前的工作中还是有很多问题的。比如说，现在对大客户进行管理的工作规范还不是很明确，有些工作到底是由我们部门做还是由企划部做还不明确，于是就出现了有的大客户不知道有事情到底该找谁的情况。

林：这些情况我也有所了解。所以，下一步就想以你为主完善《大客户管理规范》，有了规范，大家就有了共同的游戏规则。你看，对这方面你有什么想法？

王：我认为现在的《大客户管理规范》对责任的划分不够明确，流程上也有混乱的地方，比如说现在的付款，手续复杂，客户觉得很麻烦，我们完全有必要从客户角度出发简化程序。

林：那好，我想你对这方面肯定有很多想法。你看多长时间能把新的《大客户管理规范》做出来？

王：如果从现在就着手做，我想8月下旬就差不多了。

林：好，8月20日把初稿交给我，到8月底最后定稿，你看有问题吗？

王：目前没有问题。另外，我觉得如果按照下半年的销售目标，我这里的人手比较紧缺，最好能尽快招聘一些人员。

林：这个问题我想是这样的，该招人的时候我们肯定得去招，但你有没有考虑过现在人员的潜能是否得到了充分的发挥？每个人都不可能完美无缺，但团队就不一样了，在一个团队中大家可以更好地取长补短，如果每个人的潜能都能得到充分发挥，那么叠加在一起就是1+1＞2，你说呢？

王：这也正是我所考虑的，对大客户的服务我们是否可以采用销售小组的形式？因为毕竟一个人的力量是有限的，以团队的形式能够更好地维护大客户。

林：那你不妨把大客户的内部结构重组一下，形成若干个项目小组，把人员按照各自的优势和特点组合起来。接下来再考虑补充人员的问题。而且随着工作重点向大客户这边转移，其他部门也会有一些员工转到你这个部门。

王：那好吧，我现在就着手进行部门重组，争取在9月初的时候能够按照项目小组的方式进行运作。另外，我觉得客户越来越多，相应的管理手段必须跟上，比如建立客户数据库。

林：关于建立客户数据库，我有几点想法，一是一定要注意数据库与公司管理信息系统的接口，以前我们曾经开发过数据库，但接口不好，很多时候要进行数据的重复录入，非常浪费人力、物力；二是要注意数据库的安全性，要进行权限设置，因为这些数据都是公司的核心机密；三是要设计一些进行深入统计分析的功能模块，方便对业务进行深入分析。你还有什么想法吗？

王：我认为这套数据库应该是一套适用性强、便捷的系统，可以成为业务人员工作中的一个得力工具，因为业务人员普遍不喜欢比较复杂的操作系统，而且他们的业务也比较忙，在数据管理方面应该考虑他们的需要。

林：你说得对，就按照我们的想法去做吧，企划部会拿出整体方案，具体的协调工作由你们双方来做。

王：好，我们会全力配合。

林：那么按照今天的讨论结果，你就先自己做个计划吧，本周交到我这里来，好吗？

王：好，我这就开始准备。

5.11 创新创业模块代表性课程思政教学设计

5.11.1 课程信息

课程名称：创新管理。

使用教材：《创新管理（精要版）》，陈劲、郑刚编著，北京大学出版社。

授课对象：工商管理类专业本科三年级学生。

教学内容：第二章创新的内涵与本质第四节"创新的模式"。

思政素材来源：马克思主义发展观；十八届五中全会提出的"创新、协调、绿色、开放、共享"五大发展理念；发展是第一要务，人才是第一资源，创新是第一动力。

思政背景：

2019年3月21日，华为击败高通，成功当选3GPP SA（第三代合作伙伴计划中主要负责系统和业务方面的技术规范组）全会主席。此时的华为，5G专利拥有量排名世界第一，5G标准拥有量排名世界第二，5G基站出货量排名世界第一。而2004年10月成立的华为全资子公司海思半导体有限公司（Hisilicon），2020年在全球半导体行业销售额中位居第十，这也是首次有中国公司跻身排名前十位。然而，这并没有换来应有的尊重。2019年5月16日，美国以"威胁国家安全"为由，将华为列入实体管制清单，随后谷歌公司、芯片设计商ARM相继宣布限制与华为的合作。一年之后，美国对华为再次下手，全面限制华为购买采用美国软件和技术生产的半导体，企业为华为和海思生产代工前，都需要获得美国政府的许可证。华为想要成为一家"根"部企业的野心导致它被美国视为"眼中钉"。它在5G方面的标准制定，在芯片底层的突破，在操作系统上的野心，都是在扎"根"。而来自谷歌、ARM这样的根部公司的"精准打击"无异于在对华为进行"斩根"。中美之间的博弈将再一次升级，国内在芯片领域实现自主可控难度再次加码。

但正是美国对华为的一系列禁令，让海思从幕后走上台前，被大众所知，成为中美大国博弈和中国突破关键核心技术"卡脖子"问题的"芯"希望。对于这一系列禁令，华为创始人兼总裁任正非表示："在意料之中，华为内部的芯片储备早就已经达到了1 600亿元，这些芯片足够华为再支持一年。"海思总裁何庭波针对此次事件发布内部信：数千海思儿女走上了科技史上最为悲壮的长征，为公司的生存打造"备胎"……今后，为实现这一理想，我们不仅要保持开放创新，更要实现科技自立！

思政元素：马克思主义发展观、民族情结、道路自信、制度自信、理想信念。

课前准备：阅读案例《国产"芯"希望：开放创新时代海思的自主创新突围之路》（学生可在中国管理案例共享中心自行下载）。

5.11.2 课堂教学设计

（1）本章要点

当今世界，科学技术的进步与创新是经济社会发展的决定性力量。大到一个国家，小到一个企业，如果不掌握核心技术和自主知识产权，不具备创新能力，那么就会失去未来发展的主动权。创新能力是国家竞争力的核心，也是企业竞争力的核心。要做好创新，必须正确理解和把握创新的内涵和本质，这是进行有效创新的前提和关键。

（2）学习目标

[认知目标]

领会：了解创新的概念、类型、模式，体会自主创新下创新模式的选择。

应用：在自主创新的驱动下，能够结合实际，进行创新模式的选择和应用。

分析：能够对不同创新模式进行辨别，并能够对创新和创造进行区分。

创造：充分应用自主创新的各项条件，精准把握宏观政策，对创新模式进行再创新和利用。

[情感目标]

结合实际，开展创新实践活动，自觉接受马克思主义发展观的指导，充分理解和认可国家有关科技创新的战略部署。

[态度目标]

认同马克思主义发展观和国家创新战略布局，投身于创新发展战略的实践，做出自己的贡献。

[价值观目标]

价值判断：立足我国国情，对国家在不同时期采取的不同创新战略进行更深入的理解，对不同类型的企业自主创新战略进行评价。

坚定信念：将马克思主义发展观与中国实际相结合，树立创新思维和创新意识，并充分认同和践行中国特色社会主义创新发展之路，坚定道路自信和制度自信。

(3) 重难点

重点：创新的三种模式。

难点：三种创新模式之间的关系。

(4) 课堂导入

我们在前面几节课中已对创新、创造、自主创新等基本概念进行了界定与解析，并对创新的基本类型、创新的层次类型进行了系统介绍。那么，到底如何创新？创新的模式有哪些？本节课我们就重点来讲解有关创新的模式和模式之间的关系，进一步全面系统地理解创新的内涵和本质。

(5) 讲授内容

技术创新有三种基本模式，分别是基于科学技术的创新模式；基于引进、消化和吸收的二次创新模式；基于学习、使用和互动等实践体验的创新模式。①②

知识要点一：基于科学技术的创新模式

[专业知识]

基于科学技术的创新，即以研发为基础的创新，其创新过程从基础研究、应用研究，到试验发展、生产工程、试制试销、批量生产直至商业化。早期的创新理论研究与实践都是由发达国家的学者提出的，其适用范围往往仅限于西方发达国家，西方发达国家（技术领先国）的创新过程模式具有典型的一次创新特征，即始于研究活动，经历从发明到商业化的过程。这种创新模式的实现一般需要很强的研发能力和技术能力，需要充足的人力资源和物质资源作为保障，依靠自身的努力和探索，实现核心技术的突破，并在此基础上依靠自身的技术能力，完成新产品开发，最终实现商业化。基于科学技术的创新模式对研究开发活动的依赖性很强，很多发达国家中实力雄厚的大企业往往采取这种创新模式。

[板书]

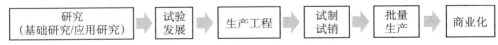

---

① Johnson D W, Landvall A, 2004. The impact of innovation theory: A comprehensive review [J]. Journal of Innovation Studies, 2 (1), 45 – 62.

② 许庆瑞，郭斌，王毅，2000. 中国企业技术创新——基于核心能力的组合创新 [J]. 管理工程学报，(S1)，1 – 9 + 4.

[思政融合点]

理想是力量的源泉、智慧的摇篮。心中有理想，就会有力量。海思在创新过程中，投入了巨大的人力和资金支持，经过多年的科研攻关，研制出了麒麟系统，为中国科技事业发展做出了重要贡献，也为解决"卡脖子"问题提供了中国智慧。正是领导者企业家精神的支撑，以及科研人员坚定的理想信念，才使得海思能够突破技术难关。

自力更生是中华民族屹立于世界民族之林的奋斗基点，自主创新是我们攀登世界科技高峰的必由之路。习近平总书记多次在重要场合强调必须"坚持走中国特色自主创新道路"，这是我们建设世界科技强国的出发点和落脚点。2018年5月2日，习近平在北京大学考察时强调，创新是引领发展的第一动力，是国家综合国力和核心竞争力的最关键因素。重大科技创新成果是国之重器、国之利器，必须牢牢掌握在自己手上，必须依靠自力更生、自主创新。

[课堂活动]

请同学们结合相关资料，梳理海思基于科学技术的创新模式，并思考海思为什么要自主创新，以及对于一个国家的发展来说自主创新起到了什么作用。

归纳总结：

随着麒麟970芯片和980芯片的发布，海思开始影响甚至是引领世界移动处理器芯片技术轨道和主导设计的变化方向。最具代表性的是，麒麟970芯片和980芯片挑战了以CPU、GPU和DSP为核心的传统芯片计算架构，在业内首次推出集成神经网络处理引擎的人工智能移动计算结构，以支持潜力巨大的深度学习场景。在这之前，备受期待的人工智能技术还主要应用于计算机、服务器等大型云端设备，而海思首先将这一新兴技术应用在低功耗要求严格的消费级移动终端产品上。这为"智能手机"向"智慧手机"的发展开辟了道路。目前，高通和三星等曾经的领先者也都开始仿效海思的技术路线。历经了数年发展的海思最终完成从落后、跟随到并行，甚至领先的历史性转变。

[思政教学效果评价]

对于能够描述、分析国家自主创新战略的学生，予以课程积分奖励。

知识要点二：基于引进、消化和吸收的二次创新模式

[专业知识]

吴晓波在对发展中国家的创新规律进行研究之后，提出了发展中国家应立足于建立与发挥后发优势的二次创新理论[1]。二次创新是指在技术引进的基础上，受困于已有的技术范式，沿既定技术轨迹而发展的技术创新模式。它不是简单地等同于模仿创新，

---

[1] 吴晓波，1992. 创新理论与实践 [M]. 北京：北京大学出版社．

而是包含模仿创新,又高于模仿创新。

二次创新的过程是一个积累进化的过程,大致可细分为三个阶段:第一阶段是简单模仿,即引进本国或本地区尚不存在的技术,通过模仿、学习,逐渐掌握这门新技术,并达到提高产品质量、降低产品成本的目的。第二阶段是改进创新,即通过前一阶段的学习、积累和消化吸收后,企业逐步减少对技术输出企业的依赖,并开始结合本国市场的特点,对引进技术进行一定程度的国产化创新。第三阶段是创造性模仿,甚至有所突破,此时,引进技术的企业应完全掌握新技术的使用原理和要求,并达到消化吸收的程度,在此基础上结合自身的研发能力和目标市场的需要,对引进的先进技术进行重大的二次创新。

[板书]

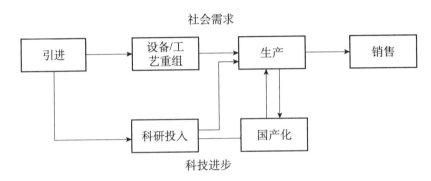

[思政融合点]

中国发展历史中有很多关于模仿与创新的事例,比如郑板桥的书法、"中学为体,西学为用"等。

改革开放是我国的一项基本国策,以开放的态度引进他国先进技术,并进行更好的吸收和创造,来造福本国甚至世界人民。

[课堂活动]

请同学们结合中国发展历史或海思相关资料举出类似"引进、消化和吸收的二次创新模式"的案例。

案例分析:

2013年,在尚未完全解决功耗问题的前提下,海思决定在K3V2的平台基础上研发主流的系统级芯片SoC。之前的K3系列还只是独立的应用处理器芯片,尚未集成基带处理器。2014年,海思首款SoC处理器产品麒麟910芯片诞生,通过更换GPU和制程工艺,海思解决了困扰K3系列多年的兼容和发热问题,并且首次集成了自主研发的4G LTE基带处理器芯片巴龙710。麒麟910芯片的诞生意味着海思度过了自2008年以来最为艰难的阶段,麒麟处理器芯片终于达到了"稳定""够用"的水平。虽然相比于高通和联发科,海思的差距依然十分明显,但是从K3系列到麒麟910系列,海思完成的最大突破在于开始掌握吸收能力,即识别、选择和整合新技术的能力,这是企业参与主流技术竞争的基础。从 2014 年开始,海思麒麟芯片开始紧跟主流技术变化步伐,并迎来了一个快速迭代产品和提升能力的历史阶段。

K 系列的芯片是基于 ARM 授权基础上的创新迭代,技术并不成熟,只是为后来的芯片提供了可以快速迭代的初创平台。在与中兴的较量中,中兴选择与高通合作,海思选择和母公司华为合作,采用应用处理器 + 基带处理器的模式,这才使海思的创新有了一点起色。当然,与外部企业的合作也给海思芯片的创新增添了不少灵感。例如,创维与海思合作,联合推出中国首款具有自主知识产权并实现量产的智能电视芯片的 GLED 电视,开发了中国第一颗自主研发的智能电视芯片技术。与此同时,就此项目和海思申报获批的国家"核高基"项目达到十万级量产级别,结束了中国彩电业"缺芯少屏"的时代。

[思政教学效果评价]

学生各自阐述自己的案例,其他学生进行点评,提出认可度较高的案例的学生获得一定的课程积分奖励。

知识要点三:基于学习、使用和互动等实践体验的创新模式

[专业知识]

这种创新模式是指员工在产品生产过程中(或用户在使用过程中)遇到问题时,在企业现有技术能力的支撑下,通过单独研发或通过大学和科研机构共同研发,寻求问题的解决方案,实现技术创新。在寻求问题解决方案的过程中,员工(或用户)掌握了更多的技术知识或技术诀窍。如果这一过程相当复杂,问题的解决需要团队内部成员或不同团队成员的交互影响,就会产生许多新的共享技术经验和技术知识。这种创新模式的实现需要员工和用户具有解决问题的责任心和相应的技术能力、科学素养。这一创新模式主要依靠在实践中不断改进来提高技术的使用效率,员工(或用户)经验的积累扮演着关键角色。这一创新模式不是单纯从产品的角度出发,也并非只关注核心技术,而是从用户的角度出发。在非核心技术领域有效开展创新,也能较好地提高创新绩效和经济竞争力,是提供技术积累的有效途径。

[思政融合点]

实践是检验真理的唯一标准。在这个竞争十分残酷、激烈的市场经济时代和互联网时代,合作共赢是时代的选择,很多事情的成功在于合作。合作可以使双方共克时艰、共赢商机、提振信心、共同发展。这就需要我们树立团队意识,在合作中实现共赢。

[课堂活动]

以小组形式总结案例中的创新模式,并分析背后的哲学逻辑。

案例分析:

为了提升处理速度和能耗方面的性能,并且延长电池寿命,海思与寒武纪进行合作，结合寒武纪的处理器技术，实现了业内首次推出集成神经网络处理引擎的人工智能移动计算结构，以支持潜力巨大的深度学习场景。长虹与海思则在国内就"物联网"领域技术和产品应用层面展开实质性合作，共同推动物联网芯片应用与技术升级。目前，华为与华中科技大学、中国海洋大学都签署了"战略合作协议"，其中与中国海洋大学共同建立了"智能高性能计算技术联合实验室"，将要围绕海洋、芯片等战略目标进行多方面的合作；与重庆大学签署了关于大数据和人工智能创新人才培养方面的协议；与重庆邮电大学签署了关于助推大数据智能化产业人才能力提升的相关协议；与河北工业大学签署了关于建设校园5G实验网络的协议，并建立产学研长期合作伙伴关系，加速科技成果转化等。

［思政教学效果评价］

对于能够清楚阐述案例背后哲学逻辑的学生，予以课程积分奖励。

（6）课堂总结

本节课通过学习三种创新模式的具体内容、海思成长发展的案例，结合中国发展过程的创新战略，大家进一步了解了三种创新模式之间的联系。

5.11.3 考核要求

本节课对学生有以下三点考核要求：一是课前能够熟悉案例；二是充分参与课堂讨论；三是能够结合所学的创新模式，分析社会现实。

5.12 文化管理模块代表性课程思政教学设计

5.12.1 课程信息

课程名称：文化产业概论。

使用教材：《文化产业概论》，向勇主编，中国人民大学出版社。

授课对象：工商管理类专业本科三年级学生。

教学内容：第六章文化科技的融合发展第二节"方法：'软硬兼施'的巧创新策略"。

思政素材来源：党的二十大报告提出的繁荣发展文化事业和文化产业。《人民日报》2022年12月28日刊发胡和平署名文章《繁荣发展文化事业和文化产业》。

思政背景：文化是国家和民族之魂，也是国家治理之魂。没有社会主义文化繁荣发展，就没有社会主义现代化。中共中央办公厅、国务院办公厅印发的《"十四五"文化发展规划》明确提出推动文化产业高质量发展，要求把扩大内需与深化供给侧结构性改革结合起来，完善产业规划和政策，强化创新驱动，实施数字化战略，推进产业基础高级化、产业链现代化，促进文化产业持续健康发展。

思政元素：文化自信、理想信念、公民意识。

课前准备：阅读教材第六章中的案例《数字时代洛可可的"巧创新"》，以及胡和平署名文章《繁荣发展文化事业和文化产业》。

5.12.2 课堂教学设计

（1）本章要点

文化技术作为推动产业升级的重要手段，带来了文化产业由功能价值向文化价值、膜拜价值、展示价值、体验价值等的转变。本章以洛可可设计公司为例，重点说明了产品、流程、材料、组织、市场的"硬创新"和膜拜、展示、体验、感官、情感、精神的"软创新"相结合的"巧创新"策略对文化和科技融合发展的重要作用。

（2）学习目标

[认知目标]

领会：了解文化科技融合发展的方法策略，以及不同哲学观念下文化和科技的辩证关系。

应用：能够进行文化科技产业创新设计。

分析：能够结合具体的文化科技融合方法进行案例分析。

创造：能够进行文化科技融合方法的优化和理论的升华。

[情感目标]

通过对我国文化产业政策的学习，坚定文化自信和对我国文化产业发展战略的认同。

[态度目标]

积极投身于我国文化产业建设中，为发扬和传承我国优秀灿烂的文化做出自己的贡献。

[价值观目标]

价值判断：通过对我国文化产业发展现状和未来挑战的认识，能够正确理解我国文化产业发展战略布局，树立正确的文化观。

坚定信念：将个人所学融入我国文化产业发展的事业中，做坚定的中国文化践行者、传播者、保护者。

（3）重难点

重点："硬创新"与"软创新"。

难点：文化科技融合的"巧创新"。

（4）课堂导入

通过回顾文化技术的价值创新，引出技术在促进文化产业创新方面发挥的重要作用和遵循的理论基础，进而结合洛可可设计公司的案例，引导学生思考如何将技术和文化创新进行结合。

(5) 讲授内容

知识要点一："硬创新"与"软创新"

［专业知识］

文化技术可以分为硬技术和软技术，基于文化技术的创新模式可以分为"硬创新"和"软创新"。创新理论先驱约瑟夫·A.熊彼特（Joseph A. Schumpeter）提出了产品、流程、材料、组织和市场五种创新类型，将创新作为一种工艺转变和技术变革的生产函数，把创新看作资本主义工艺流程中的环节之一。彼得·F.德鲁克（Peter F. Drucker）以及经济合作与发展组织（Organization for Economic Co-operation and Development，OECD）都对创新进行了相关定义，这些创新的定义都属于"硬创新"范畴，都是"功能性"创新，侧重于对产品实施技术性、科学性的功能改变，以科技为主导。美国学者保罗·斯通曼（Paul Stoneman）提出了"软创新"的概念，认为传统的"硬创新"忽略了"出版一本新书，制作一个新的光盘，创作、排练和演出一个新的剧目，创作、制作和上映一部新的电影"等创新形式，而这些被忽略的创新大部分都是"软创新"。"软创新"是一种"主要影响产品和服务感官知觉、审美情趣、知识认知、情感诉求、社会认同的非功能性表现"的创新，是针对产品文化价值的创新。

［思政融合点］

通过展示故宫文创产品（如"故宫猫"、飞天、九色鹿、"数字丝鹿"等），进一步增进学生对我国文化博大精深的认识，坚定文化自信。

通过介绍不同哲学观念下文化科技融合的方式，培养学生用发展的眼光看待问题的意识，传承和发扬中华优秀传统文化。

［思政教学效果评价］

对于能够分辨"硬创新""软创新"，并深刻认识二者之间关系的学生，予以课程积分奖励。

知识要点二：文化科技融合的"巧创新"

［专业知识］

文化产业受文化和科技双轮驱动，文化创意与科技创新正是推动产业升级和经济转型的两翼。文化创意是内容的创造，产品和服务注入文化要素，科技创新为消费者提供新的价值。"巧创新"是"以科技创新为表征的硬创新"与"以文化创意为表征的软创新"的高度融合。

[板书]

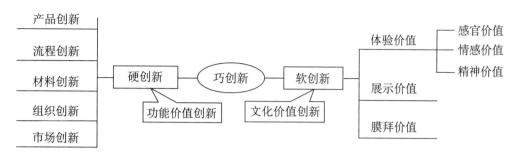

[思政融合点]

习近平总书记指出，全面建设社会主义现代化国家，必须坚持中国特色社会主义文化发展道路，增强文化自信，围绕举旗帜、聚民心、育新人、兴文化、展形象建设社会主义文化强国，发展面向现代化、面向世界、面向未来的，民族的科学的大众的社会主义文化，激发全民族文化创新创造活力，增强实现中华民族伟大复兴的精神力量。

2023年6月2日，习近平总书记出席文化传承发展座谈会并发表重要讲话，他强调，要坚定文化自信、担当使命、奋发有为，共同努力创造属于我们这个时代的新文化，建设中华民族现代文明。

[课后作业]

整理有关数字产业发展的真实案例（如数字敦煌等），并对案例进行分析。

[思政教学效果评价]

对于能够独立完成课后作业，并体现出一些创新点的学生，予以课程积分奖励。

(6) 课堂总结

本节课通过对文化科技融合方法的学习，学生认识到数字化发展对文化产业的影响，进而能够更好地理解数字化时代，迎接发展文化产业所面临的挑战和机遇。

5.12.3　考核要求

本节课对学生有以下三点考核要求：一是课前能够熟悉案例；二是充分参与课堂讨论；三是能够结合所学的方法，对自己家乡的文化产业科技融合策略提出建设性意见。

第6章　教师课程思政教学能力要求

按照教育理论及工商管理类专业课程思政的具体教学特征，本书将工商管理类教师的课程思政能力分解为资料检索阅读能力、理解融合能力、教学设计与案例开发能力、实操应用能力四个层次。

6.1　资料检索阅读能力

课程思政的有效实施，需要大量思政资料的支撑。因此，为保证工商管理类专业课程思政的高质量实施，教师需要具备思政资料的检索阅读能力。本书中，已经针对不同组团、模块和课程对课程思政资料检索途径和范围加以梳理。同时，在教学评价部分，也提出了对教师课程思政相关资料的检索阅读能力的基本评价标准。

在教学实践中，要发挥教师的主体作用，切实提高每一位教师参与课程思政建设的积极性和主动性。建立和完善课程思政培训体系，将习近平新时代中国特色社会主义思想学习列为各级各类师资培训必备专题，推动课程思政培训常态化，搭建课程思政建设交流平台，开展经常性的典型经验交流、现场教学观摩、教师教学培训等活动，促进优质资源共享共用。学院要充分发挥教研室、教学团队、课程组等基层教学组织的作用，建立课程思政集体教研制度。鼓励支持专业课程教师与思政课程教师联合开展教研活动。实施课程思政金课名师打造计划，推出一批院士、"长江学者"、"杰青"、国家级教学名师等领衔的课程思政教学名师和团队。把教师参与课程思政建设情况和教学效果作为教师考核评价、岗位聘用、评优奖励、选拔培训的重要内容。以下是一些模块中教师应当阅读的思政资料示例。

6.1.1　经济学模块中应当阅读的思政资料示例

2015年11月10日，习近平总书记在中央财经领导小组第十一次会议上指出，要促进过剩产能有效化解，促进产业优化重组。2015年12月18日至21日，中央经济工作会议在北京召开，会议将去产能、去库存、去杠杆、降成本、补短板作为2016年经济工作的五大重点任务,其中钢铁行业和煤炭行业是去产能的两大重点行业。2016年1月18日,习近平总书记在省部级主要领导干部学习贯彻党的十八届五中全会精神专题研讨班上强调,"推进供给侧结构性改革,要从生产端入手,重点是促进产能过剩有效化解,促进产业优化重组。"

2017年12月28日,习近平总书记在中央农村工作会议上指出,要完善承包地"三权分置"制度,完善农民闲置宅基地和闲置农房政策,稳步推进农村集体产权制度改革。党的十八大以来,习近平总书记多次强调,探索赋予农民更多财产权利,明晰产权归属,完善各项权能,激活农村各类生产要素潜能,建立符合市场经济要求的农村集体经济运营新机制。

2018年11月1日,习近平总书记在民营企业座谈会上强调:"在我国经济发展进程中,我们要不断为民营经济营造更好发展环境,帮助民营经济解决发展中的困难,支持民营企业改革发展,变压力为动力,让民营经济创新源泉充分涌流,让民营经济创造活力充分迸发。"

习近平总书记在党的十九大报告中明确提出:"从全面建成小康社会到基本实现现代化,再到全面建成社会主义现代化强国,是新时代中国特色社会主义发展的战略安排。"为此,必须全面贯彻创新、协调、绿色、开放、共享的新发展理念,加快建设现代化产业体系、经济体制、开放格局,着力建设现代化经济体系。

党的二十大报告提出"高质量发展是全面建设社会主义现代化国家的首要任务。发展是党执政兴国的第一要务。没有坚实的物质技术基础,就不可能全面建成社会主义现代化强国。必须完整、准确、全面贯彻新发展理念,坚持社会主义市场经济改革方向,坚持高水平对外开放,加快构建以国内大循环为体、国内国际双循环相互促进的新发展格局。我们要坚持以推动高质量发展为主题,把实施扩大内需战略同深化供给侧结构性改革有机结合起来,增强国内大循环内生动力和可靠性,提升国际循环质量和水平,加快建设现代化经济体系,着力提高全要素生产率,着力提升产业链供应链韧性和安全水平,着力推进城乡融合和区域协调发展,推动经济实现质的有效提升和量的合理增长。"

6.1.2 管理学模块中应当阅读的思政资料示例

党的十八大以来,习近平总书记聚焦时代课题、擘画宏伟蓝图,鲜明提出"坚持把马克思主义基本原理同中国具体实际相结合、同中华优秀传统文化相结合",淬炼中华文化和中国精神的时代精华,不断开创治国理政新境界,推动中华民族伟大复兴进入不可逆转的历史进程。

党的十八大以来,以全面建成小康社会为任务,以全面深化改革与全面依法治国为鸟之两翼、车之双轮,以全面从严治党为保障,"四个全面"确立了新形势下党和国家各项工作的战略方向、重点领域、主攻目标,成为以习近平同志为核心的党中央治国理政的"四梁八柱"。

《习近平谈治国理政》第四卷同前三卷构成一个有机的体系，系统宏大，思想深邃，内容丰富，是习近平新时代中国特色社会主义思想的集大成之作。习近平总书记强调，中国共产党为什么能，中国特色社会主义为什么好，归根到底是因为马克思主义行。马克思主义之所以行，就在于党不断推进马克思主义中国化时代化并用以指导实践。而习近平新时代中国特色社会主义思想则是马克思主义中国化时代化的典范。

6.1.3 法学模块中应当阅读的思政资料示例

2016年3月5日，习近平总书记在参加十二届全国人大四次会议上海代表团审议时指出，要深化完善基本体系，突破瓶颈、疏通堵点、激活全盘，聚焦商事制度、贸易监管制度、金融开放创新制度、事中事后监管制度等，率先形成法治化、国际化、便利化的营商环境，加快形成公平、统一、高效的市场环境。

2017年7月17日，习近平总书记在中央财经领导小组第十六次会议上指出，加快制度建设、法规建设，改善营商环境和创新环境，降低市场运行成本，提高运行效率，提升国际竞争力。

2020年11月召开的中央全面依法治国工作会议，是第一次以党中央工作会议形式研究部署全面依法治国工作的重要会议。这次会议最重要的成果，就是顺应党心民心和时代要求，确立了习近平法治思想在全面依法治国工作中的指导地位。这是我国社会主义法治建设进程中具有重大现实意义和深远历史意义的大事。习近平法治思想是马克思主义法治理论中国化的最新成果，是中国特色社会主义法治理论的重大创新发展，是习近平新时代中国特色社会主义思想的重要组成部分，是新时代全面依法治国必须长期坚持的指导思想。

6.1.4 组织与领导模块中应当阅读的思政资料示例

2018年11月1日，习近平总书记在民营企业座谈会上强调："要打破各种各样的'卷帘门'、'玻璃门'、'旋转门'，在市场准入、审批许可、经营运行、招投标、军民融合等方面，为民营企业打造公平竞争环境，给民营企业发展创造充足市场空间。要鼓励民营企业参与国有企业改革。要推进产业政策由差异化、选择性向普惠化、功能性转变，清理违反公平、开放、透明市场规则的政策文件，推进反垄断、反不正当竞争执法。"

6.1.5 战略管理模块中应当阅读的思政资料示例

2020年10月29日，习近平在党的十九届五中全会第二次全体会议上的讲话指出"当今世界正经历百年未有之大变局，这样的大变局不是一时一事、一域一国之变，是世界之变、时代之变、历史之变。能否应对好这一大变局，关键要看我们是否有识变之智、应变之方、求变之勇。古人讲："谋先事则昌，事先谋则亡。"要强化战略思维，保持战略定力，把谋事和谋势、谋当下和谋未来统一起来，因应情势发展变化，及时调整战略策略，加强对中远期的战略谋划，牢牢掌握战略主动权。"

2022年1月11日，习近平在省部级主要领导干部学习贯彻党的十九届六中全会精神专题研讨班上的讲话指出："战略问题是一个政党、一个国家的根本性问题。战略上判断得准确，战略上谋划得科学，战略上赢得主动，党和人民事业就大有希望。一百年来，党总是能够在重大历史关头从战略上认识、分析、判断面临的重大历史课题，制定正确的政治战略策略，这是党战胜无数风险挑战、不断从胜利走向胜利的有力保证。"

2022年7月，习近平在省部级主要领导干部"学习习近平总书记重要讲话精神，迎接党的二十大"专题研讨班上的讲话指出："谋划和推进党和国家各项工作，必须深入分析国际国内大势，科学把握我们面临的战略机遇和风险挑战。当前，世界百年未有之大变局加速演进，世界之变、时代之变、历史之变的特征更加明显。我国发展面临新的战略机遇、新的战略任务、新的战略阶段、新的战略要求、新的战略环境，需要应对的风险和挑战、需要解决的矛盾和问题比以往更加错综复杂。全党必须增强忧患意识，坚持底线思维，坚定斗争意志，增强斗争本领，以正确的战略策略应变局、育新机、开新局，依靠顽强斗争打开事业发展新天地，最根本的是要把我们自己的事情做好。"

6.1.6 顾客与市场模块中应当阅读的思政资料示例

2016年12月21日，习近平总书记在中央财经领导小组第十四次会议上强调，规范住房租赁市场和抑制房地产泡沫，是实现住有所居的重大民生工程。要准确把握住房的居住属性，以满足新市民住房需求为主要出发点，以建立购租并举的住房制度为主要方向，以市场为主满足多层次需求，以政府为主提供基本保障，分类调控，地方为主，金融、财税、土地、市场监管等多策并举，形成长远的制度安排，让全体人民住有所居。

6.1.7 资源管理模块中应当阅读的思政资料示例

近年来，工业互联网得到党中央、国务院的高度重视。习近平总书记强调，要深入实施工业互联网创新发展战略，系统推进工业互联网基础设施和数据资源管理体系建设。2016年1月18日，习近平总书记在省部级主要领导干部学习贯彻党的十八届五中全会精神专题研讨班上指出，当今时代，社会化大生产的突出特点，就是供给侧一旦实现了成功的颠覆式创新，市场就会以波澜壮阔的交易生成进行回应。2017年11月，国务院印发《关于深化"互联网＋先进制造业"发展工业互联网的指导意见》。

政府工作报告连续两年提到发展工业互联网平台。江苏省出台了关于深化"互联网＋先进制造业"发展工业互联网的实施意见，并制定实施"一市一重点、一行业一重点"工业互联网平台培育计划。徐州市也在人才、科技创新、品牌宣传、推广推介等多个方面给予徐工集团大力支持。2017年12月8日，习近平总书记在十九届中央政治局第二次集体学习时指出，要深入实施工业互联网创新发展战略，系统推进工业互联网基础设施和数据资源管理体系建设。2018年年底召开的中央经济工作会议强调，加强人工智能、工业互联网、物联网等新型基础设施建设。

习近平总书记指出，"新科技革命和产业变革将重塑全球经济结构，就像体育比赛换到了一个新场地"。抓住新一轮科技革命和产业变革重大历史机遇，推动互联网、大数据、人工智能和实体经济深度融合，构建泛在互联、全面感知、智能安全的工业互联网，从而支撑先进制造业发展，推动传统产业优化升级，不仅是我们化解制造业现实压力的关键一招，更是摆脱我国制造业长期处于产业价值链低端局面、向高端迈进的必由之路。

2016年3月，习近平总书记参加全国政协十二届四次会议民建、工商联界委员联组会时指出："对领导干部而言，所谓'亲'，就是要坦荡真诚同民营企业接触交往，特别是在民营企业遇到困难和问题情况下更要积极作为、靠前服务，对非公有制经济人士多关注、多谈心、多引导，帮助解决实际困难，真心实意支持民营经济发展。所谓'清'，就是同民营企业家的关系要清白、纯洁，不能有贪心私心，不能以权谋私，不能搞权钱交易。对民营企业家而言，所谓'亲'，就是积极主动同各级党委和政府及部门多沟通多交流，讲真话，说实情，建诤言，满腔热情支持地方发展。所谓'清'，就是要洁身自好、走正道，做到遵纪守法办企业、光明正大搞经营。"

6.1.8 过程管理模块中应当阅读的思政资料示例

2015年11月9日，习近平总书记在主持召开中央全面深化改革委员会第十八次会议时强调，要加快推进有利于提高资源配置效率、提高发展质量和效益的体制机制创新，加快推进有利于充分调动各方面积极性的体制机制创新，在解决发展动力、发展不平衡、人与自然和谐发展、内外联动、社会公平正义等方面，出实招、破难题、建机制，为经济社会发展形成更有力的制度保障。

6.1.9 运营管理模块中应当阅读的思政资料示例

2016年3月22日，习近平总书记主持召开中央全面深化改革委员会第二十二次会议，会议强调：深化投融资体制改革，要确立企业投资主体地位，平等对待各类投资主体，放宽激活社会投资；要改善企业投资管理，注重事前政策引导、事后监管约束和过程服务，创新服务方式，简化服务流程，提高综合服务能力。

2017年10月18日，习近平总书记在党的十九大报告中指出："要完善各类国有资产管理体制，改革国有资本授权经营体制，加快国有经济布局优化、结构调整、战略性重组，促进国有资产保值增值，推动国有资本做强做优做大，有效防止国有资产流失。深化国有企业改革，发展混合所有制经济，培育具有全球竞争力的世界一流企业。"

2018年11月1日，习近平总书记主持召开民营企业座谈会时指出："各级党委和政府要把构建亲清新型政商关系的要求落到实处，把支持民营企业发展作为一项重要任务，花更多时间和精力关心民营企业发展、民营企业家成长，不能成为挂在嘴边的口号。"

6.1.10 绩效评估模块中应当阅读的思政资料示例

2018年5月20日，中共中央办公厅印发了《关于进一步激励广大干部新时代新担当新作为的意见》（以下简称《意见》），并发出通知，要求各地区各部门结合实际认真贯彻落实。通知指出，《意见》深入贯彻习近平新时代中国特色社会主义思想和党的十九大精神，对建立激励机制和容错纠错机制，进一步激励广大干部新时代新担当新作为提出明确要求。《意见》的制定实施，对充分调动和激发干部队伍的积极性、主动性、创造性，教育引导广大干部为决胜全面建成小康社会、夺取新时代中国特色社会主义伟大胜利、实现中华民族伟大复兴的中国梦不懈奋斗，具有十分重要的意义。

2018年9月1日，中共中央、国务院印发了《关于全面实施预算绩效管理的意见》，这是党中央、国务院对全面实施预算绩效管理作出的顶层设计和重大部署，对于深化预算管理制度改革、推进国家治理体系和治理能力现代化具有重要意义。全面实施预算绩效管理是政府治理方式的深刻变革。预算是政府活动和宏观政策的集中反映，也是规范政府行为的有效手段。预算绩效是衡量政府绩效的主要指标之一，本质上反映的是各级政府、各部门的工作绩效。全面实施预算绩效管理，着重解决财政资源配置和使用中的低效无效问题，有利于夯实各地区各部门各单位绩效主体责任，推动政府效能提升，加快实现国家治理体系和治理能力现代化。

2019年4月7日，中共中央办公厅印发了《党政领导干部考核工作条例》（以下简称《干部考核条例》），并发出通知，要求各地区各部门认真遵照执行。通知指出，干部考核是坚持和加强党的全面领导、推动党中央决策部署贯彻落实的重要举措，是激励干部担当作为、促进事业发展的重要抓手。《干部考核条例》以习近平新时代中国特色社会主义思想为指导，落实新时代党的建设总要求和新时代党的组织路线，为做好新时代干部考核工作提供了基本遵循。

6.1.11 创新创业模块中应当阅读的思政资料示例

党的十八大以来，以习近平同志为核心的党中央高度重视科技创新，把创新摆在国家发展全局的核心位置，提出一系列新理念新思想新战略，作出了一系列重大决策部署。2012年12月7日，习近平总书记在深圳考察时向世人宣示了改革不停顿、开放不止步的坚定信念，在前海发出改革开放再出发的号召，要求前海"依托香港、服务内地、面向世界"，"落实好国家给予的比特区还要特的先行先试政策"，"精耕细作、精雕细琢，一张白纸画出最美最好的图画"，"一年一个样"，打造"最浓缩、最精华的核心引擎"。2018年10月24日，习近平总书记再次视察前海，充分肯定"前海的模式是可行的"。2013年9月30日，习近平总书记在十八届中央政治局第九次集体学习时指出，实施创新驱动发展战略是一项系统工程，涉及方方面面的工作，需要做的事情很多。最为紧迫的是要进一步解放思想，加快科技体制改革步伐，破除一切束缚创新驱动发展的观念和体制机制障碍。习近平总书记指出，中关村已经成为我国创新发展的一面旗帜，面向未来，要加大实施创新驱动发展战略力度，加快向具有全球影响力的科技创新中心进军，为在全国实施创新驱动发展战略更好发挥示范引领作用。

2017年10月18日，习近平总书记在党的十九大报告中指出，要"实施乡村振兴战略"；"坚持农业农村优先发展，按照产业兴旺、生态宜居、乡风文明、治理有效、生活富裕的总要求，建立健全城乡融合发展体制机制和政策体系，加快推进农业农村现代化"；"促进农村一、二、三产业融合发展，支持和鼓励农民就业创业，拓宽增收渠道"。同时习近平总书记强调，要让愿意上山下乡、回报乡村的人更有信心，激励各类人才在农村广阔天地大施所能、大展才华、大显身手，打造一支强大的乡村振兴人才队伍，要形成人才、土地、资金、产业汇聚的良性循环。

2018年5月28日，习近平总书记在两院院士大会上指出："要增强'四个自信'，以关键共性技术、前沿引领技术、现代工程技术、颠覆性技术创新为突破口，敢于走前人没走过的路，努力实现关键核心技术自主可控，把创新主动权、发展主动权牢牢掌握在自己手中。""推进自主创新，最紧迫的是要破除体制机制障碍，最大限度解放和激发科技作为第一生产力所蕴藏的巨大潜能。""要坚持科技创新和制度创新'双轮驱动'，以问题为导向，以需求为牵引，在实践载体、制度安排、政策保障、环境营造上下功夫，在创新主体、创新基础、创新资源、创新环境等方面持续用力，强化国家战略科技力量，提升国家创新体系整体效能。"

6.1.12 文化管理模块中应当阅读的思政资料示例

2023年6月2日，习近平出席文化传承发展座谈会并发表重要讲话，习近平强调，中国文化源远流长，中华文明博大精深。只有全面深入了解中华文明的历史，才能更有效地推动中华优秀传统文化创造性转化、创新性发展，更有力地推进中国特色社会主义文化建设，建设中华民族现代文明。习近平指出，党的十八大以来，党中央在领导党和人民推进治国理政的实践中，把文化建设摆在全局工作的重要位置，不断深化对文化建设的规律性认识，提出一系列新思想新观点新论断。这些重要观点是新时代党领导文化建设实践经验的理论总结，是做好宣传思想文化工作的根本遵循，必须长期坚持贯彻、不断丰富发展。习近平强调，在新的历史起点上继续推动文化繁荣、建设文化强国、建设中华民族现代文明，要坚定文化自信，坚持走自己的路，立足中华民族伟大历史实践和当代实践，用中国道理总结好中国经验，把中国经验提升为中国理论，实现精神上的独立自主。要秉持开放包容，坚持马克思主义中国化时代化，传承发展中华优秀传统文化，促进外来文化本土化，不断培育和创造新时代中国特色社会主义文化。要坚持守正创新，以守正创新的正气和锐气，赓续历史文脉、谱写当代华章。

党的二十大报告提出，健全现代文化产业体系和市场体系，实施重大文化产业项目带动战略。2022年12月28日，《人民日报》刊发胡和平署名文章《繁荣发展文化事业和文化产业》，指出文化是民族的精神命脉，文化自信是更基础、更广泛、更深厚的自信，是一个国家、一个民族发展中最基本、最深沉、最持久的力量。习近平总书记所作的党的二十大报告从国家发展、民族复兴高度，提出"推进文化自信自强，铸就社会主义文化新辉煌"的重大任务，就"繁荣发展文化事业和文化产业"作出部署安排，为做好新时代文化工作提供了根本遵循、指明了前进方向。我们要深入学习贯彻党的二十大精神，坚持中国特色社会主义文化发展道路，大力发展文化事业、文化产业，不断激发全民族文化创新创造活力，增强实现中华民族伟大复兴的精神力量。

6.2 理解融合能力

资料的检索与阅读为教师开展课程思政提供了"原材料"。在此基础上，教师需要具备对课程思政相关资料的理解能力，将其与专业知识融合，以实现课程思政的预期目标。教师应从政治、经济、文化、哲学等思政要素入手，切实将思政教育融入专业教学之中。

6.3 教学设计与案例开发能力

课程思政只有落实到课堂实践之中，才能产生实效。为此，作为课程思政实施主体的教师须具备将思政资料应用于专业知识教学的能力。这种能力具体体现为课程思政的教学设计能力和案例开发能力。就教学设计而言，教师须具备较为系统的教育学、心理学等理论功底；就案例开发而言，教师须发挥本学科案例教学的优势，以案例教学作为实施思政教育的基本途径。

6.4 实操应用能力

工商管理类专业作为应用型专业,对学生的专业训练不仅体现于具体课程的课堂教学之中,也体现于大量实操、实习、实践活动之中。为此,教师须具备将思政元素融入课堂内外专业实践之中的能力。教师要立足于工商管理类专业各种形式的实践,具备相应的思政元素应用与专业训练能力。

后 记

本书是教育部高等学校工商管理类专业教学指导委员会（简称"教指委"）关于《工商管理类专业课程思政教学：模型、结构与设计》教改课题的具体成果。2021年11月，在得到教指委批准立项后，我们组织了精干的团队，开启了工商管理类各门专业课程思政教学的调查、研究与设计。经过艰苦的努力，我们在获取大量资料、数据的基础上，完成了本书的编写。

本书在编写过程中，得到了教指委委员、浙江工商大学校长王永贵教授的指导、支持与鼓励，王校长还拨冗为本书作序，在此谨致谢意！本书由西北师范大学商学院周文杰教授设计整体框架，西北师范大学商学院教师尚宏利、李承晋、史煜娟及教育学院教授、教学质量监控处处长熊华军教授具体承担课程思政教学目标分析及教学设计编制等工作。西北师范大学商学院研究生王妍、袁琪、蔡心如、杜旭及教育学院研究生陈天凤承担资料收集工作。袁琪参与第5章和第6章内容的编写。本书的出版同时得到了西北师范大学教务处领导的帮助和支持。另外，西北师范大学商学院党委书记马科中、院长董青不仅为本书出版提供了大力支持，还从成果推广等方面提供了帮助。在此，向关心支持本书出版的各位领导、同人表示诚挚谢意。

春风化雨，润物无声。思政教育承担着传播正确价值观、弘扬优秀传统文化等多重职能。在每一所大学的每一个课堂上，闪烁着教育智慧的思政教育事例可能时时都在发生。本书的出版，只是撷取了这些教育智慧中的片段。尽管本书的编写团队倾注了大量心血和热情，但限于水平、能力和眼界，难免有部分疏漏。为此，我们怀着谦卑的心态，随时准备接受来自工商管理和思政教育领域专家、学者、同人的批评指正。

周文杰

2023年6月6日